高校体育教学改革创新与发展研究

齐鲁艳 肖 丹 焦文辉◎著

吉林大学出版社

·长春·

图书在版编目（CIP）数据

高校体育教学改革创新与发展研究/齐鲁艳，肖丹，
焦文辉著. -- 长春：吉林大学出版社，2024.9.
ISBN 978-7-5768-4181-7

Ⅰ. G807.4

中国国家版本馆 CIP 数据核字第 2024XR1327 号

书　　名　高校体育教学改革创新与发展研究
GAOXIAO TIYU JIAOXUE GAIGE CHUANGXIN YU FAZHAN YANJIU

作　　者　齐鲁艳　肖　丹　焦文辉
策划编辑　李伟华
责任编辑　李伟华
责任校对　王　曼
装帧设计　万典文化
出版发行　吉林大学出版社
社　　址　长春市人民大街 4059 号
邮政编码　130021
发行电话　0431-89580036/58
网　　址　http://www.jlup.com.cn
电子邮箱　jldxcbs@sina.com
印　　刷　唐山唐文印刷有限公司
开　　本　787 mm×1092 mm　1/16
印　　张　12
字　　数　270 千字
版　　次　2025 年 4 月　第 1 版
印　　次　2025 年 4 月　第 1 次印刷
书　　号　ISBN 978-7-5768-4181-7
定　　价　75.00 元

PREFACE 前 言

高校体育教学是我国高等教育体系的重要组成部分，是全面贯彻党的教育方针、实现"立德树人"根本任务的重要途径。作为培养学生全面发展和健康成长的重要环节，高校体育教学不仅肩负着增强学生体质、提升运动技能的职责，更承载着思想政治教育、文化传承与社会责任教育的重要功能。在新时代背景下，体育教学不仅是一门课程，更是实现全面育人的关键领域，关乎学生的身心健康、品德修养和综合素质的培养。

近年来，随着教育现代化步伐的加快和高等教育改革的深入推进，高校体育教学正面临新的机遇与挑战。一方面，"健康中国"战略的提出进一步凸显了体育教育在国民教育体系中的重要地位；另一方面，现代信息技术的飞速发展、新型教学理念的推广以及学生个性化需求的增长，也对高校体育教学的内容、方法、管理模式和评价体系提出了更高的要求。因此，如何在新形势下推动高校体育教学的改革与创新，构建与新时代要求相适应的体育教育体系，已成为教育工作者需要重点研究和实践的课题。

本书《高校体育教学改革创新与发展研究》，以理论研究与实践探索相结合的方式，从高校体育教学的概述出发，系统地梳理了高校体育教学的现状、问题及发展趋势，并从教学管理、方法创新、模式改革、课外教学、设计评价等多方面深入探讨了高校体育教学的改革路径，旨在为高校体育教学的实践提供理论依据和参考价值。全书内容结构清晰、逻辑严谨、重点突出，覆盖了当前高校体育教学改革的主要领域。第一章对高校体育教学的基本内涵与课程设置进行了全面阐述，梳理了高校体育教学的发展脉络与现状。第二章聚焦高校体育教学管理的优化改革，从管理模式入手，提出科学化、规范化的改革思路。第三章深入分析了信息化时代背景下高校体育教学方法的创新，包括多媒体技术、微课、慕课以及翻转课堂的实践与应用，为教学方法的现代化改革提供了可操作性建议。第四章重点研究了高校体育教学模式的改革与创新，包括游戏教学模式、程序教学模式和俱乐部模式等，通过实践案例分析教学模式的多样性和适应性。第五章探讨了高校课外体育活动的任务、管理和创新发展，提出课外体育教学在实践性、趣味性和教育性方面的多元发展路径。第六章围绕高校体育教学的设计与评价改革，阐述了如何优化教学设计方案以及建立多维度、科学化的评价体系，以更好地服务学生的成长与发展。第七章从全面育人的视角出发，结合课程思政、五育并举和人文教育等理念，展望了高校体育教学在新时代的建设与发展方向，为实现体育教学的全面育人目标提供了新的思路。

本书以实践性和指导性为特色，既有对高校体育教学改革的理论性探讨，又涵盖了丰富的实践案例和路径分析。书中既强调了体育教学作为全面育人重要抓手的价值，又充分融入了新时代教育发展的背景要求，如课程思政、信息化技术的深度应用、中华传统文化的传承与创新等。

我们希望通过本书的研究成果，为高校体育教育工作者提供实践参考和理论启发，助力高校体育教学改革的全面推进。体育是塑造学生身心健康的重要力量，也是培养德智体美劳全面发展的社会主义建设者和接班人的重要途径。面对新时代的教育目标与社会需求，高校体育教学改革需要不断探索、不断创新、不断前行。

最后，谨向所有参与本书撰写的专家、学者以及对本书出版提供支持的各界人士表示诚挚感谢。希望本书能够为高校体育教学的改革与发展贡献绵薄之力，并为相关领域的研究提供启迪和帮助。

齐鲁艳　肖　丹　焦文辉

2024 年 1 月

CONTENTS 目 录

第一章　高校体育教学概述 …………………………………………… 1

第一节　高校体育教学的含义 ……………………………………… 1

第二节　高校体育教学的课程设置 ………………………………… 4

第二章　高校体育教学管理改革 …………………………………… 10

第一节　高校体育教学管理存在的问题 …………………………… 10

第二节　高校体育教学管理优化改革思路 ………………………… 14

第三章　高校体育教学方法的改革与创新 ……………………… 26

第一节　高校体育教学中多媒体技术的应用 ……………………… 26

第二节　高校体育教学中微课的应用 ……………………………… 40

第三节　高校体育教学中慕课的应用 ……………………………… 48

第四节　高校体育教学中翻转课堂的应用 ………………………… 57

第四章　高校体育教学模式的改革与创新 ……………………… 63

第一节　高校体育教学中的游戏教学模式 ………………………… 63

第二节　高校体育教学中的程序教学模式 ………………………… 69

第三节　高校体育教学中的俱乐部体育教学模式 ………………… 81

第五章　高校课外体育活动的改革与创新 ……………………… 91

第一节　高校课外体育活动的任务与管理 ………………………… 91

第二节　高校课外体育活动管理的实施 …………………………… 109

第三节　高校课外体育活动管理的创新发展 ……………………… 117

第六章　高校体育教学设计与评价改革 ………………………… 133

第一节　高校体育教学设计改革 …………………………………… 133

第二节　高校体育教学评价改革 …………………………………… 152

第七章　全面育人视域下的体育教学建设与发展 …………………………… 160

　　第一节　课程思政视角下的高校体育教学建设与发展 ………………… 160

　　第二节　五育并举视角下的高校体育教学建设与发展 ………………… 165

　　第三节　人文视角下的高校体育教学建设与发展 ……………………… 174

参考文献 ………………………………………………………………………… 184

第一章　高校体育教学概述

随着社会的发展和人们对健康意识的不断提升，体育教育在高校中的重要性愈加凸显。高校体育教学不仅是学生身心健康发展的关键环节，也是培养学生团队合作、竞争意识以及自我管理能力的重要平台。体育课程的设置与发展，体现了教育理念的不断更新和社会对全面素质教育的需求。高校体育教学不再仅仅局限于基本的体能训练，而是强调通过多样化的运动形式，促进学生身体素质、心理素质与社会适应能力的全面提升。

在当前的教育体系中，高校体育教学已逐步从单纯的体育技能训练转变为健康教育和生活方式指导相结合的多元化教学模式。体育教师不仅需要教授学生基本的体育技能，还要通过课程设置，引导学生形成终身体育的理念，鼓励学生养成规律的体育锻炼习惯，以提高其自我保健和心理调节能力。随着科学技术的进步和体育理念的变化，高校体育教学方法也在不断创新，如何通过现代化手段提升体育教学质量，已成为各大高校亟待解决的问题。

第一节　高校体育教学的含义

一、体育概念的界定

体育的定义因不同来源而有所不同。《国际体育名词术语委员会》编印的《体育运动词汇》定义体育为："通过有系统的身体练习，旨在提升个人生物学潜力，以适应社会需求的活动。"而《简明不列颠百科全书》则将体育解释为："为增强体质和提高体能技能而进行的训练。"《韦氏大辞典》1961 年版则认为："身体教育的目标是促进身体的成长与保养，通过有计划的教育形式，包括卫生、体操、各类竞技及娱乐性游戏。"

我国学者韩丹在对上述定义进行考察和分析后，提出体育是一种特定的人类活动，属于教育领域。从其练习内容来看，它是生理学的；其方法则涉及教育学；而其效果则是生物学的；组织和活动则具有明显的社会性，中心则是人本身。简而言之，体育是一项通过身体练习达到上述多重目标的基础性活动①。

"体育"一词从日本传入我国后，经历了多次变迁，赋予了不同的内涵。广义上，体育可以被视为一种文化活动，旨在通过身体运动促进身心发展，包括群众体育、学

---

① 李彦龙.学校体育的科学认知与时代价值——韩丹学术访谈录 [J].2021（2019-4）：17—22.

校体育和竞技体育。狭义上，它是教育活动的一部分，是指通过有序的身体练习来促进学生的身心健康[①]。在欧美等发达国家，教育性质的体育通常被称为"physical education"，竞技性质的体育称为"sport"，而广义的运动则使用"movement"一词。本文所涉及的体育，主要是狭义上的学校体育，属于教育范畴的体育活动。

二、高校体育教学

体育课程作为高校核心课程之一，正面临课程体系和教学模式的不断更新与改革。体育在整个教育体系中具有独特而不可替代的地位，它不仅是学校教育的重要组成部分，还是促进学生全面发展的关键手段。作为教育学和体育学的交叉学科，高校体育与教育有着相似的属性。首先，学校教育的整体结构中包含了高校体育，因此二者在目标上是相一致的；其次，体育课程本身也体现了高校体育的独特功能和作用。通过系统的身体运动和训练，体育课程有助于增强学生的体质，提高身体机能，从而促进大学生身心的全面发展。

从整体而言，高校体育的核心目标是通过科学的训练方法提升大学生的身体素质，并在此过程中促进德、智、体、美等各方面的均衡发展。在这一过程中，学生的生理和心理潜力都得到进一步激发，最终实现身心健康。这不仅是高校体育教学的最终目标，也是教育改革和发展的方向。

（一）高校体育教学的任务

增强学生的体质是高校人才培养的基础，作为高等教育的重要组成部分，高校体育的作用日益凸显。我国高校体育的发展目标旨在帮助大学生树立健康的体育观念，提升体育技能，养成自觉坚持锻炼的习惯，增强体质；形成正确的体育价值观和良好的行为习惯，培养坚韧的思想品德，促进德、智、体、美、劳全面发展，为社会主义建设培养健康、全面的优秀人才。为了更好地实现这些目标，高校体育需要关注以下几个方面。

第一，增强体质、促进健康，是高校体育的重要任务。这一目标体现了体育的本质功能，并符合当前大学生身心健康发展的需求。大学生正处于生命力最旺盛的青年阶段，身心健康尤为关键。高校体育应积极引导学生关注体育与健康，培养良好的生活习惯，兼顾身体与心理的全面健康，鼓励学生参加各种文化和体育活动，持续锻炼身体，确保其内脏功能正常，身体发育良好。通过有效的锻炼，增强体质，提高免疫力，帮助学生更好地适应环境，提升其参与各类活动的能力。

第二，坚持体育锻炼，学习健康知识，掌握相关技能，是确保大学生身心健康的基础。高校应帮助学生树立正确的体育意识，全面了解体育与健康方面的相关知识，激发学生参与体育锻炼的兴趣。通过科学、系统地参与各类体育项目的训练，学生不

[①] 杨永昌. 论近代以来中日两国体育概念的发展演变 [D]. 成都体育学院 [2025-01-08].

仅能够提高运动技能，还能培养持之以恒的锻炼习惯。这些措施有助于提升大学生的整体健康水平，更好地适应现代社会的生活方式。

第三，培养良好的思想品德和意志力，促进个性发展，是高校体育教学的另一重要目标。体育不仅能够增强体质，更能培养学生的品德与意志力。在开展体育赛事、运动训练和体育课程安排时，需注重学生思想和意志品质的培养。通过体育活动，鼓励学生积极锻炼身体，树立建设社会主义现代化国家的责任感，培养他们奋发向上、敢于拼搏、吃苦耐劳、团结友爱的品质。同时，通过体育活动激发学生对美的发现与表达，帮助他们树立更高的追求目标，促进个性化发展。

第四，提升运动技术水平，培养体育人才，是高校体育的又一重要任务。除了推广大众体育活动外，高校应注重挖掘和培养具有专项运动才能的学生，为他们制定科学合理的训练计划，使其运动潜能得到充分发挥。通过严格遵循运动规则和系统化的竞技训练，大学生的运动技能和竞技水平将得到显著提升。这不仅能丰富学生的课余生活，推动群众体育活动的发展，还能为国家培养出更多优秀的竞技体育人才。

（二）高校体育教学的工作

1. 体育课程教学

体育课程教学是高校体育教育的重要组成部分，是实现我国高校体育教育目标和任务的核心途径之一。教育部将原来的体育课改为"体育与健康课"，为体育教学的顺利开展提供了有力的法规保障。通过设置体育与健康理论课、体育实践课和体育保健课，旨在向学生传授基础的体育理论知识，增强大学生对体育的认知，培养终身体育的理念；教导科学的身体锻炼方法；教授锻炼身体的基本技能；提升大学生的体育文化素养和体育欣赏能力。

2. 课外体育活动

课外体育活动作为大学生体育教育的重要补充，在高校体育教育中发挥着至关重要的作用。课外活动不仅有助于增强大学生体质、保障身体健康，还能够为学生提供多样化的锻炼选择。学生可以根据自身的健康状况、兴趣爱好及未来职业需求，选择适合的课外体育项目，制定科学合理的锻炼计划，促进身心全面发展。

（1）群众性体育竞赛

群众性体育竞赛是体育教育的重要形式之一，通常包括校内和校外两种比赛形式。校内竞赛是指在学校范围内组织的比赛，通常以班级、年级或院系为单位开展，如友谊赛、达标运动会等；校外竞赛则是指由校队运动员代表学校参加的外部体育赛事。无论是校内还是校外竞赛，都强调体育活动的广泛参与性和多样性，能够吸引更多的大学生参与，提升学生集体协作和竞技能力。

（2）野外活动

野外活动是指在自然环境中开展的各类体育活动，包括水上运动、冰雪运动、空中运动等，所有这些活动都被归类为野外活动。此外，许多竞技类和健身类活动也可以视为野外活动的一部分。野外活动不仅能陶冶大学生的情操，还能显著提高他们的身体素质，这些益处是常规体育锻炼无法替代的。近年来，野外活动在发达国家的体育教育中已经广泛普及，值得我国高校体育教育借鉴和采纳。

第二节　高校体育教学的课程设置

一、我国高校体育课程教学概况

教育部颁发的《全国普通高等学校体育课程教学指导纲要》是指导全国普通高等学校体育课程设置、教学内容、教学方法和评估体系的重要文件，目的是提升高校体育教学质量，推动大学生的身体健康与全面发展，确保学生在体育学习中获得科学的、系统的知识和技能，培养健康的生活方式。该文件对体育课程的性质、地位、开展时间、开展方法等方面进行了严格的规定①。

20 世纪 80 年代中期以前，我国高校体育课程主要沿袭苏联的规格化模式，高校都执行统一的教学计划、教学大纲和评估标准，甚至有规范的"教学日历"来严格规定教材内容、教学顺序、运动时间分配和运动量控制。课程普遍采用"三段式"结构，即准备、基本和结束三个部分，强调教学的统一性与规范性，注重教学计划与内容的完整性和连续性，强化教师主导作用，教学实践依据人体功能活动变化规律和运动技能学习规律进行。

20 世纪 80 年代以后，高校体育教育体制经历了系列改革，逐渐形成了"健康第一"和"以学生为主体"的现代教育理念，并提出科学的教育发展观。国家体育课程教学指导纲要在这一背景下逐步转向更加注重指导性和引导性的方向，强调体育教学的基本目标和发展目标。高校体育课程也进行了深刻的改革，呈现出多样化发展格局：体育课程从传统的普通体育课改革为体育选修课，并发展为教学俱乐部制；教学关系从"教师主导，学生被动"转变为"以学生为中心，教师起主导作用"；教学理念由注重生理规律和学生发展逐步转向更加关注生理、心理与社会三维体育教育观的融合。

二、高校体育课程设置体系与模式

（一）高校体育课程设置体系分析

高校体育课程设置体系是高等教育中重要的组成部分，直接关系到学生体质的提高、健康水平的保障以及整体素质的培养。随着社会和教育需求的变化，高校体育课程的设置也在不断地进行调整和优化。

---

① 教育部文件附件：全国普通高等学校体育课程教学指导纲要［EB \ OL］. 广东金融学院体育教研部：ht-tps：//tyb. gduf. edu. cn/info/1010/1302. htm

目标方面，高校体育课程设置的根本目标是促进大学生身心健康，提升体育技能，培养体育意识，同时促进学生德、智、体、美、劳等全面素质的发展。

结构方面，高校体育课程设置通常可以分为基础课程、选修课程和课外活动三大部分，每一部分都有其独特的功能和目的。吕东烨介绍了2023—2024年香港科技大学（广州）公共体育课程体系的概况，在选修课程方面，通识课程应与技能课程相结合，围绕运动乐趣构建一个完整的符合学生需求的体育健康联动课程体系[①]，如图1-1所示。

高校体育课程设置体系的优化与改革，应注重学生个性化、多元化的体育需求，不断提升教学内容的广度和深度，以促进大学生身心健康，为社会培养出更多全面发展的高素质人才。同时，高校应加强体育设施建设、提升教师专业素质、创新教学方法，增强体育课程的吸引力和实效性。

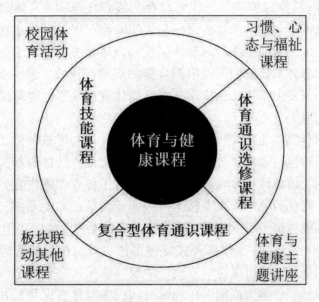

图1-1　香港科技大学（广州）体育课程体系与板块联动

（二）高校体育课程设置模式

在高校体育教学改革和实践开展的过程中，现代体育教育思想得到了全面的贯彻，我国高校都已对体育课程模式进行了改革，在经历了一定阶段的发展、"聚类"和"沉淀"以后，形成如下体育课程设置模式。

1. 基础课+选修课模式

根据《全国普通高等学校体育课程教学指导纲要》的规定，我国大部分高校采用

---

① 吕东烨. 通识课程改革背景下高校公共体育课程的重塑与反思 [EB \ OL] . 贵州大学阳明学院：https：//ymc. gzu. edu. cn/_ t1039/2024/0823/c8954a229043/page. htm

基础课+选修课的体育课程设置模式。这一模式既符合国家对体育教育的总体要求，又能根据不同年级学生的体育需求与兴趣，提供灵活多样的课程选择。具体而言，体育基础课是必修课程，采用行政班级授课的形式。学生根据年级与学期安排，按统一的教学大纲进行授课，这既有助于统一管理，又能保证教学质量，并确保每位学生都能掌握基本的体育知识与技能，提升其身体素质。

与基础课的统一性和强制性不同，体育选修课则更多体现了个性化与多样性。根据学生的兴趣与选择，选修课程通常采用报名或在线选择的方式来组织，这使得课程设置更加灵活，能够满足不同学生的需求。学生可以根据自己的兴趣选择篮球、足球、排球、乒乓球、游泳等传统体育项目，或是更具特色的校园体育项目，如武术、舞蹈、瑜伽等。这种模式不仅能提高学生对体育锻炼的参与度，还能激发他们对不同运动项目的兴趣和热情，推动学生全面发展。

在这种基础课+选修课模式下，体育教育的核心任务——身体素质的提高得到了充分的体现。基础课通过科学的课程设置与组织安排，保证了学生在大学期间拥有系统、全面的体育锻炼，从而提高了其身体素质与健康水平。同时，选修课也为学生提供了多样化的运动选择，让他们可以根据自身的兴趣与特长，进一步发展体育技能与体能。这种模式不仅帮助学生增强体质，提高身体健康水平，也有助于促进体育项目在高校中的普及与发展。

此外，这种课程模式还为校园特色体育项目的教学与考核提供了有力的支持。高校可以根据自身的特色与资源优势，设置与地方文化或传统体育相关的课程，如太极拳、民族传统舞蹈、传统体育游戏等，这不仅丰富了体育课程内容，也为学生提供了独特的学习体验。这些特色课程在考核上不拘泥于传统的体能测试，而是通过多元化的评估方式，如技能考试、课堂表现、活动参与等，激发学生的兴趣和参与度。

更为重要的是，基础课+选修课模式促进了体育教学组织与管理工作的优化与落实。通过明确的课程安排和班级组织方式，学校能够更加高效地进行体育教学资源的配置与管理，确保每一位学生都能够在规定时间内参与体育课程，并得到充分的锻炼与指导。同时，选修课的灵活设置为学生提供了更多选择，有助于调动学生的积极性，培养学生自主选择和学习的能力。

2. "完全教学俱乐部" 模式

完全教学俱乐部模式是一种基于学生个人体育兴趣和爱好的体育教学方式，旨在全面实施以学生为中心的教学模式。在这一模式下，学生可以根据自己的兴趣自由选择体育运动项目、参与体育实践和选择体育教师。此外，体育课程教学还将扩展至课外活动，通过课外体育俱乐部的形式进一步延伸。在完全教学俱乐部模式中，指导性教学方法被广泛应用，以确保学生能够在较为自由的环境中进行体育学习。

该模式的实施通常要求具备优良的体育场馆和设备条件，以提高教学吸引力和效果。同时，这种模式采用学分制管理，要求学生具备较好的体育基础素质和积极的体育锻炼意识。学生只有养成良好的体育学习习惯，并具备一定的体育能力，才能充分利用这一模式进行自我锻炼和提升。为了确保教学效果，教学还必须在完善的师资结构下进行，以满足学生的体育学习需求，并保障充足的体育课时。

三、体育课程发展的动力机制

（一）经济动力

经济动力对我国高校体育发展既具有推动作用，也存在制约作用。一方面，经济的快速发展能够为高校体育教学改革提供强大的支持，推动其向更高层次和更广阔的领域发展；另一方面，经济资源的不足则会对高校体育教学活动带来一定的限制，使得体育教育的水平与质量难以全面提升。这种双重作用机制在我国乃至全球的现代体育运动发展过程中都有显著体现。

具体而言，经济发展为高校体育带来的推动作用主要体现在以下几个方面。

首先，经济的快速增长为体育设施建设和课程资源的投入提供了充足的资金保障。在经济发达地区，高校往往能够通过政府资金支持、企业赞助及校内资源优化配置等方式，投入更多的资金用于建设先进的体育场馆、更新体育设施以及购置专业的体育器材。这不仅为学生提供了优质的体育教学环境，也为体育教学的多样化和创新奠定了基础。此外，随着经济水平的提升，高校能够引进更多的优秀体育教师和专业教练，进行更为科学和系统的体育教学，从而全面提高体育教育的质量和水平。

其次，经济发展促进了体育项目的多样化。在经济条件较好的地区，高校能够开设多种体育课程，涵盖传统体育项目、现代竞技体育、极限运动等多个领域，可以满足学生多样化的体育需求。这种多样化的课程设置，不仅能够增强学生的身体素质，也能够丰富校园文化，激发学生的兴趣和参与热情，培养学生终身锻炼的健康理念。

然而，另一方面，经济资源的不足则会对高校体育教学造成一定的制约，具体表现在以下几个方面。

首先，缺乏充足的资金支持使得一些高校难以更新和维护体育设施，甚至出现体育场馆设备陈旧、课程安排单一的情况。在一些经济相对滞后的地区，高校的体育教育往往面临着资金不足的困境，导致体育教学资源短缺，无法满足日益增长的学生需求。这不仅影响了体育课程的多样性，也限制了学生在体育锻炼方面的选择，影响了体育教学的全面发展。

其次，经济落后地区的高校往往难以引进优质的体育师资。高水平的体育教师和教练往往集中在经济发达地区，导致经济落后地区的高校体育教育水平较低。这种师资差距进一步加大了不同地区高校之间体育教育的差异，使得经济较为薄弱地区的学生难以享受到优质的体育教学资源。

另外，经济资源匮乏还可能导致高校体育教学的配套服务不完善，学生的体育活动受到制约。例如，很多高校可能没有条件组织大型的校际体育赛事、体育竞赛等活动，不仅限制了学生的竞技水平和实践机会，也影响了学生对体育活动的参与度和兴趣。

因此，要推动我国高校体育教育的全面发展，需要经济动力的支持。从长远来看，国家和地方政府应加大对体育教育的投入，不仅要对经济发达地区给予资金支持，更应通过财政补贴、政策引导等方式，推动经济较为落后的地区改善体育教学条件，缩小地区间的差距。此外，高校也可以积极寻求社会资本的投入，通过校企合作、捐赠赞助等方式，解决资金瓶颈，促进高校体育教育的可持续发展。

（二）科技动力

如果说书籍是人类进步的阶梯，那么科技就是人类进步的加速器。对于高校体育来说，科技进步将会对高校体育教学产生重大的刺激作用。随着科技的飞速发展，高校体育教学也迎来了前所未有的变革与机遇。从现代化的体育设施到智能化的教学工具，再到运动数据分析和虚拟现实技术的应用，科技不仅丰富了体育教学的手段，也提高了教学效率和质量。

首先，科技的引入使得体育课程的教学形式更加多样化和灵活。传统的体育教学主要依赖于教师的示范和学生的身体实践，但如今，随着虚拟现实（VR）、增强现实（AR）技术的兴起，学生可以通过虚拟环境进行体育练习，突破了时间和空间的限制。这不仅能够提高学生对不同运动项目的理解，还能在没有危险的情况下进行高难度动作的练习。此外，数字化体育教材的出现，也让学习过程更加生动，学生可以通过智能设备随时随地进行自我学习和复习，极大地提高了学习的自主性和便捷性。

其次，科技帮助实现了体育教学的个性化与精准化。通过可穿戴设备，如智能手表、运动传感器等，教师可以实时监控学生的运动数据，精准掌握学生的体能状况和运动表现。这种数据化的方式为体育教学提供了科学依据，使教师能够根据每个学生的身体状况和进展情况，制定个性化的训练计划。学生不仅能够及时了解自己的运动效果，还能根据数据反馈调整训练策略，从而更有效地提升运动水平。此外，智能化的运动分析工具还可以帮助学生更精确地掌握动作技巧，避免不必要的运动损伤，提升学习效率。

另外，科技的进步还对高校体育的评估和考核方式产生了深远影响。过去，体育考试主要依靠教师的人工评分和主观判断，难免存在偏差和不公平。而如今，通过使用高科技设备，如运动追踪系统、视频分析软件等，体育评估变得更加客观、精准。学生的每一次动作都可以被精确地记录、分析，考试成绩也能够基于真实的数据做出公正的评定。这种数据化的评估体系，不仅提高了评分的准确性，也增强了学生对体育成绩的信任感和认同感。

此外，科技还推动了体育教育的跨界融合。例如，生物力学、运动医学、心理学等学科为体育教学提供了新的理论支持。通过对运动医学的研究，教师可以根据学生的身体状况进行健康指导，避免运动伤害；通过心理学的知识，教师能够更好地理解学生的心理状态，在教学中进行情感调节和激励，提升学生的运动兴趣和参与度。通过与多个领域的深度融合，高校体育教学可以向着更全面、更科学、更人性化的方向发展。

总的来说，科技的进步为高校体育教学注入了新的活力，使其更加科学化、个性化、智能化。科技不仅改变了体育教学的形式和方法，也提高了教学质量和学生的参与度，激发了学生对体育的兴趣和热情。在未来，随着科技的不断创新，高校体育将迎来更多的突破和发展。

（三）文化动力

文化动力是推动高校体育教学改革的重要力量之一。文化在推动社会发展、促进教育进步方面具有深远的影响，而体育作为文化的一部分，其改革和发展自然离不开文化的支撑。高校体育教学不仅仅是体能的训练和运动技能的培养，更是体育文化的传承与创新。因此，文化动力的作用不仅体现在对体育项目的推广和普及上，还体现在对体育教学理念、价值观念以及学生体育意识的塑造上。在高校体育教学改革中，融入体育文化的教育元素，能够帮助学生更深刻地理解体育的内涵，培养他们对不同体育项目的文化认同感和兴趣。比如，中国传统体育项目太极、武术等运动形式，不仅可以提升学生的身体素质，还能增强学生的文化自信，弘扬中华优秀传统文化。当前，高校体育教学改革应逐步摒弃传统的应试体育教育模式，转而关注学生整体素质的发展，尤其是文化素质的提升。新的体育教学理念强调"体育+文化"，即通过体育活动促进学生的德智体美全面发展。教师在传授体育技能的同时，要将体育活动与文化教育相结合，引导学生理解体育背后的文化内涵，培养学生的运动兴趣，增强他们的社会责任感和集体主义精神。

第二章 高校体育教学管理改革

随着社会的不断发展和高等教育的多元化要求，高校体育教学管理改革已成为当前教育改革的重要组成部分。在全球化、信息化和现代化的大背景下，传统的体育教学管理模式已难以满足新时期对人才培养的需求。我国高校的体育教学不仅要关注学生身体素质的提升，还需注重学生的心理发展、团队合作精神以及综合素质的培养。因此，如何通过改革体育教学管理模式，更好地推动高校体育教育发展，已成为教育工作者和学者们关注的焦点。

第一节 高校体育教学管理存在的问题

在当前新的发展形势下，体育教学应立足全体学生，采用创新与改革的方式激发学生参与体育教学活动的积极性。这样不仅有助于提升学生的身体素质，还能帮助他们树立正确的体育观念，进一步推动体育教学工作的高质量开展。尽管受素质教育影响，许多学校对体育教学管理的重视程度有所提升，管理水平也取得了显著进步，但仍有部分学校在这一环节中存在不足，具体问题表现如下：

一、体育教学管理目标存在偏差

长期以来，我国体育教学目标在设计和执行过程中存在一定的误区，主要表现为过于关注短期的生理效应，例如学生的体能水平、体质测试成绩等表面性成果，而忽视了体育教育更深层次的意义。这种短视的目标导向使得体育教学更多地聚焦于机械的身体锻炼，而未能将体育教育作为培养学生综合素质的重要载体。体育的真正价值不仅在于提高学生的身体素质，更在于塑造健康的心理状态、增强团队协作能力、培养顽强拼搏的意志品质，以及帮助学生养成终身运动的良好习惯。然而，这些深层次的教育意义在现阶段的许多体育教学管理目标中被忽略了。

同时，体育教学管理者未能充分结合学生的实际特点和需求，制定出针对性强的管理目标。不同年龄阶段、不同体质和兴趣的学生在体育学习上的需求是多样化的，管理者却往往采取"一刀切"的方式，未能为学生提供多元化的选择。一些学校在设定体育教学目标时，缺乏创新性和灵活性，管理计划的设计常年未作调整，未能适应新时代教育发展的要求。例如，随着社会对健康和体育运动认知的不断深化，许多新兴运动形式（如瑜伽、普拉提、极限运动等）深受学生喜爱，但这些内容往往未被纳入体育教学目标之中，导致学生的兴趣难以被充分激发。

此外，一些学校在制定体育教学计划时，未能将教学内容具体化，使得体育教师在具体实施教学时缺乏明确的指导。体育教学活动需要具体的目标指导，才能有效开展教学内容。然而，部分学校的管理目标过于抽象和笼统，例如仅提出"提高学生身体素质"或"开展健康教育"等模糊性目标，却未将这些目标细化为可操作的教学任务。在这样的情况下，体育教师很难根据目标设计教学方案，教学活动的方向性和有效性也随之削弱。

进一步而言，这种目标偏差不仅影响了学生的体育学习效果，还在一定程度上挫伤了体育教师的积极性。由于缺乏具体目标的支撑，教师的教学难以获得科学的评价，教学成果得不到充分的体现，久而久之，也会导致教师对教学内容的创新和优化投入不足，形成恶性循环。

综上所述，体育教学管理目标存在偏差的问题已成为制约我国体育教育质量提升的重要因素。要解决这一问题，学校需要从学生的实际需求出发，结合社会对人才的全面发展要求，明确体育教学的长远意义。管理者应根据学生的年龄特点、体质水平和兴趣爱好，制定多样化、具体化、灵活性强的管理目标，并定期进行评估和调整，以确保体育教学活动的有效性和适应性。只有这样，才能让体育教育真正成为学生成长的重要助力。

二、体育教学管理理念陈旧

在当前教育环境快速发展的背景下，部分学校的体育教学管理理念仍显得较为陈旧，难以适应新时代教育发展的需求。这种落后的管理理念不仅限制了体育教学的改革与创新，也在一定程度上削弱了体育教育应有的价值和作用。

首先，体育教学管理理念陈旧的重要原因在于缺乏有效的反馈机制。由于学校对体育教学管理的动态评估和反馈体系建设不足，管理者无法及时了解体育教学活动中存在的问题，进而难以及时调整管理理念以适应实际需求。这导致体育教学活动的开展往往停滞在传统模式之中，教学内容单一，管理方法缺乏灵活性。例如，部分学校在制定教学计划时，沿用多年前的目标和模式，忽略了当前社会对于体育教育内涵的全新要求。这种管理上的滞后性直接影响了体育教学的效果，限制了学生的全面发展。

其次，部分体育教学管理者对管理工作的内涵认识不足，未能将教学过程和教学内容作为核心管理内容，而是片面地将管理聚焦在对体育教师的监督和对教学成果的评估上。例如，一些管理者习惯通过检查教师的课堂纪律、学生的出勤率或体育成绩等表面性指标来评价教学效果，忽视了体育教学过程性的管理和内容优化。这样的管理方式不仅缺乏深度，还容易导致体育教师为了追求短期成果而忽略教学的长远意义，使教学变得形式化、功利化。

此外，部分管理者缺乏创新意识，在管理工作中未能融入先进的教学理念和方法，直接影响了体育教学的改革步伐。现代体育教学已经从单一的身体锻炼模式逐渐向健康教育、心理调节、兴趣培养等多方面延展。然而，由于部分管理者在理念上滞后，未能认识到体育教育内涵的变化，导致他们在实际管理中难以推动教学内容的更新。例如，新兴运动形式（如电子竞技、户外拓展运动）在学生群体中逐渐流行，但由于管理者未能及时吸纳这些新元素，体育教学内容仍局限于跑步、篮球、排球等传统项目，导致学生的兴趣难以被有效激发。

更为严重的是，还有部分管理人员对管理工作投入度不足，未能深入研究体育教学管理中的细节问题。这种态度上的不足导致管理工作缺乏精细化，流于形式。例如，在体育设施的维护和更新、体育教师的专业培训以及学生意见的收集和反馈等方面，部分工作人员缺乏具体措施。这不仅影响了教学效果，还对体育教师和学生的积极性产生了消极影响。管理工作本应以服务教学、支持教学为核心，但这种疏于细节的管理方式显然难以满足实际需求。

三、体育教学管理制度相对滞后

体育教学管理工作在现代教育体系中占据重要地位，其有效运行需要以科学、合理的制度建设为基础。然而，从我国当前教育发展的实际情况来看，部分学校的体育教学管理制度仍显得相对滞后，无论是在制度的完善性还是在执行的有效性上都存在一定问题。这种滞后性不仅影响了体育教学的质量和效果，也在一定程度上阻碍了体育教育改革的深入推进。

首先，部分学校的体育管理制度不够完善，缺乏系统性和全面性。例如，有些学校的体育教学管理制度只是简单地规定体育课程的课时、内容和基本要求，而忽略了针对教学过程、教师培训、设施保障和学生反馈等方面的制度设计。这种片面化的制度往往无法为体育教学提供全面的支持，导致管理工作出现漏洞。与此同时，还有一些学校虽然已经建立了相对完善的体育管理制度，但在实际教学中却难以有效落实。这主要是由于学校缺乏对制度执行的监督和反馈机制，制度流于形式，无法真正发挥其应有的作用。

其次，部分学校在制定体育教学管理制度时，未能融入"以人为本"的管理理念，导致制度内容过于严苛或僵化。例如，有些学校在管理制度中对体育课程的考核和管理提出了过高的要求，忽视了学生的实际体质差异和兴趣爱好。这样的管理方式不仅容易挫伤学生参与体育活动的积极性，还可能对学生的身心健康造成负面影响。此外，也有部分学校的管理制度过于烦琐，内容庞杂，缺乏针对性和实用性，导致体育教师在具体教学实践中难以适从。管理制度本应为教学工作提供明确的指导和支持，但复杂而缺乏可操作性的制度反而成为教学工作的阻力。

制度滞后的问题还表现在其缺乏灵活性和时代性上。在当今社会，体育教学正朝着多样化和个性化的方向发展，然而部分学校的管理制度仍然停留在传统观念之中。例如，某些学校的管理制度仍将体育教学局限于单一的跑步、篮球等传统项目，而忽视了对新兴运动形式和多元化教学内容的引入。此外，这些学校在制定制度时往往未能充分调研学生的实际需求和兴趣取向，也未考虑到现代教育技术在体育教学中的应用，造成制度与实际教学需求脱节。

导致体育教学管理制度滞后的根本原因在于部分学校在制度制定过程中缺乏深入的调研与分析。一方面，学校未能通过科学的方法充分了解学生、教师和教学环境的实际情况，导致制度设计脱离现实。另一方面，学校在制定制度时往往忽略了社会和教育发展趋势的变化，未能将先进的教育理念和管理方式融入到制度建设中。例如，现代教育更加强调以学生为中心，但许多学校的体育管理制度却仍然是以"任务完成"为导向，忽略了学生的主观感受和成长需求。

四、体育教学内容更新滞后

当前，大多数高校的体育课程内容设置仍然显得不够科学和合理，尤其体现在教学内容更新速度缓慢上。这种滞后性不仅制约了体育教学质量的提升，也与现代教育培养全面发展学生的目标不相匹配。

首先，体育课程内容长期未能及时更新，导致教学方式和内容陈旧，难以适应新时代学生的实际需求。许多体育教师在教学中沿用了多年的传统教学方法，例如单一地强调跑步、篮球、排球等传统体育项目，而忽略了对新兴运动形式的引入。面对学生日益多样化的兴趣和个性需求，这种一成不变的教学内容显然难以激发学生的参与热情。例如，近年来瑜伽、攀岩、普拉提、极限飞盘等新兴运动项目在年轻人中越来越受欢迎，但它们却很少出现在高校的体育课程内容中。这种内容滞后性使得体育课程缺乏吸引力，无法充分调动学生的积极性。

其次，当前体育课程内容与学生实际需要不匹配。学生在年龄、体质、兴趣和能力上存在着显著的差异，但大多数学校的体育教学内容设置较为单一，未能为不同层次的学生提供差异化的教学内容。例如，体育课程中往往对所有学生都采用相同的教学内容和标准，而未考虑到身体素质较弱的学生可能难以完成高强度的体育项目，也未为体育特长生提供更高水平的专业指导。这样"一刀切"的教学方式使得部分学生感到吃力或无聊，从而降低了他们参与体育活动的意愿。

此外，教学内容滞后还表现在未能与社会环境和科技发展的变化相适应。现代社会对健康的关注度显著提高，许多新理念和新技术已广泛应用于体育锻炼中，例如运动康复、智能设备的使用、数据化的体能评估等。然而，许多高校的体育课程却未能跟进这些新发展。例如，部分高校在体育课程中仍然仅停留在传统的体能锻炼和竞技体育上，忽视了对健康管理知识的普及和学生健康意识的培养。面对日益复杂的健康问题，如久坐生活方式、心理健康压力等，学校体育教学内容显然未能提供有效的应对措施。

教学内容滞后的问题还直接导致了体育教学与高校整体教育目标的脱节。高校作为培养全面发展人才的重要场所，体育教育不仅应帮助学生提升体能，更应承担起促进心理健康、培养团队合作能力、增强抗压能力等多元教育功能。然而，由于教学内容的落后，许多体育课程在这些方面的作用被严重弱化。例如，团队运动在增强学生合作能力和沟通能力方面具有重要作用，但许多学校并未将这些软技能的培养明确融入教学目标中，而仅仅关注学生的运动成绩和体能达标情况。

第二节　高校体育教学管理优化改革思路

一、以"终身教育"为导向的个体发展思路

（一）体育生活化与体育教学改革

1. 体育生活化的理论基础

（1）裴斯泰洛齐的生活教育理论

瑞士著名教育学家裴斯泰洛齐提出，体育是实现人的和谐发展的重要内容之一。他认为，体育的任务是充分挖掘并发展个体所潜藏的天赋和生理力量，使人的全面发展达到和谐统一的状态①。根据裴斯泰洛齐的观点，高校体育教学应紧密结合"生活"，并与"劳动和职业"相联系，在"游戏和身体活动"中满足大学生的生理和精神需求。这种方法不仅能够全面提升学生的身体素质和心理素质，还能增强大学生对未来社会生活的适应能力，使其在面向社会时具备更加良好的身心条件。

（2）杜威的实用主义教育理论

美国实用主义教育学家杜威提出了"教育即生活""学校即社会"的理念。他认为，最好的教育不能脱离生活和社会，而是一个个体通过生活和经验不断学习、持续发展的长期过程。杜威指出，学校是社会生活的一种表现形式，但不是社会生活的简单复制，而是对社会生活的重要因素进行简化与理想化的场所，其目的是更好地促进青少年的发展。

杜威的教育思想特别重视在教学过程中唤醒个体的思维能力。他强调，优秀的教师应能够帮助个体培养良好的思维习惯，并在面对学习和生活中的问题时采取创造性的解决方法。此外，杜威主张学校教育应以"从做中学""从活动中学"为核心，将学习与生活紧密结合。他认为，知识的学习必须与生活实践相联系，学校教育不能脱离生活，否则将失去教育的意义②。

（3）陶行知的生活教育思想

陶行知深受杜威教育思想的影响，其教育思想集中体现为"生活即教育""社会即学校""教学做合一"。陶行知认为，教育的起源在于生活，其目标是培养能够适应

---

① 段长波. 体育生活化：裴斯泰洛齐的体育思想 [J]. 体育与科学, 2012（1）：112-114.
② 赵祥麟. 杜威教育论著选 [M]. 上海：华东师范大学出版社, 1981：3.

社会生活的人，而非与社会脱离的人。他指出，学校教育必须以生活为中心，生活是教育的根本源泉，也是教育的最终目的[①]。在他的思想体系中，生活不仅是学习内容的来源，还应成为教育的核心实践。他强调，通过让学生将学习与实际生活相结合，可以更有效地培养其适应社会的能力，推动其全面发展。

陶行知的生活教育思想进一步强调教学与实践的统一。他提出，"教学做合一"的理念，即学习、教学和实践应同时进行，学生不仅要学习理论知识，还要通过实践活动来内化知识，并在实践中提升解决问题的能力。这种教育方法对推动个体的全面发展、提高其社会适应能力具有深远意义。

2. 体育生活化的内涵

（1）体育教学与生活的有机融合

体育教学应与学生的日常生活紧密结合，而不是将其割裂开来孤立存在。在体育教学中，应从学生的生活经验中汲取丰富多样的案例和素材，将这些贯穿于教学过程，赋予体育课堂更多的生活气息。体育课程不应被上成一种机械化的任务课或形式化的作业课，而应以学生为中心，让他们广泛地参与到课堂中，积极主动地进行身体锻炼。通过融入与生活相关的内容，激发学生的兴趣，使他们带着渴望和热情参与体育活动，并在活动中掌握运动技能，逐步提高身体素质和机能水平[②]。

（2）强调体育兴趣和终身锻炼习惯的培养

"体育生活化"并非体育教学的最终目标，而是一种教学策略和实现目标的手段。将体育与生活相结合，用生动有趣的教学方式取代枯燥、单一的传统体育教学，能够有效提升学生参与体育活动的兴趣。在兴趣的引导下，学生能够主动制订锻炼计划，培养自我锻炼的能力，从而逐步养成终身锻炼的习惯，使身体健康和体育锻炼成为他们一生受益的重要组成部分。

（3）更关注学生的学习能力和发展潜力

"体育生活化"教学的重要理念之一是尊重学生的个体差异性，强调从每位学生的实际身体素质和能力出发进行教学设计。与传统教学中以固定标准评判学生不同，"体育生活化"教学更加注重学生在学习过程中的努力和进步幅度，而不是单纯关注结果。这样的教学方式有助于每个学生在体育学习中获得更多的认可和激励，从而增强自信心，充分发挥他们的潜力，帮助他们在体育活动中实现个人的成长与发展。

（4）关注学生的身体健康与心理健康

体育教学不仅是一种身体锻炼的过程，更是一种特殊的教育形式，学生在参与体育活动的过程中不可避免地会伴随着丰富的心理体验。研究表明，积极的情绪体验有助于个体感到心情愉悦，增强主观幸福感；而减少消极情绪体验则能有效改善心理健康。在"体育生活化"理念的指导下，体育教学不仅关注学生身体机能的提高，还特

① 陶行知. 陶行知全集（第4卷）[M]. 成都：四川教育出版社，2005：530.

② 刘海洋. 高校体育生活化环境构建与体育课堂教学创新模式研究 [J]. 浙江体育科学，2017（3）：70-75.

别注重其心理健康的发展。

通过营造民主、和谐、积极向上的课堂氛围，教师能够激励学生积极参与体育活动，促进人际交流，激发他们的创造力和思维能力。教学目标的设计也应让学生更多地体验到成功和愉悦感，从而增强他们的心理满足感与成就感。这种"身体与心理双关注"的教学方式，能够为学生的全面发展提供更大的支持，同时让他们在体育活动中获得更多的幸福感和成长体验。

3. 高校体育课程实施"体育生活化"改革的必要性

（1）高校体育教学自身发展的需要

当前，高校体育教学普遍存在教学方法陈旧、教学内容单一且与实际生活脱节的问题。这些问题导致教学效果不理想，学生对体育课程缺乏兴趣。此外，传统的教学评价模式往往忽视学生的个体差异，采用"一刀切"的唯成绩论标准，使得许多学生在体育学习中感到压抑甚至厌倦。要解决这些问题，高校体育教学必须对传统模式进行彻底改革。

在"体育生活化"理念指导下的教学模式是一种以"生活"为中心的新型体育教学方式。它主张在高校体育课堂中建立一种和谐、平等的师生关系，将生活化元素融入体育教学，注重学生的情感体验与成长过程。通过这种方式，让学生在愉悦的氛围中学习体育技能，并体验到体育的终极价值——体育不仅是运动技能的传授过程，更是学生在参与体育活动中获得幸福感和满足感的过程。通过体育锻炼，学生可以有效提高身体健康水平与心理健康水平，促进身心全面发展。

（2）"体育生活化"是人的全面发展和自我实现的需要

现代社会的核心目标是推动人的全面发展和自我实现，而这离不开身体活动与体育锻炼的支持。通过体育运动，人们不仅能够增强体质，还可以陶冶情操、完善人格、发展人际关系，并积极参与社会活动。这些体育活动有助于个体更好地融入社会，实现人与社会的和谐统一，同时促进个体的全面发展和自我价值的实现。

在这一过程中，体育不仅仅是一种身体锻炼的形式，更是一种塑造人格、促进社会互动的重要途径。通过将体育活动生活化，人们可以更自然地将体育融入日常生活，逐步实现自我完善与全面发展。

（3）"体育生活化"是社会经济发展的必然要求

在西方发达国家，"生活体育"和"健康理念"已深入人心，体育锻炼成为人们生活中不可或缺的一部分。休闲体育产业也逐渐发展成为国民经济的重要支柱产业。这种趋势表明，随着社会经济的发展，体育生活化已经成为一种全球化的生活方式。

近年来，我国经济取得了高速发展，国民收入的不断提高和生产方式的持续进步，为人们提供了更多的闲暇时间和经济能力参与体育锻炼。与此同时，健康理念在我国逐步深入人心，越来越多的人开始认识到体育锻炼对身体健康和生活质量的重要性。体育活动逐步融入人们的日常生活，成为提高生活幸福感的重要组成部分，也促进了我国社会健康与经济的协调发展。

（4）"体育生活化"是我国体育工作发展战略转移的必然要求

我国体育工作的发展战略在不同历史时期有着不同的定位和作用。早期的"举国体制"阶段，体育工作肩负着增强民族凝聚力和自豪感、提升国际威望和地位的历史使命。那一时期，竞技体育和为国争光成为我国体育工作的核心任务。

随着我国经济的快速发展和综合国力的不断增强，我国在国际舞台上的地位日益提高，体育的价值和作用也逐渐回归其本质。国家体育发展战略逐步从"举国体制"和"竞技体育"向"生活体育"和"社会体育"转移。在这一背景下，体育活动的重点逐渐转向服务大众、提升全民健康水平，并通过促进家庭、社区及社会的和谐发展，彰显体育在社会生活中的核心价值。

"体育生活化"正是这一战略转移的体现，它主张将体育活动融入到人们的日常生活中，让体育真正为提高人们的身心健康服务。与此同时，"体育生活化"还能够促进社会文化的繁荣，推动家庭幸福与社区和谐，使体育的作用在新时代背景下实现全面升级。

4. 高校"体育生活化"教学改革的实施路径

（1）高校体育教学指导思想要"生活化"

要实现高校体育教学从传统模式向"体育生活化"模式的转变，首先需要在思想层面进行革新，将"生活化"理念真正融入高校体育课堂教学。体育教师和学生应建立起新型的平等、和谐的师生关系。在这一过程中，体育教师不仅是"体育生活化"的引导者，更是积极的参与者。

在"体育生活化"教学模式下，体育教师应有意识地激发和培养学生的兴趣，鼓励他们积极参与体育活动。在参与过程中，学生不仅能够提高身体健康和心理健康水平，还能够掌握基本的运动技能。针对学生的个性和特点，体育教师需要帮助学生培养个人运动特长和自我锻炼能力，为其形成终身锻炼的习惯打下坚实的基础，从而发挥体育教育对学生全面发展的助推作用。

（2）高校体育课程体系和内容要"生活化"

在"体育生活化"理念指导下，高校体育课程体系和教学内容应紧密结合学生的实际生活，使体育教学既源于生活，又能在生活实践中创造性地被运用。要实现这一目标，体育教师需要打破传统的教学模式，构建灵活且贴近生活的新型体育课程体系。

新型课程体系的建立需要遵循以下几点原则。

①教学内容贴近学生的兴趣和生活热点。教学内容的设计要充分考虑学生的运动技能水平和锻炼倾向，同时结合近期的体育热点赛事和重大体育事件，吸引学生的关注和兴趣。例如，可以通过介绍奥运会、世界杯等赛事中的经典案例，将课程内容与学生的日常生活联系起来，使课堂学习和课余锻炼有机结合。

②体育教学形式贴近学生生活习惯。体育教师应熟悉和了解学生的生活习惯与生活方式，设计更贴近学生需求的锻炼形式和手段。例如，在电子信息时代，学生对手机运动类 App 的兴趣浓厚，可以将这些工具与课堂教学和课外锻炼相结合。通过引导

学生使用跑步、健身等 App，促使他们养成良好的锻炼习惯，从而让体育锻炼融入学生的日常生活。

③课程内容与性别和职业特点相结合。体育课程内容的设计要考虑学生未来职业特点和性别的需求。例如，针对财会、医护、文秘等专业的女生，由于其职业特点久坐，设置有氧韵律操、乒乓球、羽毛球等项目，可以预防职业病；而针对机电、金工、地质等专业的男生，其职业特点是久站和高强度体力劳动，可以设置足球、篮球、越野跑等项目，以增强身体素质和锻炼意志品质。

④强化校园体育俱乐部建设。学校应加强体育俱乐部的建设，将俱乐部活动作为体育教学内容的重要延续和补充。例如，借鉴德国的校园体育俱乐部模式，让学生通过俱乐部活动参与多样化的体育项目。通过建立学校与社会体育生活间的桥梁，帮助学生更快地融入社会体育活动，让体育成为他们生活中不可或缺的一部分。

（3）高校体育课程教学目标和评价体系要"生活化"

传统高校体育教学的目标通常过于强调学生在某项运动技能或身体素质上的具体达标要求，所有学生的课程评价都沿用统一标准，忽视了个体差异。这种评价方式很容易让体育课程变成枯燥的训练课或自由活动课，无法有效区分学生的努力程度，导致学生丧失参与体育活动的兴趣与动力。

在"体育生活化"理念指导下，高校体育教学目标的设定不再片面强调运动技能的掌握，而是更加重视学生参与体育活动的过程及其中的情感体验。教学目标的重点在于唤醒学生的主体意识，发展他们的体育思维能力，并通过活动任务的完成培养他们的创新能力和自我锻炼能力。在这样的目标导向下，学生不仅能够增强身体素质，还能够陶冶情操、磨炼意志，进一步提高其社会适应能力。

在评价体系方面，"体育生活化"更加关注学生的努力和进步，而非单纯依赖期末考试。具体做法如下。

①个性化的目标设定。学期初，为每位学生进行身体形态、身体机能、体育能力和身体素质的测试。根据测试结果和个体需求，学生自行制定学期体育发展目标。目标包括每月和每周的具体锻炼计划，体育教师需对目标进行审核并备案。

②阶段性评估和持续反馈。在教学过程中，每个月对部分学生进行阶段性评估，关注其目标完成情况和努力程度。体育教师对学生的计划实施给予持续性指导与反馈，帮助学生及时调整锻炼方法与方向。

③多维度期末评估。学期末，根据学生是否完成个人体育发展目标进行全面评估。评价体系不仅关注学生是否达到预设目标，还关注他们在学习和锻炼过程中的努力程度和进步幅度。

通过这种个性化和过程化的评价方式，学生能够在体育学习中获得更多的成就感和幸福感，从而更加积极地参与体育活动，逐步养成终身体育的良好习惯。

（二）面向个人核心素养的高校体育课程改革

1. 核心素养的内涵与价值综合分析

（1）核心素养与高校体育教育发展的内在联系

核心素养作为现代教育领域的重要概念，其内涵的不断深化与拓展，对个体全面发展和社会适应能力的提升具有重要意义。这一概念不仅是对传统教育理念的革新，也是对人才培养模式的一次全面升级。

从内涵上看，核心素养是个体在接受教育过程中逐渐形成的一种综合能力形态，它涵盖了知识、技能、态度、情感等多个方面，是个体在适应未来社会发展与终身学习过程中所必需的关键能力与品质[1]。具体到高校体育教育领域，核心素养的培育则涵盖了体育精神、运动促进、健康促进等多方面内容。学者尚力沛等人对核心素养的解读进一步丰富了这一概念的内涵[2]。他们认为，核心素养不仅是围绕核心课程设置提出的教育理念深化，更是个体在素质教育或应试教育过程中形成的综合学习能力。这种能力既包含体育学科的基本知识与专项技能，也包括通过体育课程形成的价值观、品格以及关键能力。这一解读突出了核心素养在推动个体全面发展中的重要作用，为高校体育教育的发展指明了方向和目标。

（2）核心素养在高校体育教育中的价值意义

从价值层面看，核心素养的培育对高校体育教育具有深远的意义。首先，核心素养的培育有助于提升学生的体育素养与综合能力，帮助他们更好地适应未来社会的发展需求。在高校体育课程中融入核心素养理念，能够使学生在掌握运动技能的同时培养解决实际问题的能力和合作意识，这对社会竞争力的提升至关重要。

其次，核心素养的培育能够促进学生身心健康发展，提升其生活质量和幸福感。体育活动不仅是身体素质提升的途径，更是心理调节、情绪释放的重要方式。通过将核心素养融入体育课程，学生能够更好地体验体育活动的乐趣，在增强身体素质的同时提高心理韧性，达到身心健康的全面发展。

最后，核心素养的导入有助于推动高校体育教育的改革与创新。这一理念要求体育教学从传统的单一技能传授转向综合素质培养，通过课程设置的优化与教学模式的创新，提升教学质量和学生的学习效果。这不仅丰富了高校体育教育的内容，还为体育教学提供了持续改进的方向。

（3）国际视野下核心素养与体育教育的实践经验

从国际视野来看，核心素养的理念已经成为全球教育改革的重要趋势，各国都在积极探索如何通过课程改革和师资建设提升学生的核心素养。

---

[1]　尚力沛，程传银，赵富学，等．基于发展学生核心素养的体育课堂转向与教学转变［J］．体育学刊，2018，25（2）：68-75.

[2]　尚力沛，程传银．核心素养、体育核心素养与体育学科核心素养：概念、构成及关系［J］．体育文化导刊，2017（10）：130-134.

例如，澳大利亚和德国等国家的实践经验为我们提供了重要启示。这些国家注重将体育与健康教育相结合，通过科学的课程设计全面提升学生的体育核心素养。他们不仅关注学生在体育学科知识与技能上的成长，还更重视培养学生对健康生活方式的理解与践行能力。

同时，这些国家也高度重视发挥教师在核心素养培育中的主导作用。通过针对性培训和教学方法改革，教师能够更好地引导学生将体育课程中的知识与技能应用于实际生活。课程改革的成果也表明，将体育教育融入学生的日常生活，有助于体育核心素养的全面提升。

核心素养作为现代教育理念的核心，其在高校体育教育中的实施，不仅有助于学生体育素养的全面提升，还能促进学生身心健康与综合能力的均衡发展。在国际教育改革的趋势下，核心素养的理念为高校体育教育的创新提供了新思路。通过吸收先进经验，结合我国实际需求，建立以核心素养为导向的体育教育体系，将对培养学生适应未来社会的能力与全面发展具有重要意义。

2. 核心素养理念下高校体育专业课程体系改革的策略

（1）优化课程体系结构

高校体育专业课程体系要从现存的问题出发，以优化结构为核心，重新调整课程设置和教学重点。优化课程体系的关键在于平衡理论与实践课程的比例。

一方面，减少课程中过度理论化的内容，避免学生仅仅停留在理论学习阶段，而无法将所学知识灵活应用于实践；另一方面，增加实践课程比重，让学生通过实践深化对理论知识的理解，提升其实际操作能力。此外，课程之间的衔接性和融合性也应得到加强，确保学生能够系统性地学习和掌握知识。

与此同时，课程体系优化还需注重通识教育与专业教育的结合。通识教育旨在拓宽学生的视野，提升综合素养，而专业教育则注重培养学生在体育学科领域的深度理解和实践能力。因此，在课程设计中，应增加人文社科、自然科学等通识教育课程，全面提升学生的综合能力；同时，要加大专业课程的深度与广度，通过理论与实践相结合的方式，培养既具备通识素养又拥有专业技能的高水平体育人才。

（2）创新教学方法和手段

教学方法与手段的创新是体育专业课程改革的重要环节。传统的讲授式教学注重知识灌输，忽视学生的主体性和参与感，导致学习效果不佳。因此，高校体育专业课程需要引入多元化的教学方法，以提高学生的学习兴趣和参与度。将真实的体育事件、比赛案例等引入课堂，让学生通过分析和讨论，深入理解相关理论知识，增强他们解决实际问题的能力。通过模拟真实的体育场景，如比赛或训练环境，帮助学生提升实践操作能力，增强课堂教学的趣味性与实用性。

此外，现代信息技术的运用为体育教学提供了更多可能性。借助多媒体教学、网络课程、在线教学平台等技术手段，可以提升教学的灵活性与互动性。例如，开发体育相关的在线课程，让学生随时随地学习；利用虚拟现实技术模拟体育比赛场景，让学生在沉浸式环境中进行实践操作，从而提高学习效果与实用技能。

（3）加强跨学科融合

体育专业课程体系的改革需要重视跨学科融合，以提升学生的综合素质与创新能力。体育学科不仅涉及运动技能和运动生理等内容，还与医学、心理学、经济学等学科密切相关。因此，加强体育学科与其他学科的交叉融合具有重要意义。开设跨学科课程，如"体育与医学""体育与心理学"等课程，让学生接触不同领域的知识，拓宽知识视野，同时提升他们解决复杂问题的能力。组织跨学科实践活动，例如，将体育与旅游相结合，设计体育与旅游融合的实践项目，让学生在实践中感受学科间的互动与融合，培养他们跨学科思维与实际操作能力。加强内部学科整合，体育专业内部也可以进行学科融合。例如，将体育训练、运动生理、运动心理等课程整合为综合课程，提高学生的综合运动能力；或结合体育教学和教育理论，培养学生的教学实践能力。

（4）确立师范化改革方向，强化实践教学意识

在体育专业课程中，技术课程占据重要地位。然而，传统技术课程往往只注重技能传授和训练，忽视了技能的示范性与教育性。为此，应确立体育技术课程的师范化改革方向，注重培养学生将技能转化为教学实践的能力。

①引入师范教育理念：在课程中加强教学设计与组织能力的培养。例如，开设专门的师范教育课程，让学生学习如何将技能有效传授给他人。

②增加实践教学环节：组织教学实习、课堂教学演练等活动，让学生在真实教学情境中锻炼教学能力，提升实践经验。

③强化理论与实践结合：设计丰富的实践教学环节，如教学实习、课程设计等，让学生在实践中深化理论理解，增强教学实践能力。

此外，应加强与实践基地的合作，提供更多实践机会，确保学生在真实环境中体验教学实践过程。

（5）推动三位一体协同育人

实践育人需要地方高校、中小学、地方政府的共同参与。

①高校与中小学合作：地方高校作为人才培养的主体，应加强与中小学的合作，建立稳定的实践教学基地，为学生提供真实的实践教学环境。

②中小学的支持：中小学作为实践场所，应配合高校的教学安排，提供必要的支持与保障，确保学生能够顺利开展实践教学活动。

③地方政府的政策支持：地方政府应在政策制定和资金保障方面给予支持，推动高校与中小学的深入合作。

此外，可以探索多元化合作模式，如校地合作、校企合作等，将实践教学与产业发展相结合，为学生提供更多实践机会与就业渠道。同时，加强与国际高校和机构的合作，引进先进的教学理念与方法，提升实践育人的国际化水平，为学生未来发展提供更广阔的平台。

在核心素养理念的指导下，高校体育专业课程体系的改革应以优化课程结构、创新教学方法、加强跨学科融合、确立师范化方向以及推动协同育人为重点。通过这些改革措施，体育专业不仅能够培养出具备专业知识与实践能力的高素质人才，还能够推动学生的全面发展和社会适应能力的提升，为社会培养既懂专业又具备综合素养的新时代体育人才。

二、以"五育并举"为导向的总体发展思路

2024 年 12 月 27 日，教育部在合肥召开全面深化学校体育改革座谈会，交流各地深化学校体育改革实践经验，推动学校体育高质量发展。会议指出，近年来各地大力践行健康第一的教育理念，坚持"五育并举"，积极推进学校体育改革，多措并举增加学生体育活动时长，保证课间活动时间，推动体育教学创新，提升体育锻炼质效，学校体育战线改革面逐步扩大，有力促进了学生身心健康和全面发展。要深化体教融合，建强体育师资队伍，改善体育条件保障。要聚焦时代要求和学生身心健康需要，综合施策，加大力度，切实推动学生体育锻炼质效全面提升、人才培养更有成效，让学生身上有汗、眼里有光、脚下有力。要广泛宣传动员，支持各地各校因地制宜，创新体育方式，强化责任落实，奋力谱写学生体质强健新篇章。

（一）"五育并举"推进高校体育总体改革

1. "五育并举"理念概述

"五育并举"是我国长期坚持并践行的核心教育理念，对推动现代化教育发展具有重要的战略意义。这一理念强调在教育过程中，全面关注学生德、智、体、美、劳五个方面的均衡发展，是实现教育现代化的重要目标，也是国家对人才培养提出的殷切期望和明确要求。

德育、智育、体育、美育、劳动教育这五个方面共同构成了教育全面发展的关键内容。这五者既相互独立又紧密联系，缺一不可，也无法相互替代。它们的协调发展是学生综合素质全面提升的核心基础，同时也是提升我国教育事业质量的重要保障。坚持"五育并举"不仅对学生个人的成长成才有着深远影响，也对国家教育事业的发展和高质量人才的培养起到了不可或缺的推动作用。

由此可见，"五育并举"教育理念贯穿于我国教育事业的各个环节，是教育现代化的核心指导思想。全面落实这一理念，不仅能够推动教育体系的创新与发展，还能切实提高学生的综合素质，为国家培养德智体美劳全面发展的高质量人才提供有力支撑。

2. 高校体育教学中推行"五育并举"的重要意义分析

随着社会经济的快速发展以及对高等教育培养目标的不断更新，高校体育教学的重要性日益凸显。高校体育教学不仅要关注学生身体健康与运动技能的培养，还要通

过体育教育全面提升学生的团队协作能力、创新创造能力、审美情趣以及实践动手能力。因此，在高校体育教学中推行"德、智、体、美、劳并举"的教育理念具有重要意义和深远影响。

（1）满足时代发展对综合性人才的需求

当前社会对高校毕业生的综合能力要求日益提高，传统的单一学科培养模式已经无法满足现代社会对多元化、综合性人才的需求。社会希望高校能够培养出具备专业知识、综合素质以及多元能力的人才，而"五育并举"教育理念的实施正是实现这一目标的重要路径。

"五育并举"不仅注重学生道德品质、专业技能的培养，还涵盖了学生的身体素质、审美能力以及实践动手能力的提升，从而为社会输送具有全面素养的综合性人才。这种多维度的培养方式，不仅满足了社会对人才的高要求，也使学生能够在快速变化的社会环境中应对复杂挑战，为社会进步和发展贡献力量。

（2）满足大学生群体个性化发展需求

高校学生群体因兴趣爱好、能力特点和职业目标的不同，对教育的需求也呈现出明显的个性化特征。在高校体育教学中推行"五育并举"，能够通过多样化和灵活的课程设计，满足学生的个性化发展需求，让每位学生都能在自身优势领域取得进步和发展。

这种以学生为中心的个性化培养方式，不仅满足了不同学生群体的兴趣需求，还促进了学生的自我认知和全面发展，提高了他们的学习积极性和成就感。同时，这种教育模式还有助于培养出具有鲜明特色、优势显著的优秀人才，为社会多元需求提供更加多样化的支持。

（3）引导大学生群体适应终身发展需要

当今时代，快速的技术革新和社会变迁要求个体具备终身学习能力以及适应不断变化的能力。高校作为培养人才的重要场所，应注重引导大学生建立终身学习的观念和能力，帮助他们在未来的学习和职业生涯中持续成长。

此外，终身发展的能力还能够帮助学生在未来的生活和工作中追求自我超越和个人成长，实现更高的人生价值和幸福感。这不仅有助于提升个体的人生质量，也为社会的整体进步注入了新鲜活力。

在高校体育教学中推行"五育并举"理念，不仅是对社会需求的积极回应，更是培养综合性、个性化以及适应终身发展的高素质人才的重要手段。通过"五育并举"，高校可以在满足社会对人才多元需求的同时，提升学生的综合素质与竞争力，助力学生的全面发展。这一理念的实施，不仅推动了高校教育的改革创新，也为国家的教育事业现代化发展提供了有力支持。

（二）高校体育教学中推行"五育并举"的有效策略

随着"五育并举"理念在高校教育中的推广，高校体育教学迎来了新的发展机遇与挑战。体育教学不仅要关注学生的身体素质，还需要通过课程设计与教学方法的优化，全面落实德育、智育、美育、劳育的目标，促进学生的全面发展。

1. 完善组织规划，保障体育课堂秩序

要在高校体育教学中贯彻"五育并举"的教育理念，首先需要完善组织规划，确保体育课堂的教学环节和流程有序进行。当前，推行"五育并举"仍属于创新型举措，对其实施效果提出了更高要求。与此同时，课程思政建设对高校体育教学提出了新的使命，要求将体育与德、智、美、劳等教育元素有机融合。

2. 落实精细管理，丰富体育课堂内容

传统高校体育教学内容较为单一，往往偏重于技能训练，忽视学生在德、智、美、劳等方面的全面培养。推行"五育并举"要求体育课堂内容丰富多样，注重差异化和综合性发展，以满足学生多元化的学习需求。

在体育课程中加入更多样化的教学内容，例如传统体育技能学习（如篮球、羽毛球等）、体育文化探究（如奥林匹克文化、民族传统体育文化等）、健康知识教育等，帮助学生全面了解体育领域的广度与深度。将体育教学与其他学科相结合，例如体育与艺术（舞蹈、戏剧表演）、体育与健康教育（运动营养、身体调适）等课程，激发学生兴趣，拓宽知识领域。采用问题导向教学，引导学生在课堂上主动思考和解决问题；通过情境模拟和案例分析，让学生在实践中提升运动技能、团队合作精神和创新能力。通过丰富体育课堂内容，不仅能够激发学生的学习兴趣，还能全面培养学生的积极参与精神、合作能力和创新实践能力，满足学生的全面发展需求。

3. 推进协同育人，促进学生全面发展

传统体育教学模式过于单一，往往仅关注学生体育技能的培养，忽略了其他领域的综合发展需求。推进协同育人能够弥补这一缺陷，促进体育教学与其他学科的联动，打造一体化教育体系，全面提升学生的综合素质。

推动体育教学与其他学科（如健康教育、心理学、艺术教育等）的合作，设计综合性教学活动。例如，将体育与心理健康相结合，通过运动缓解学生的心理压力；将体育与艺术相结合，通过舞蹈或戏剧表演提升学生的审美能力。传统体育评价多集中于技能考核，而"五育并举"下的体育教学需从多个维度进行评价，综合考核学生在德、智、体、美、劳方面的表现。例如，可以对学生的团队合作能力、创造力、参与积极性等多方面进行评估，推动学生的全面发展。高校可以联合中小学、社区和企业，搭建实践教学和校外活动平台。例如，开展高校与社区联合的公益体育活动，鼓励学生通过体育活动增强社会责任感和劳动实践能力。

4. 坚持立德树人，更新体育教学理念

在"五育并举"理念下，体育教学不仅要培养学生的身体素质，还需注重德育的渗透，提升学生的道德素养和社会责任感。坚持立德树人的体育教学理念是新时代高校教育的核心目标。

　　在体育课堂中，教师需通过团队活动、竞赛规则的遵守等方式培养学生的规则意识、公平竞争精神和团队协作能力。同时，通过体育榜样案例（如奥运冠军事迹）激励学生形成正确的人生观、价值观和奋斗精神。与社区和社会资源合作，组织学生参加公益体育活动，如助力社区体育建设、关爱特殊人群体育需求等，培养学生的社会责任感和服务意识。通过将武术、龙舟、传统舞蹈等民族体育文化融入课程，引导学生感受传统文化的魅力，增强民族自信心和文化认同感。教师应努力营造积极向上的体育课堂氛围，引导学生在运动中培养自信心、自律性和坚持不懈的品格，同时关注学生的心理健康需求，促进其身心健康发展。

　　在高校体育教学中推行"五育并举"，不仅是对高校教育质量的全面提升，更是培养学生综合素质和适应社会发展能力的必要途径。通过完善组织规划、丰富课堂内容、推进协同育人和坚持立德树人，高校体育教学能够为学生提供多样化、个性化和全面化的成长路径，真正实现"五育并举"理念的目标，培养出适应新时代需求的高素质人才。

第三章 高校体育教学方法的改革与创新

随着社会和科技的不断发展，传统的高校体育教学方法已不能满足新时代学生的需求，亟须进行改革与创新。体育教学不仅仅是技能的传授，更是全面提高学生身体素质、心理健康、团队协作和创新能力的重要途径。近年来，随着教育理念的更新和社会对综合素质人才的需求增加，传统的教学模式面临着越来越大的挑战。高校体育教学方法的改革与创新不仅涉及课程内容的更新和教学模式的多样化，还包括教学手段、评估方式的创新，以及如何有效结合理论与实践，培养学生终身体育意识和综合能力。

第一节 高校体育教学中多媒体技术的应用

一、多媒体计算机辅助教学在高校体育教学中的应用

（一）目前我国计算机辅助教学的发展现状

当前，我国计算机辅助教学（Compute-Assisted Instruction，以下简称 CAI）正在进入一个多媒体大规模应用的时代。随着先进的计算机技术、多媒体技术、网络技术和通信技术的广泛应用，计算机辅助教学在教育领域的作用日益显著。我们正处于一个"让最好的教师面向最广大的学生"的新时代，这意味着通过计算机辅助教学课件，优质教育资源可以跨越时间和空间的限制，惠及更多的学生。

多媒体技术使教学内容变得更加生动形象，通过声音、图像和视频等多种形式的结合，提升了课堂的互动性和学生的参与度。网络技术的进步则为 CAI 提供了更广阔的应用平台，学生可以通过网络随时随地访问学习资源，实现个性化学习。通信技术的发展进一步促进了教师和学生之间的实时交流，使在线教育更加高效和便捷。

在这样的大环境下，保证 CAI 课件数量和质量的提升具有深远的意义。高质量的 CAI 课件可以有效提高教学效率，帮助学生更好地理解和掌握知识点。此外，通过 CAI，教育资源得以优化配置，使得边远地区和教育资源匮乏的地方也能够享受到与城市学生同样优质的教育。

然而，要实现 CAI 的全面普及和有效应用，仍需面对一些挑战。首先是课件的开发和维护，需要投入大量的人力和资金以确保其内容的准确性和教学的实用性。其次，

教师和学生需要具备相应的技术技能，以便更好地适应和利用 CAI。此外，还需要完善相关的政策和制度保障，推动 CAI 在教育体系中的深入融合。

总体而言，CAI 的发展正在推动我国教育模式的转型，通过技术创新和资源共享，逐步实现教育公平和教育质量的提升。展望未来，随着技术的进一步发展和应用，CAI 将在我国教育领域发挥更加重要的作用，为建设教育强国提供有力支持。

（二）多媒体 CAI 的发展趋势

近年来，多媒体技术在计算机辅助教学（CAI）中的应用呈现出以下三个发展趋势。

1. 网络化发展

随着计算机技术的进步，尤其是网络技术的迅猛发展，人们的生活和工作方式发生了巨大的变化。网络技术的提升不仅改变了信息的传递方式，还极大地促进了教育领域的革新。在这一过程中，多媒体技术的支持显得尤为重要，因为它增强了网络的表现力，使得信息的传播更加生动和直观。

在教育领域，网络技术与多媒体技术的结合为计算机辅助教学（CAI）带来了新的可能。在网络中应用 CAI 课件，使得优秀教师的教学资源可以跨越时间和空间的限制，覆盖更广泛的学生群体。通过互联网，学生能够随时随地访问高质量的体育教育资源，教师也能够在更大的范围内分享他们的知识和经验。这一趋势不仅提高了体育教学资源的利用效率，还有效推动了教育公平的实现。

网络化的发展使得多媒体 CAI 能够支持个性化学习。学生可以根据自己的学习进度和需求选择合适的学习材料，进行自主学习。这种灵活的学习方式不仅提高了学习效率，还满足了不同学生的个性化需求。

此外，网络化的发展还促进了师生之间的互动和沟通。通过在线讨论、实时答疑和虚拟课堂，教师和学生能够进行更加便捷和高效的交流。这种互动形式有助于激发学生的学习兴趣和参与积极性，提高学习效果。

网络技术的不断进步为多媒体 CAI 的广泛应用提供了坚实的基础。未来，随着技术的进一步发展，多媒体 CAI 将继续在教育领域发挥重要作用，为学生提供更加丰富和高效的学习体验。通过网络化发展，体育教育资源的共享将进一步深化，教育公平和质量也将得到更大程度的提升。

2. 智能化发展

多媒体教学软件与智能教学辅助系统之间具有互补关系。通过将两者结合，可以发挥各自的优势，规避其缺点，从而催生出性能更高的新一代多媒体计算机辅助教学（CAI）系统。智能化发展不仅提升了教育效率，也为个性化教学提供了更多可能性。

要实现多媒体 CAI 的智能化，需要结合人工智能领域的知识表达和推理机制。人工智能技术能够通过分析学生的学习行为和习惯，构建详细的学生模型。这个模型可以帮助教育系统了解每个学生的知识掌握情况、学习风格以及薄弱环节，从而提供更有针对性的体育教学内容和策略。

在这一过程中，需要探索适合多媒体环境的知识表达方式和推理机制。知识表达方式决定了信息如何以最有效的方式传达给学生，而推理机制则是教育系统进行智能决策和反馈的基础。例如，通过智能算法，系统可以实时分析学生的学习进度，并预测其未来的学习需求，提供个性化的学习建议。

此外，多媒体知识库的智能化导航也是智能化发展的关键。智能化导航不仅具备一般的导航功能，还能够根据学生的当前知识水平，实时推荐最合适的学习路径。它可以在学生遇到困难时提供帮助，例如，提示相关的知识点、推荐额外的学习资源，甚至安排个性化的辅导课程。这种支持能够帮助学生更有效地克服学习障碍，提高学习效率和效果。

智能化发展使得多媒体 CAI 系统不仅能提供高效的教学工具，还能为学生创造更为个性化和互动的学习环境。随着技术的不断进步，这些系统将越来越能够适应学生的个性化需求，为提高整体教育质量发挥更大的作用。未来，智能化的多媒体 CAI 系统将成为体育教育技术领域的重要趋势，推动体育教育模式的革新与发展。

3. 虚拟现实发展

虚拟现实（Virtual Reality，以下简称 VR）是一种交互式的人工环境，结合多媒体和仿真技术，创造出身临其境的体验。通过佩戴特定的头盔和手套，用户可以在虚拟环境中进行真实感十足的交互。这种技术不仅能够为游戏和娱乐带来全新的体验，也在体育教育领域展现出巨大的潜力。

在高校教学中，VR 技术的应用前景非常广阔。VR 能够打破传统教学的空间限制，为学生提供更多样化的学习体验。例如，创建"虚拟物理实验室"系统，可以帮助学生进行各种虚拟实验，如模拟万有引力定量实验。通过虚拟实验室，学生可以更深入地理解物理概念和规律，而无需担心传统实验中可能遇到的安全风险或资源限制。

通过 VR 技术，学生能够在安全和可控的环境中进行探索和实验。VR 模拟的实验环境可以无限次重复，学生可以在虚拟场景中观察到无法在现实中轻易展示的现象。这种动态的学习方式不仅有助于巩固学生的理论知识，还能激发他们的学习兴趣和创新思维。

此外，VR 技术的应用不仅限于物理实验。在生物学、化学、地质学等学科中，VR 同样可以发挥重要作用。例如，学生可以通过 VR 探索人体内部结构、观察化学反应过程或模拟地质构造运动。这些沉浸式学习体验能够帮助学生将抽象的概念转化为直观的感受，促进深度理解和记忆。

随着 VR 技术的不断发展，虚拟现实在教育中的应用将越来越普及。VR 不仅能提升学生的学习效果，还能为他们提供难以在传统课堂中获得的独特体验。通过整合虚拟现实技术，高校教育将更具互动性和吸引力，为培养学生的创造力和批判性思维提供坚实基础。未来，虚拟现实有望成为教育技术的重要组成部分，推动教育模式的创新和变革。

综上所述,多媒体 CAI 的发展趋势正朝着网络化、智能化和虚拟现实化的方向迈进,这将进一步提高教学效果,促进教育模式的创新。随着技术的不断进步,多媒体 CAI 将在教育领域发挥越来越重要的作用,为学生提供更加个性化和高效的学习体验。

(三) 体育多媒体 CAI 课件设计

体育课件的结构主要由两个部分组成:原理教学模式和训练教学模式。对于体育多媒体 CAI 课件来说,其整体结构包括高校体育教学内容和高校体育教学目标。课件的主要目标是帮助学生掌握体育的基础知识、基本技术和技能,提高学生的身体素质,培养良好的思想品德,并促进学生观察能力和模仿能力的提升。

1. 体育多媒体 CAI 课件设计步骤

设计体育多媒体 CAI 课件主要包括四个步骤,具体如下。

(1) 第一阶段:确定题目

在设计的第一阶段,首先要确定课件的题目。这一步的目的是明确课件设计的规范和目标,确保后续设计过程的方向性和一致性。

(2) 第二阶段:撰写脚本

第二阶段需要撰写课件的脚本,目的是合理安排高校体育教学的内容。这一工作通常由具有丰富教学经验的高校体育教师或课件作者来完成,以确保教学内容的准确性和实用性。

(3) 第三阶段:编制软件

在第三阶段,课件从理论转向实践,需要进行软件编制。这个阶段包括以下三项工作。

①利用多媒体编辑工具对多媒体数据进行准确处理。

②使用多媒体创作工具制作课件。

③编写相关程序,确保课件功能实现。

(4) 第四阶段:测试与检验

最后一步是测试和检验课件。在完成课件的开发设计后,需要对其运行情况进行测试。目的是确保课件能够实现预定的教学目标,并在使用过程中运行稳定、效果良好。通过测试和检验,可以发现并解决潜在的问题,确保课件的质量和效果。

2. 体育多媒体 CAI 课件的选题原则

体育多媒体 CAI 课件具有显著的优势,但也存在一些不足和局限。因此,在设计和使用这些课件时,不应过分依赖它们,而应综合考虑高校体育教学的目标、条件、资源和内容,进行优化选择和精心设计。课件应与其他教学媒体紧密结合,形成一个高效的教学系统,以扬长避短,使其能够最大限度地提高教学效果。

首先,在使用体育多媒体 CAI 课件时,应评估其必要性,确定是否需要课件来完成教学任务。如果传统教学方法已经能够取得良好效果，则无需花费大量精力和资源制作多媒体课件。课件的使用应该是有针对性的，尤其是在某些教学难点和重点难以通过语言清晰表达的情况下，采用多媒体课件可能是更为有效的选择。

多媒体课件之所以适合解决教学难点，是因为它能够整合声音、视频和动画等元素，提供丰富的表现形式。这些功能能够更加贴切地模拟自然现象，通过局部放大、旋转和重复等方式，有效突破教学中的重点和难点。例如，在教授复杂的体育动作时，多媒体课件可以通过慢动作回放和分步骤演示，帮助学生更好地理解和掌握技术要领。

对于初级模拟训练，多媒体课件尤为适用，因为它能支持多种模拟技能训练，替代一些难度大或具有危险性的实验。例如，在实际操作之前，学生可以在虚拟环境中进行反复练习，这不仅能提高他们的技能水平，还能增加他们的安全意识。

此外，在选择高校体育教学内容时，应优先考虑那些难以通过演示实验展示或操作的内容。这样可以确保多媒体课件在教学中发挥最大作用，特别是在周期较长或代价较高的实验项目中。通过多媒体课件，学生可以在不增加成本的情况下进行多次练习，提高学习效果。

总之，体育多媒体 CAI 课件的设计和选题应遵循合理性和必要性的原则，以提高教学效果并实现资源的最有效利用。通过与其他教学媒体的结合，打造一个更加完整和高效的教学体系，可以确保学生在各个方面都能得到全面而均衡的发展。这样一来，多媒体课件不仅提升了教学质量，还为学生提供了更为丰富的学习体验。

3. 体育多媒体 CAI 课件的设计原则

（1）结构化分析原则

在设计体育多媒体 CAI 课件时，应该遵循结构化分析原则。这一原则要求设计者应用系统分析的方法，对课件的结构要素进行逐步分解。通过逐层分解，将事物的各个要素进行详细分析，直到所有要素都被清晰理解和表现为止。基于结构化分析原则，体育多媒体 CAI 课件可以清晰地表达高校体育教学的内容，形成明确的层次结构。不论从宏观系统还是局部细节来看，这种方法都能确保对教学内容的详尽认识，从而促进课件框架的展开和学科内容的设计。

（2）模块化设计原则

模块化设计原则要求在体育多媒体 CAI 课件设计中，根据结构化分析的框架图，将相同或相近的部分设计成独立模块。通过模块图展示单一功能模块的组成结构，从而确定课件系统及其功能结构，为结构化编程创造良好条件。实践证明，模块化设计不仅减轻了复杂内容编程的负担，还能保证课件风格的统一和制作的程序化。

（3）个别化教学原则

在选择和组织高校体育教学内容时，课件应具备广泛的适应性，确保适用于某一层次的所有学生。根据学生能力的差异，设计相应的教学程序和策略。例如，学生可以根据自身需求控制学习内容的深度和广度，调整学习进度，以满足个性化学习的需求。

（4）反馈和激励原则

体育多媒体 CAI 课件应能对每个学生的反应进行及时反馈，不受时间和地点的限制。课件要提供友好的交互界面，激发学生学习体育的积极性，使学生保持良好的学习状态。同时，及时有效地强化教学效果，通过正向激励，提高学习效率。

（5）贯彻教学设计原则

体育多媒体 CAI 课件的设计需结合教学设计理论和方法，同时融入体育课堂教学的元素。在设计教学结构和内容时，适当使用系统的技术和方法，以便有效实现教学目标的设计和分析，以及教学诊断的实施。这种全面的设计方法确保课件不仅具备教学功能，还能支持学生在体育学习中的全面发展。

通过以上原则的实施，体育多媒体 CAI 课件可以为高校体育教学提供更有效、更灵活的支持，满足不同学生的学习需求，并推动体育教育质量的提升。

4. 设计体育多媒体 CAI 课件应注意的事项

（1）从体育多媒体 CAI 课件的可教性考虑

制作体育多媒体 CAI 课件的主要目的是优化体育课堂教学结构，提高教学效率。在此过程中，课件不仅应帮助教师更好地讲授课程内容，还应促进学生的学习。因此，在设计体育多媒体 CAI 课件之前，必须优先考虑其教学价值。这包括评估课件是否真正有必要在课堂中使用。

对于某些课程，传统教学方法可能已经足够有效。在这种情况下，如果制作多媒体课件无法显著提升教学效果，就没有必要花费大量时间和精力。相反，多媒体 CAI 课件应针对那些在传统课堂上难以通过语言或演示实验清晰表达的教学内容。例如，当某些体育概念或技能难以通过实际演示实验展现时，或实验操作复杂、条件受限时，选择使用多媒体 CAI 课件可以更有效地解决这些问题。

多媒体课件能够通过整合声音、图像、动画等多种形式，更加生动和直观地展示教学内容。例如，在讲解复杂的体育动作时，课件可以通过慢动作回放和分步骤演示，帮助学生更好地理解和掌握要领。这种可视化和互动性的增强使学生能够更清晰地理解抽象概念，并在模拟环境中反复练习，从而提高学习效果。

因此，在设计体育多媒体 CAI 课件时，应优先考虑那些传统方法难以覆盖或无法有效传授的内容。通过合理选择和应用多媒体 CAI 课件，可以在不增加教学负担的情况下提高学习效率，为学生提供更加丰富和有效的学习体验。

（2）从体育多媒体 CAI 课件的易用性考虑

为了确保体育多媒体 CAI 课件的有效性，它们应该能够明确地传达高校体育教学的目标、步骤和具体操作方法。此外，课件需要具备在不同计算机环境下的兼容性和稳定性。

①便于安装和运行

体育多媒体 CAI 课件应该易于安装，并能方便地复制到其他硬盘上使用。课件启动应快速，以避免教师和学生在使用时长时间等待。课件的体积应尽量小，以避免不必要的资源浪费。随着网络技术的进步，课件在网络环境下运行效果最佳，因此应该优化课件以适应在线使用。

②友好的操作界面

课件应具备直观和友好的操作界面，包含明确的按钮和图标，并支持鼠标操作，以提高用户体验。界面设计应避免复杂的键盘操作，简化用户互动。同时，课件的内容部分之间应设置合理的导航，方便用户在不同内容之间进行跳转、前进和后退。

③稳定的运行性能

体育多媒体 CAI 课件在运行过程中必须具备稳定性，以确保在不同情况下都能正常操作。如果教师或学生在使用过程中出现误操作，课件应能够提供错误提示或处理机制，而不会导致程序崩溃或计算机重启。

④及时的交互应答

在课件运行过程中，应具备及时的交互应答功能，以便学生能够在学习过程中得到即时反馈。课件不应只是播放内容，而应重视与学生的互动，促进学生在学习过程中的思考和参与。教师应鼓励学生循序渐进地学习，留出足够的时间让学生思考和消化学习内容。

通过考虑以上因素，体育多媒体 CAI 课件可以更加高效地支持教学过程，为学生提供良好的用户体验，并提高学生的学习效果。这样一来，课件不仅能够帮助教师更好地传授知识，也能激发学生的学习兴趣，提高学习效率。

（3）从体育多媒体 CAI 课件的艺术性进行考虑

体育多媒体 CAI 课件在保证良好教学效果的同时，还应该具备艺术性，使其演示过程令人愉悦，从而为教师和学生提供美的享受。高水平的艺术性意味着课件能够完美地结合优秀的内容和优美的形式。然而，实现这一目标并不容易，需要精心设计。

要达到艺术性，体育教师不仅需要具备一定的美术基础，还要有良好的审美情趣。这对于课件的设计提出了更高的要求，难度也相对较大。课件的艺术性主要体现在以下几个方面。

①色彩柔和的操作界面：界面应使用柔和的色彩，科学合理地搭配，使画面与学生的视觉和心理产生共鸣。色彩的运用应该考虑到舒适度和美观性，避免使用过于刺眼或不协调的颜色组合。

②逼真的图像和 3D 效果：为了呈现更逼真的图像效果，可以使用 3D 效果来增强视觉体验。3D 技术能帮助学生更好地理解和记忆复杂的运动结构或技术要点。

③画面的流畅性：课件中应保证画面的流畅性，避免出现停顿或跳跃的现象。为了维持视觉的清晰和专注，建议画面中最多只包含两个运动对象，以免过于复杂，干扰学习效果。

④优美的音效和适宜的配音：课件中应包含优美的音效，以增强整体体验。同时，适宜的配音能有效辅助教学内容，帮助学生更好地理解学习材料。

通过以上设计原则，体育多媒体 CAI 课件能够在视觉和听觉上提供愉悦的体验，提升学生的学习兴趣和参与度。同时，这样的课件不仅仅是一个教学工具，更是一种美的艺术表现形式，为体育教育增添了更多活力和吸引力。

5. 体育多媒体课件创作工具的选择

（1）选择体育多媒体创作工具的基本原则

在体育多媒体课件的创作过程中，选择合适的多媒体创作工具至关重要。这些工具的主要用途是帮助用户有效地编排和制作各种教学内容。多媒体创作工具通常提供交互设计环境和易懂的高级编著语言，为用户的创作提供便利。如果在设计过程中能够恰当地选择这些工具，就能充分发挥体育多媒体 CAI 课件的效用。以下是选择多媒体创作工具的基本原则。

①高效原则

在体育多媒体课件创作过程中，多媒体开发和创作工具应该具备高效性。它们应该能够快速实现各种多媒体效果，具有丰富多样的表现形式，并提供较高的媒体集成度。工具应该具备"所见即所得"的特性，使得备课和课件开发变得更加高效。这种高效性是传统编程语言系统无法实现的，能够显著提高体育多媒体课件的创作效率。

②易用原则

体育多媒体课件的操作应简单、便捷，易于使用。考虑到不同教师的教学风格千差万别，工具的使用方法应该在较短时间内被教师掌握，即便他们对程序设计或计算机操作不熟悉。工具的设计应该让教师能轻松上手，专注于教学内容的创作，而非复杂的技术细节。

③开放原则

在高校体育教学中，使用的素材是多变的，因此多媒体课件平台必须具备高度的兼容性。创作工具应该支持各种多媒体格式，能够灵活应用不同的教学素材，并兼容多种输入设备格式。此外，工具应保证素材能够在任何计算机上充分利用，确保课件的通用性和灵活性。

通过遵循这些原则，体育多媒体课件创作工具能够更好地支持教育工作者高效、便捷地开发出高质量的教学内容，提高体育教育的整体水平和学生的学习体验。

（2）体育多媒体课件创作工具简介

在体育多媒体教学课件的创作过程中，选择合适的创作工具需要深入了解其功能。体育多媒体课件创作工具通常具备多种功能，具体如下。

①编程环境支持：为体育多媒体课件的编程提供良好的支持环境，帮助开发者顺利进行程序设计。

②多媒体数据管理功能：具备强大的数据管理能力，能够有效组织和管理各种多媒体资源。

③超文本功能：支持超文本链接，便于在课件中创建多层次的文字信息导航。

④超媒体功能：支持超媒体链接，将文本、图像、音频和视频等不同媒体形式整合在一起。

⑤数据输入输出支持：能够高效处理多媒体数据的输入和输出，确保各种数据格式的兼容性。

⑥应用连接功能：能够与各种应用程序连接，实现数据共享和功能扩展。

⑦友好的用户界面：提供直观、易用的用户界面，使课件制作过程更加高效。

⑧制作和编排动作功能：支持动作制作和编排，帮助开发者设计动态和互动性强的内容。

在创作过程中，不同的体育多媒体创作工具具有不同的界面、特点和风格。每种工具都有其独特的优点和缺点，选择适合的工具主要取决于个人偏好和具体的创作需求。

例如，如果只是制作学术会议的报告或研究生答辩内容，可以选择简单的幻灯片创作工具，无需使用复杂的编程软件。然而，如果需要开发用于特定领域的教育教学软件，以更好地辅助个性化教育训练或实际操作练习，则应选择具有较强交互性的多媒体创作工具。

①幻灯式多媒体创作工具。在体育多媒体课件创作过程中，幻灯式多媒体创作工具主要用于线性呈现内容。它通过一系列幻灯片来展示过程，可以是文字、图像、声音、视频、动画等元素的组合。在使用此类工具之前，需要预先设置完整的展示程序。虽然这些工具在交互性方面有所局限，但某些情况下可以提供一定程度的交互功能。通过键盘、鼠标和按钮操作，可以设计体育运动技术动作并实现超级链接，甚至打开外部程序。PowerPoint 是幻灯式多媒体创作工具的典型代表，其特点是简单、易学、易用，能够创建完整的展示环境，包括集成工具、格式化流程和绘画等多种选项。用户可以直接调用内置模板，但其缺点是交互性较弱，仅限于在幻灯片的线性序列中跳转。这种工具常用于学术报告、汇报和演示，因为其便捷性和可操作性使其成为展示内容的常用选择。

②书页式多媒体创作工具。书页式多媒体创作工具将高校体育教学内容以书籍的形式呈现，类似于幻灯式多媒体工具，但提供了更多的交互功能，给人以浏览真实书籍的感觉。典型的书页式多媒体创作工具是 ToolBook，它可以将应用程序构建成多页书籍，每页在独立窗口中展示，包含大量交互信息和媒体对象。与幻灯式工具相比，书页式工具允许更多交互在单页内完成，结构更为丰富。ToolBook 支持同时打开多个书籍页面，适合构建复杂的层次结构，类似于"书架式"应用程序。在这个系统中，各种内容如同书籍一样被放置在书架上。

ToolBook 由 Asymetrix 公司开发，是一个高级面向对象的开发环境，提供了一种程序设计语言 OPENSCRIPT，可以用于链接信息，完成动画、声音、图像播放等任务。其特点体现在对应用程序的组织上，具有强大的超级链接和超级文本功能。ToolBook 可以分为两个主要层次：作者层次和读者层次。读者层次允许用户对书籍进行各种操作并阅览内容；作者层次则为设计者提供命令来编写新书，利用调色板和工具箱修改对象或程序内容。这种工具以其灵活性和强大的功能支持复杂的多媒体课件创作。

③时基模式创作工具。时基模式创作工具是一种常见的多媒体编辑系统，以时间为基础来制作内容。这类工具的编辑结果类似于卡通片或电影，通过可视化的时间轴来确定显示对象的时间段和事件顺序。这样，内容可以在预设的时间点上呈现出多个频道和对象的组合效果。在时基模式创作工具中，时间轴是核心元素，用于安排各种多媒体对象（如音频、视频、动画和图片）的出现和消失。设计者可以精确地控制这些对象在特定时间内的播放顺序和持续时间，使内容呈现出连贯的时间流动效果。此外，这种系统通常配有一个控制面板，用于播放控制。该面板类似于常见的录音机和录放相机，包含演出、快进、倒带、前进一步、后退一步、停止等功能按钮。通过这些按钮，用户可以方便地在时间轴上进行操作，调整播放进度并检查各个片段的效果。

这种工具适合用于制作需要精确时间控制的多媒体内容，例如交互式动画、演示视频和动态广告。通过灵活使用时基模式创作工具，创作者能够有效地管理复杂的多媒体项目，将不同元素结合在一起，创造出生动且吸引人的视听体验。这种工具的广泛应用为多媒体内容的丰富呈现提供了强有力的支持。

④网络模式创作工具。网络模式创作工具允许程序组成一个灵活的结构，用户可以在任何位置自由跳转到其他位置。这种工具的结构和呈现顺序不固定，给创作者提供了极大的自由度。在使用网络模式创作工具进行创作时，作者仍需建立自己的结构，即便工具提供了灵活的连接方式，作者依然需要完成大量的结构设计工作。与其他多媒体创作工具相比，网络模式工具具有多层次的特点，适合建立复杂的应用程序。一个典型的软件是"MEDIA Script"，它允许用户从应用程序空间的任何对象随意跳转到其他对象，实现完全随机的访问。网络模式工具支持的灵活跳转和访问特性，使其成为开发复杂交互应用程序的理想选择。尽管网络模式创作工具提供了强大的灵活性和功能性，但它对计算机技术的要求较高。使用该工具的创作者通常需要具备编程能力，至少需要具备基础的编程知识，以便有效地利用工具的各种功能。此外，这些工具通常需要较高的计算机资源来支持复杂的多媒体内容和交互功能。网络模式工具的优点在于能够创建复杂且灵活的应用程序，支持非线性和动态内容的呈现，非常适合用于需要高互动性和用户自由探索的多媒体项目，例如交互式教育软件、复杂数据可视化和多路径故事叙述等。通过利用网络模式创作工具，创作者能够设计出具有高度自由度和用户控制的创新多媒体体验。

二、基于 WEB 的体育多媒体网络课件的教学设计

（一）体育多媒体网络课件设计特点

在设计基于 Web 的体育多媒体网络课件时，重点强调高校体育教学中学生的中心地位。在这个主动获取知识的环境中，教师和学生的角色和传统教学方式都发生了显著变化。因此，课件设计需要围绕以学生为中心的原则，强调教师与学生的充分交互，确保课件能体现网络教学的特点。以下是设计过程中的关键考虑因素。

1. 强调"以学生为中心"的思想

在体育多媒体网络学习中，强调学生的主体性是至关重要的。课件设计应促进学生在课堂内外结合体育教学内容，鼓励他们主动参与体育锻炼活动，展现自主性。通过这种方式，学生不仅能在实际应用中深化对体育知识的理解，还能提高自我管理能力。设计还应提供反馈机制，帮助学生形成对高校体育教学理论与方法的独到见解，使他们能够批判性地思考并灵活运用所学知识。

2. 强调情境在知识获取中的重要性

知识获取不仅仅是信息的接收和传递，更是知识建构的过程。因此，在体育课程中引入情境学习至关重要。通过创造实际情境，学生可以参与一系列学习活动，这些活动能促使他们利用现有认知结构中的经验，更好地巩固和关联新知识。这不仅可以帮助学生理解新概念，还能赋予知识以特殊意义。在设计学习情境时，需注重知识点之间的结构关系，避免简单地罗列教学内容，以促进更深层次的学习。

3. 强调协作学习的重要作用

课件设计应注重促进学习者与周围环境的交互，并充分利用网络环境来强化协作学习。通过小组讨论、项目合作和在线交流等形式，学生可以在与同学和教师的互动中加深对体育教学内容的理解。协作学习不仅提高了知识获取的效率，还培养了学生的团队合作能力和沟通技巧，有助于在学习过程中实现更全面的发展。

4. 强调学习环境的设计

学习环境是学生自由探索和学习的空间，设计良好的学习环境能激发学生的学习兴趣和动机。在基于 Web 的体育多媒体课件中，设计应以学生为中心，关注创建支持自主学习的环境，而非仅仅围绕教学过程。学生应可以在这个环境中自由获取各种信息资源和工具，积极实现个人学习目标。这样的教学设计理念强调学习过程中的主动性和自由度，使学生能在一个开放的环境中进行探索和创新。

5. 强调对各种信息资源的有效利用

为促进知识的主动获取和探索，课件应提供丰富且有效的信息资源。这些资源应易于访问，并能支持学生的自主学习和协作探索。通过整合各种媒体和资源，课件设计应帮助学生在学习过程中科学合理地利用信息，以提升学习效果。这样，不仅能提高学生对体育内容的理解，还能培养他们的信息素养和批判性思维能力，使他们更好地应对未来的学习和生活挑战。

通过上述原则，基于 Web 的体育多媒体网络课件能够更好地支持学生的自主学习和协作探索，提升体育教学的整体效果，促进学生在知识和技能方面的全面发展。

（二）高校体育教学内容选择与组织

只有对高校体育教学内容进行精心选择和组织，才能充分利用 Web 的优势。具体做法包括以下几个方面。

1. 教学内容的多媒体化

在高校体育教学中，多媒体技术的应用极大地丰富了教学内容的表现形式。传统的文字和图片，声音、动画和视频等多媒体元素的加入，使得教学内容更加生动和立体。通过这些手段，教师可以详细解释体育运动技术的要点、方法、难点及练习方法，甚至展示常见错误及其纠正方法。例如，利用视频播放篮球运球和投篮的正确姿势，通过动画演示体操动作的分解步骤，或者用音频讲解呼吸节奏在跑步中的重要性。这样的多媒体化教学不仅能激发学生的学习兴趣，还能帮助他们更直观地理解和掌握复杂的体育技能。

2. 补充教学相关内容与链接

在体育课程中，除了教授教学大纲中规定的基本内容外，还应补充大量相关信息和知识，以拓宽学生的学习视野。例如，在"篮球"课程中，除了讲授基本的技术和战术，还可以引入国际赛事中的实际案例分析，帮助学生了解不同风格的篮球技战术及其在比赛中的应用。此外，利用网络链接的优势，学生可以通过课件中的链接轻松访问国内外先进篮球技战术、教学与训练的视频和文章。这不仅丰富了学生的学习体验，还为他们提供了探索更深层次内容的机会。

3. 高校体育教学内容动态更新

在网络教学环境中，教学内容的动态更新是实现互动教学的关键。学生可以在网上自由浏览课程内容，通过讨论区提出问题，并参与在线答疑。这样的设置允许学生和教师进行实时互动，学生可以对课程内容提出修订建议，与教师共同完善教材。这种师生合作的教材编撰方式，使学生的观点和需求能够得到更好的体现，增强了他们的参与感和学习主动性。动态更新的机制不仅使教学内容更符合学生的学习需求，还为教师提供了实时反馈，帮助他们更有效地调整教学策略，提高教学效果。

通过这些措施，高校体育教学在多媒体化和网络化的支持下，不仅提升了教学质量，还增强了学生的学习积极性，为现代化教育模式提供了更丰富的资源和更灵活的教学方法。通过这些措施，Web平台的优势得以充分发挥，学生不仅可以获得多元化的信息，还能够在互动过程中提升自主学习能力，为体育课程的学习提供了更丰富的资源和更大的灵活性。

（三）体育多媒体网络课件的结构设计

在设计体育多媒体网络课件结构时，需要综合考虑以下因素：高校体育教学的目标、内容以及交互方式的性质。课件结构主要基于高校体育教学内容的基础结构，以确保课件的相关教学功能和整体框架得到充分体现。

体育多媒体网络课件的总体结构由两大部分构成：高校体育教学内容和网络交互。教学内容不仅包括体育课程教学大纲中的所有要求，还融入了扩展性知识。在网络手段的应用下，许多与课程核心内容相关的补充知识可以有机地融入到教学中，营造一个丰富的学习环境。这一设计为具有不同兴趣和爱好的学生提供了个性化学习的支持，通过引入大量扩展性知识，大大丰富了课件的内容。

课件的主要内容涵盖了体育理论课和体育实践课的教学内容，具体内容如下。

（1）课程介绍：涵盖学习总体目标、考核办法、学习方法、学习进度和课时安排等。

（2）课程讲解要点：包括每个项目的教学任务、技术动作的要点和难点、练习方法、常见错误及其纠正方法。

（3）教师答疑解惑：提供师生交流的平台，以便学生能够及时提出问题并得到解答。

（4）课程讨论：通过网络讨论区促进学生之间和师生之间的互动，加深对课程内容的理解。

（5）作业处理：线上提交和反馈作业，便于学生在课后进行自主学习和反思。

（6）课程公告：发布课程相关的最新信息和通知，确保学生能够及时获取课程动态。

这样的结构设计不仅增强了课程的互动性和趣味性，还为学生提供了多渠道的学习资源和支持，促进了学生在体育学习中的全面发展。通过这种设计，体育多媒体网络课件可以有效地支持和丰富高校体育教学。

（四）撰写脚本与设计素材

引入多媒体手段使高校体育教学内容的形式更加多元化。在撰写体育网络课件时，需要仔细考虑素材的编写和设计。这里的素材包括文字、图形、图片、声音、动画和视频等。此外，还需要关注不同类型素材之间的连接关系，以确保内容的连贯性和一致性。

1. 文字脚本的撰写

在撰写文字脚本时，Word 软件是常用的工具。文字脚本需要全面覆盖高校体育教学的知识点，同时确保教师讲解的内容清晰、易于理解。这意味着文字脚本不仅仅是简单的信息记录，还应传达教师的教学意图和风格。在引入图形、图片、动画和视频等多媒体元素时，应在文字中明确标记这些元素的插入位置，并附上超文本链接，以便后期的制作人员能够准确地将各元素集成到课件中。由于要详细描述教学内容并集成多媒体元素，文字脚本的篇幅通常是传统教材的 2 至 5 倍，确保信息的丰富性和完整性。

2. 声音脚本的撰写

声音脚本在网络课件中起着重要的辅助作用，但由于网络带宽的限制，大量声音文件的使用可能会影响课件的运行速度。因此，声音文件应仅在特别需要的情况下使用，如动画或视频中的关键解说。在撰写声音脚本时，首先要分析目标动画和视频的具体内容，以确保配音的时长和内容与视觉元素同步。配音脚本应简洁明了，重点突出，并且需要与动画和解说过程紧密结合，以提供清晰、连贯的学习体验。简练的配音不仅能有效传达信息，还能保持课件的流畅性和高效性。

3. 图形和图片的设计

在高校体育教学中，图片和图形是重要的辅助工具，用于增强教学效果。图片通常是通过摄影技术生成的，可以直观地展示教学内容，例如体育动作示范。图形则是通过计算机软件绘制的示意图，用于说明复杂的概念或技战术，如篮球战术线路图。在设计这些视觉元素时，教师应根据教学需要确定拍摄地点和数量，确保图片能有效辅助讲解。此外，绘制的示意图应清晰、易于理解，选择合适的图形类型，如二维或三维，以最佳地呈现教学内容。原则上，为降低基于 Web 的体育多媒体网络课件的制作成本，建议尽量使用二维图形，因为它们在制作和加载方面都较为经济和高效。通过合理设计和选择图形、图片，课件能在视觉上提供更丰富的学习体验，帮助学生更好地理解和掌握课程内容。

4. 动画设计

在基于 Web 的体育多媒体网络课件中，动画主要指动态的图形或图片，用于展示原理性内容。例如，当体育教师讲解球类运动中的战术配合时，可能需要使用二维动画。设计动画时，首先需要创建静态的图形，然后通过文字和图示详细描述动态变化的每个步骤。此外，还需要编写相应的解说文字来辅助理解。动画脚本主要包括每个步骤的图形、说明文字、线条、图片中的文字提示，以及解说词等。为了确保动画的设计符合教学需求，制作人员和脚本撰写人员需要共同讨论并确定一套规范的制作方案。这种协作有助于提高脚本撰写的质量，并促进双方的交流与合作。

5. 视频设计

在设计基于 Web 的体育多媒体网络课件时，视频的拍摄过程类似于图片的拍摄。通常，视频和图片的拍摄步骤是一致的，尤其是在使用数字摄像机时，视频拍摄与图片拍摄实际上可以同时进行。视频的目的是为学生提供更加直观和动态的内容展示，以便他们更好地理解和掌握体育技术或战术。视频设计应注重内容的选择，以确保所拍摄的场景能够有效地支持教学目标。通过合理使用视频资源，课件可以为学生提供多角度的学习体验，帮助他们加深对课程内容的理解。

6. 功能的设计

基于 Web 的体育多媒体网络课件，功能设计主要包括：界面层次选择、导航模式设计、按钮选择、功能按钮确定、课程内容展示方式、不同素材的连接方法以及课件内容文件结构的确立等。这些设计旨在最大化利用多媒体网络手段，以增强教学活动的辅助作用。

在设计基于 Web 的体育多媒体网络课件时，通常采用三级结构来设计界面：主界面（课件的主页）、内容选择界面和内容讲解界面。

（1）主界面。通常包括两组选择按钮：高校体育教学内容按钮和网络交互按钮。设计中应减少页面切换次数，以提升课件的运行速度。

（2）内容选择界面。为每节内容设置选择按钮，同时提供章节切换按钮，以方便学生快速导航到所需内容。

（3）内容讲解界面。结合文字、图片、视频等多种形式进行教学，提供详细的讲解和演示。不仅如此，还可以设置超文本链接按钮，允许学生访问相关网站进行拓展学习。

课件界面的按钮设计应充分考虑学生的多样化需求，也可以通过增加趣味性和动态效果来提高学生的学习兴趣。

第二节　高校体育教学中微课的应用

在当前的教育环境下，高校体育教学正在经历前所未有的挑战与机遇。随着信息技术的迅速发展，传统的教学模式正逐渐向更加灵活、个性化的方向转变。在这样的背景下，微课作为一种新型的教学模式，凭借其独特的定义和特点，开始受到教育界的广泛关注。

微课是指以视频为主要表现形式，时长通常不超过 10 分钟的教学单元，它以精炼、针对性强的内容和灵活、便捷的学习方式，满足了现代学生快速获取知识和信息的需求。与传统教学模式相比，微课能够提供更为集中和高效的学习体验，特别是在体育教学领域，微课的应用开辟了新的教学途径，为解决高校体育教学中的诸多挑战提供了可能。

一、微课的设计原则

微课作为高校体育教学的一种创新方法，其设计和实施必须遵循一些基本原则，以确保其有效性和吸引力。这些设计原则主要包括精炼与针对性、互动性与参与感，以及灵活性与可访问性，这些原则共同构成了微课成功的关键。

（一）精炼与针对性

微课的内容设计应聚焦于特定的教学目标或技能点，避免冗长和杂乱无章，确保每个微课单元都能够在短小的时间内传达核心知识和技能。教师在设计微课时要精心策划教学内容，去除非必要的信息，确保学习内容直接相关、易于学生理解和掌握。

在设计微课时，教师需要明确教学目标或技能点，并围绕这些目标或技能点组织教学内容。微课的时间通常较短，因此教师需要将教学内容精炼，突出重点，以便在有限的时间内传达核心知识和技能。

例如，在教授篮球投篮技能的微课中，教师可以专注于投篮姿势、手部动作等关键点。教师可以通过清晰的示范和讲解，使学生能够快速抓住技能的精髓。在设计微课时，教师需要去除非必要的信息，避免冗长和杂乱无章的教学内容。这样可以帮助学生更好地理解和掌握投篮技能。

此外，教师在设计微课时，还需要考虑学生的学习需求和认知水平。根据学生的特点和需求，设计适合他们的微课内容，使学生能够更容易理解和掌握所学知识。

总之，在设计微课时，教师需要聚焦于特定的教学目标或技能点，避免冗长和杂乱无章的教学内容。通过精心策划教学内容，去除非必要的信息，确保学习内容直接相关、易于学生理解和掌握。这样可以有效地帮助学生快速抓住技能的精髓，提高学习效果。教师应该注重微课的设计，充分利用微课的优势，为学生的学习提供更多便利和帮助。

（二）互动性与参与感

在设计微课时，教师应考虑如何增强学生的学习体验，使其在学习过程中能够主动参与和互动。这可以通过设置问题、互动测验、实践任务等方式实现。

首先，设置问题是引导学生思考的有效方式。教师可以在微课中提出与教学内容相关的问题，鼓励学生思考并回答。例如，在教授篮球投篮技能的微课中，教师可以提出关于投篮姿势、手部动作等问题，让学生在学习过程中思考并回答。

其次，互动测验可以检验学生对知识的掌握程度，并激发学生的学习兴趣。教师可以在微课中设计一些简单的互动测验，让学生根据视频内容选择答案或完成题目。这种测验可以鼓励学生在学习过程中积极思考，提高学习的积极性和主动性。

此外，实践任务是让学生将所学知识应用到实际中的重要环节。教师可以在微课中设计一些实践任务，让学生通过实际操作来巩固所学知识。例如，在教授篮球投篮技能的微课中，教师可以让学生完成一些投篮练习任务，通过实际投篮来提高技能水平。

微课后还可以设计一些简单的互动问答，让学生根据视频内容回答问题，或者通过提交自己的运动视频来展示学习成果，从而增加学习的趣味性和参与度。这种参与式的学习方式可以激发学生的学习兴趣，提高他们的学习积极性和主动性。

总之，微课应设计成能够增强学生的学习体验，让学生在学习过程中能够主动参与和互动。通过设置问题、互动测验、实践任务等方式，鼓励学生在学习过程中思考和应用所学知识，提高学习的积极性和主动性。这种参与式的学习方式可以增加学习的趣味性和参与度，使学生在学习中获得更好的学习效果。教师应该注重微课的设计，充分利用微课的优势，为学生的学习提供更多便利和帮助。

（三）灵活性与可访问性

微课的一个显著优势是其高度的灵活性和可访问性，学生可以根据自己的时间安排和学习节奏，随时随地进行学习。为此，微课的设计和发布应考虑到多平台的兼容性，确保学生能够通过手机、平板电脑等移动设备轻松访问课程内容。此外，教师还应考虑到网络条件的差异，优化视频质量和加载速度，确保所有学生都能顺畅地进行学习。

微课的灵活性和可访问性为学生提供了极大的便利。学生可以根据自己的时间安排和学习节奏，随时随地进行学习。这种灵活性使得学生能够根据自己的需求和情况，自主选择学习时间和地点，提高了学习效率。

为了确保学生能够随时随地进行学习，微课的设计和发布应考虑到多平台的兼容性。教师应确保微课能够在不同的设备上运行，如手机、平板电脑等。这样可以满足不同学生的需求，使学生能够根据自己的设备选择，轻松访问课程内容。

此外，教师还应考虑到网络条件的差异。由于网络条件的不同，学生的学习体验可能会受到影响。为了确保所有学生都能顺畅地进行学习，教师应优化视频质量和加载速度。例如，教师可以选择适合网络传输的视频格式和分辨率，提高加载速度。此外，教师还可以提供不同长度的视频版本，以适应不同网络条件的学生。

总之，微课的灵活性和可访问性为学生提供了极大的便利。为了确保学生能够随时随地进行学习，微课的设计和发布应考虑到多平台的兼容性，并优化视频质量和加载速度。通过考虑这些因素，教师可以确保所有学生都能顺畅地进行学习，提高了学习效果。教师应该注重微课的设计和发布，充分利用微课的优势，为学生的学习提供更多便利和帮助。

二、微课在体育教学中的应用策略

微课作为一种灵活且高效的教学方式，在高校体育教学中的应用具有多样化的策略，可以覆盖技能教学、理论知识传授、案例分析以及健身指导等多个方面。这些策略不仅丰富了体育教学的内容和形式，还提高了学习的有效性和趣味性。

（一）技能教学

在技能教学方面，微课可以通过分解复杂的动作技能，逐步引导学生掌握每个基本动作。在技能教学方面，微课的优势在于其能够将复杂的动作技能分解成一系列简单的、可管理的部分，使学生能够逐步理解和练习。这种分解方法有助于学生更好地掌握每个基本动作，从而有效掌握整体技能。

例如，在教授篮球运球技巧的微课中，教师可以将运球动作分解为以下几个关键部分。

①手部位置：教师可以解释和演示正确的运球手部位置，包括手指、手腕和前臂的正确姿势。

②身体姿态：教师可以讲解和示范正确的身体姿态，包括站立、弯腰和眼睛注视场内的位置。

③步伐移动：教师可以解释和演示正确的步伐移动，包括脚步的移动方向和步伐的节奏。

每个环节都可以制作成单独的微课进行讲解和示范。这样，学生可以根据自己的学习节奏，逐步学习和练习每个基本动作。教师可以通过清晰的示范和详细的讲解，让学生能够更好地理解每个动作的关键要点。

此外，教师还可以提供一些练习任务和反馈，帮助学生巩固每个基本动作。例如，教师可以提供一些运球练习任务，让学生在练习中专注于手部动作、身体姿态和步伐移动。同时，教师还可以提供视频反馈，让学生观察自己的运球动作，并针对存在的问题进行改进。

总之，在技能教学方面，微课可以通过分解复杂的动作技能，逐步引导学生掌握每个基本动作。通过制作单独的微课进行讲解和示范，使学生能够逐步理解和练习，从而有效掌握整个技能。教师应该充分利用微课的优势，注重技能教学的分解和逐步引导，帮助学生更好地掌握体育技能。

（二）理论知识讲解

对于体育规则、健康知识等理论部分，微课能够提供清晰、简洁的教学内容。通过图文、动画或视频的形式，将抽象的理论知识转化为直观易懂的学习材料，帮助学生更好地理解和记忆。例如，在介绍足球比赛的基本规则时，教师可以通过微课以图文、动画或视频的形式进行讲解。通过生动的视觉展示，学生可以更直观地理解规则的具体内容，如越位规则、犯规判罚等。这种直观易懂的学习材料有助于学生更好地理解和记忆足球规则。

此外，在讲解正确的运动热身和拉伸方法时，教师也可以通过微课以图文、动画或视频的形式进行展示。通过清晰的示范和详细的讲解，学生可以更好地理解运动热身和拉伸的重要性，以及正确的操作方法。这有助于提高学生的健康意识和自我保护能力，避免运动伤害的发生。

教师应该充分利用微课的优势，注重理论部分的教学，通过生动、直观的学习材料，提高学生的体育规则意识和健康知识水平。

（三）案例分析

利用微课对优秀运动员的比赛进行分析，并对技术进行剖析，可以增强学生的学习兴趣和模仿欲望。教师可以选取经典比赛片段，通过微课形式对运动员的技术动作、战术运用进行详细解读，同时指出可供学习借鉴的要点，激发学生的学习热情，提高技能水平。

微课在优秀运动员比赛分析和技术剖析中的应用，可以大大提高学生的学习兴趣和模仿欲望。通过选取经典比赛片段，教师可以为学生提供直观的学习材料，帮助他们更好地理解和掌握技术动作和战术运用。

例如，在篮球教学中，教师可以选取一些经典的比赛片段，如 NBA 比赛中的精彩进球或防守。通过微课形式，教师可以对这些比赛片段进行详细解读，分析运动员的技术动作和战术运用。教师可以重点讲解运动员的投篮姿势、步伐移动、防守技巧等关键点，并指出可供学习借鉴的要点。

此外，教师还可以通过微课形式，对运动员的战术运用进行解读。例如，在篮球比赛中，教师可以分析运动员的进攻战术、防守策略等，并讲解其在比赛中的应用和效果。通过这种剖析，学生可以更好地理解篮球比赛的战术体系，提高他们的战术运用能力。

(四) 健身指导

针对不同学生的体质和需求，微课还可以提供个性化的健身指导内容。教师可以根据学生的健身目标和身体状况，设计系列微课程，如减脂塑形、力量训练、柔韧性提升等，为学生提供科学的健身计划和指导，帮助他们有效达成健身目标，促进身心健康。

在体育教学中，针对不同学生的体质和需求，提供个性化的健身指导是非常重要的。微课在这方面具有独特的优势，可以为学生提供个性化的健身指导内容。

首先，教师可以根据学生的身体状况和健身目标，设计系列微课程。例如，对于想要减脂塑形的学生，教师可以设计一系列关于有氧运动、饮食控制等方面的微课程。对于想要提高力量训练的学生，教师可以设计一系列关于力量训练动作、器械使用等方面的微课程。对于想要提升柔韧性的学生，教师可以设计一系列关于柔韧性训练、拉伸方法等方面的微课程。

其次，教师可以根据学生的需求，提供科学的健身计划和指导。在微课程中，教师可以为学生提供详细的健身计划，包括运动类型、运动强度、运动频率等方面的建议。此外，教师还可以为学生提供一些实用的健身技巧和方法，如正确的运动姿势、运动过程中的呼吸技巧等。

最后，微课的个性化健身指导可以帮助学生有效达成健身目标，促进身心健康。通过微课的学习，学生可以更好地了解自己的身体状况和健身需求，制定适合自己的健身计划。同时，微课还可以提供持续的健身指导和监督，帮助学生坚持健身，达成健身目标。

教师应该充分利用微课的优势，注重个性化健身指导的教学，帮助学生制定适合自己的健身计划，实现身心健康的发展。

三、微课教学的实施步骤

微课作为一种新型教育模式，在高校体育教学中的有效实施是提升教学效果的关键。以下是微课教学实施的主要步骤，包括微课资源的制作与整合、学生学习过程的组织与管理，以及互动与反馈机制的建立。

（一）微课资源的制作与整合

制作高质量的微课资源是微课教学成功的基础。首先，教师需明确教学目标和内容，针对体育教学的特点，设计并制作包含丰富教学元素（如视频、图文、动画等）的微课程。教师应注重微课内容的精炼和针对性，确保信息的准确性和易理解性。随后，通过教学平台或社交媒体渠道，将这些微课资源整合并发布，方便学生随时随地进行学习。

制作高质量的微课资源对于微课教学的成功至关重要。教师在制作微课时，首先需要明确教学目标和内容。教学目标应该是具体、可衡量的，内容应该与体育教学的特点紧密相关。

在设计微课时，教师应该包含丰富的教学元素，如视频、图文、动画等。视频可以展示技能的执行过程，图文可以详细解释关键点，动画则可以形象地展示技能的内部机制。这些教学元素可以帮助学生更好地理解和掌握体育知识和技能。

此外，教师应注重微课内容的精炼和针对性。内容应该简洁明了，避免冗长和杂乱无章。教师应该去除非必要的信息，确保学习内容直接相关、易于学生理解和掌握。例如，在教授篮球投篮技能的微课中，教师可以专注于投篮姿势、手部动作等关键点，通过清晰的示范和讲解，使学生能够快速抓住技能的精髓。

制作完微课后，教师需要通过教学平台或社交媒体渠道，将这些微课资源整合并发布。发布平台应该具有较高的兼容性，能够支持多种设备访问。教师应该确保学生能够通过手机、平板电脑等移动设备轻松访问课程内容。此外，教师还应考虑到网络条件的差异，优化视频质量和加载速度，确保所有学生都能顺畅地进行学习。

（二）学生学习过程的组织与管理

为了确保学生能够有效利用微课资源进行学习，教师需要组织和管理学生的学习过程。这包括制订合理的学习计划，指导学生如何使用微课进行自主学习，以及如何根据自己的学习进度调整学习计划。教师还可以根据教学需要，将学生分组进行协作学习，鼓励他们在学习过程中相互讨论、分享和协作，增加学习的互动性和深度。

首先，教师需要制定合理的学习计划。教师可以根据教学目标和学生的实际情况，为学生制定一个明确、具体的学习计划。学习计划应该包括学习目标、学习内容、学习时间、学习方法等方面的安排。通过制定学习计划，教师可以帮助学生明确学习方向，提高学习效率。

其次，教师需要指导学生如何使用微课进行自主学习。教师可以为学生提供一些建议和方法，如何选择适合自己的微课资源、如何安排学习时间、如何进行自我评估等。通过指导学生使用微课进行自主学习，教师可以帮助学生培养自主学习能力，提高学习效果。

此外，教师还需要指导学生如何根据自己的学习进度调整学习计划。教师可以鼓励学生定期进行自我评估，了解自己的学习进度和效果。如果发现学生的学习进度与学习计划不符，教师可以指导学生根据实际情况调整学习计划，确保学习计划的合理性和可行性。

教师还可以根据教学需要，将学生分组进行协作学习。通过分组协作学习，教师可以鼓励学生在学习过程中相互讨论、分享和协作，增加学习的互动性和深度。分组协作学习可以培养学生的团队合作精神、沟通能力和解决问题的能力。

例如，教师可以将学生分成小组，让他们共同完成一个与微课相关的项目或任务。学生可以在小组内部分享微课资源，讨论学习心得，互相提供建议。通过这种协作学习，学生可以更好地理解和掌握微课内容，提高学习效果。

（三）互动与反馈机制的建立

互动与反馈是提升微课教学效果的重要环节。教师应通过线上或线下的方式，定期与学生进行互动，了解学生的学习状况，解答学生在学习过程中的疑问。同时，建立有效的反馈机制，对学生的学习成果进行评价和反馈，既包括正式的评估，也包括即时的鼓励和指导。这些反馈不仅可以帮助学生及时了解自己的学习进度和存在的问题，还能激励他们积极改进，持续进步。

互动与反馈在微课教学中起着至关重要的作用。教师通过与学生的互动，可以更好地了解学生的学习状况，解答他们在学习过程中的疑问。这种互动可以是线上或线下的，教师可以利用社交媒体、学习平台或面对面的方式，与学生进行交流和讨论。

例如，教师可以通过学习平台建立一个在线论坛或讨论区，让学生在上面提问、分享学习心得和经验。教师可以定期浏览这些讨论区，参与学生的讨论，解答他们的疑问。此外，教师还可以通过电子邮件、即时通讯工具等方式，与学生进行一对一的互动，了解他们的学习状况，并提供个性化的指导和建议。

同时，建立有效的反馈机制对于提升微课教学效果也非常重要。教师应对学生的学习成果进行评价和反馈，这包括正式的评估和即时的鼓励和指导。正式的评估可以通过考试、作业、项目等方式进行，教师可以根据学生的表现，给出具体的评价和反馈。

此外，即时的鼓励和指导也非常重要。教师应该在学生学习过程中，及时给予鼓励和指导，帮助他们克服困难，取得进步。这种即时的反馈可以是口头表扬、鼓励的话语、积极的评价等。这些即时的反馈可以增强学生的自信心，激励他们更加积极地参与学习。

四、微课教学效果的评估

微课教学作为高校体育教学中的一个创新模式，其教学效果的评估是确保教学质量持续提高的关键环节。评估主要包括学习成效的量化评估、学习体验的质性分析以及教学反思与持续改进三个方面。

（一）学习成效的量化评估

量化评估主要关注学生在微课学习过程中技能的掌握程度和理论知识的吸收情况。通过设置前后测试、技能操作考核等方式，教师可以具体量化学生的学习成果，如通过篮球投篮技能的前后对比测试来评估学生的技能提升，或通过在线测验来检验学生对体育理论知识的掌握情况。这种量化评估可以直观地反映微课教学的实际效果，为教学提供可靠的评估数据。

量化评估在微课教学中是一种重要的评估方式。它主要关注学生在微课学习过程中技能的掌握程度和理论知识的吸收情况。通过量化评估，教师可以具体量化学生的学习成果，从而更准确地了解学生的学习效果。

例如，教师可以在微课学习前对学生进行一次投篮技能的测试，记录他们的投篮命中率、投篮姿势等指标。在学习一段时间后，教师再次进行测试，并比较前后测试结果的差异。通过这种对比，教师可以直观地了解学生通过微课学习在投篮技能上的提升情况。

此外，教师还可以通过在线测验来检验学生对体育理论知识的掌握情况。教师可以设计一些关于体育规则、运动生理学、运动营养等方面的在线测验，让学生在微课学习后进行在线答题。通过分析学生的答题结果，教师可以了解学生对体育理论知识的掌握程度，并评估微课教学的效果。

（二）学习体验的质性分析

质性分析则更侧重于学生的学习体验和教学过程的观察分析。这包括收集学生的反馈信息，如通过问卷调查、访谈等方式了解学生对微课内容、教学方式的看法和建议；同时，教师也需要观察学生在微课学习过程中的参与度、互动情况和遇到的困难等，这些质性数据有助于深入了解微课教学的实际效果和存在的问题，从而为教学方法的优化提供指导。

首先，教师可以通过收集学生的反馈信息来进行质性分析。学生反馈是了解学生学习体验的重要途径。教师可以通过问卷调查、访谈等方式，了解学生对微课内容、教学方式的看法和建议。例如，教师可以设计一份关于微课教学的问卷，包括微课内容的相关性、教学方式的满意度、学习效果的评价等方面的问题。学生通过填写问卷，提供对微课教学的反馈。此外，教师还可以通过访谈，与学生进行更深入的交流，了解他们的学习感受和需求。

其次，教师需要观察学生在微课学习过程中的参与度、互动情况和遇到的困难等。这些观察可以帮助教师了解学生在学习过程中的实际情况。教师可以通过观察学生的学习行为，了解他们的参与度，如是否积极参与讨论、提出问题等。此外，教师还可以观察学生的互动情况，如是否与其他学生进行有效的交流和合作。同时，教师应该关注学生在学习过程中遇到的困难和问题，及时给予支持和帮助。

通过收集学生的反馈信息和观察学生的学习过程，教师可以获得丰富的质性数据。这些数据有助于深入了解微课教学的实际效果和存在的问题。教师可以基于这些数据，分析微课教学的优势和不足，从而为教学方法的优化提供指导。

总之，质性分析是微课教学中不可或缺的一部分。教师应该注重质性分析的实施，充分利用这些分析方法，提高微课教学的效果和学生的学习体验。

（三）教学反思与持续改进

教学效果的评估不仅是一个结果反馈的过程，也是教师教学反思和持续改进的重要环节。教师需要根据评估结果，反思微课设计和教学实施过程中的不足，如内容的选择与组织、教学互动的有效性、学生学习支持的充分性等方面。基于这些反思，教师可以采取针对性的改进措施，如调整微课内容、增强教学互动、优化学习支持等，以不断提升微课教学的质量和效果。

教学效果的评估是一个复杂的、持续的过程，它不仅仅是提供一个结果反馈，更重要的是促进教师的教学反思和持续改进。教师需要根据评估结果，深入反思微课设计和教学实施过程中的不足，并据此采取有效的改进措施，以不断提升微课教学的质量和效果。

首先，教师需要反思微课内容的选择与组织。教师应该考虑微课内容是否与教学目标紧密相关，内容是否过于繁杂或过于简单，以及内容是否以一种逻辑和系统的方式组织。基于这些反思，教师可以调整微课内容，确保内容的精炼和针对性，以及内容的组织方式能够帮助学生更好地理解和掌握知识。

其次，教师需要反思教学互动的有效性。教师应该考虑微课教学中是否提供了足够的互动机会，学生是否能够有效地参与和交流，以及教师是否能够及时回应学生的反馈和问题。基于这些反思，教师可以增强教学互动，如增加在线讨论区、提供实时答疑服务等，以提高学生的参与度和学习效果。

此外，教师需要反思学生学习支持的充分性。教师应该考虑微课教学中是否提供了足够的学习支持，如学习资料、练习题、反馈机制等。基于这些反思，教师可以优化学习支持，如提供详细的学习指南、组织学习小组、定期进行学习进度检查等，以帮助学生更好地学习和掌握知识。

通过上述综合评估，微课教学的效果得以全面审视，不仅有利于及时发现并解决教学过程中的问题，也有助于推动高校体育教学向更高质量、更有效果的方向发展。

第三节　高校体育教学中慕课的应用

在当今快速发展的教育领域中，慕课（Massive Open Online Courses，简称MOOCs）以其开放性、灵活性和广泛性，成为了现代教育技术的一个重要标志。慕课是一种可以为广大学习者提供高质量教育资源的在线课程，特点包括无限参与、开放访问以及互动交流等。它打破了传统教育时间和空间的限制，让更多人能够接触到全球范围内的优质教育资源。

对于高校体育教学而言，慕课的引入同样具有重大意义。当前高校体育教学面临着种种挑战，包括课程内容的单一性、教学方法的传统性、学生参与度的不足等问题。同时，随着学生对体育学习需求多样化和个性化的增加，传统的体育教学模式越来越难以满足学生的学习需求。

一、慕课的设计与开发

在高校体育教学中，慕课的设计与开发是一个精细且系统的过程，它不仅需要教育者深入理解体育学科的特性，还需要运用现代教育技术和理念，以实现最佳的教学效果。

（一）课程内容的选取与结构设计

高质量慕课设计的第一步是从课程内容的精心选取开始的。在设计慕课时，内容的选择应该全面覆盖体育学科的各个方面，包括技能训练、理论知识、健康教育等，以确保学生能够全面理解和掌握体育学科的核心内容。

首先，技能训练是体育学科的重要组成部分。在慕课中，应该包含各种体育项目的技能训练内容，如篮球、足球、游泳、田径等。这些内容应该涵盖技能的各个环节，如基本动作、进阶技巧、战术应用等，以便学生能够系统地学习和掌握各项体育技能。

其次，理论知识也是体育学科的重要组成部分。在慕课中，应该包含体育理论知识的讲解，如体育规则、运动生理学、运动营养学等。这些理论知识可以帮助学生理解体育活动的科学原理，提高他们的体育素养。

此外，健康教育也是体育学科的一个重要方面。在慕课中，应该包含关于运动健康、运动损伤预防、运动康复等内容。这些健康教育内容可以帮助学生了解如何保持良好的身体状况，提高他们的健康意识。

除了内容的选取，课程的结构设计也非常关键。在设计慕课时，应该合理安排各个模块和课程单元的顺序，使学习过程循序渐进。这样既有助于学生构建知识体系，又能激发学习兴趣。

例如，在设计篮球技能训练的慕课时，可以先从基本动作开始，逐步过渡到进阶技巧，最后介绍战术应用。这样可以使学生从基础到高级，逐步深入学习，有助于他们更好地理解和掌握篮球技能。

总之，教师应该注重慕课内容的选取和结构设计，充分利用慕课的优势，为学生的学习提供更多便利和帮助。

（二）互动元素的融入

为了增强学生的学习参与度，慕课设计中需要融入各种互动元素。这包括设立讨论区、提供问答环节、设置互评机会等，通过这些互动设计，让学生有机会表达自己的观点，与教师和其他学生进行交流。这种互动不仅有利于知识的深化和巩固，也能提高学习的动态性和趣味性。

在慕课设计中，为了增强学生的学习参与度，融入各种互动元素是非常重要的。互动元素可以增加学生之间的交流和合作，提高学生的学习兴趣和参与度。

首先，设立讨论区是一个有效的互动方式。在慕课中，教师可以设立一个在线讨论区，让学生在上面发表自己的观点、提问、分享学习心得和经验。这种方式可以促进学生之间的交流和合作，让学生相互学习和借鉴。教师和其他学生可以参与讨论，提供反馈和建议，帮助学生更好地理解和掌握知识。

其次，提供问答环节也是一个重要的互动方式。在慕课中，教师可以设置一些问答环节，让学生提问，并提供即时的回答和反馈。这种方式可以增加学生与教师之间的互动，帮助学生解决学习过程中遇到的疑问和困难。

此外，设置互评机会也是一个有效的互动方式。在慕课中，教师可以设置一些互评任务，让学生互相评价和反馈。这种方式可以促进学生之间的交流和合作，提高学生的批判性思维和评价能力。

总之，教师应该注重慕课的互动设计，充分利用这些互动方式，提高学生的学习参与度和学习效果。

（三）技术支持

现代教育技术是慕课成功的重要支撑。高质量的视频制作可以提供清晰、生动的教学内容展示，帮助学生更好地理解和掌握技能和知识。在线测试和作业可以及时评估学生的学习情况，而数据追踪与分析工具则能帮助教师掌握学生的学习进度和效果，及时调整教学策略。通过有效的技术支持，慕课可以实现更个性化、更高效率的教学。

在慕课教学中，现代教育技术的应用是至关重要的。它为慕课的成功提供了重要的支撑。

首先，高质量的视频制作是慕课教学的关键。视频是慕课的主要教学媒介，清晰、生动的视频可以更好地展示教学内容，帮助学生理解和掌握技能和知识。教师应该采用专业的视频制作技术，如高清摄像、后期剪辑等，制作高质量的慕课视频。此外，教师还可以采用动画、图表、演示等辅助手段，使视频内容更加生动有趣，提高学生的学习兴趣。

其次，在线测试和作业是评估学生学习情况的有效手段。通过在线测试和作业，教师可以及时了解学生的学习情况，评估他们对知识和技能的掌握程度。在线测试可以包括选择题、填空题、简答题等多种形式，教师可以根据学生的答题结果，给出具体的评价和反馈。此外，作业也是检验学生学习效果的重要方式，教师可以布置一些与课程内容相关的作业，让学生进行实践操作和思考。

最后，数据追踪与分析工具对于教师掌握学生的学习进度和效果至关重要。通过这些工具，教师可以实时了解学生的学习进度、观看时间、答题情况等数据，从而更好地掌握学生的学习情况。这些数据可以帮助教师发现学生的问题和困难，及时调整教学策略。例如，如果发现某个知识点的学习效果不佳，教师可以针对性地加强教学，提供额外的学习资源和支持。

总之，现代教育技术是慕课成功的重要支撑。通过高质量的视频制作、在线测试和作业、数据追踪与分析工具等手段，慕课可以实现更个性化、更高效率的教学。教师应该充分利用现代教育技术，优化慕课教学，提高学生的学习效果和体验。

二、慕课在体育教学中的具体应用

慕课（MOOCs）为高校体育教学提供了一个全新的平台，通过其独特的教学方式，能够覆盖体育教育的多个方面，从基础知识到高级技能，再到健康指导和理论教育，慕课都能提供有效的学习资源。

（一）基础体育知识与技能学习

慕课平台可以提供各类体育运动的基础知识和技能教学，如篮球、足球、羽毛球等常见体育项目的基本规则、技术动作以及训练方法。通过视频教学，学生可以直观地学习到正确的运动姿势和技巧，为进一步的技能提升打下坚实的基础。

慕课平台是一个丰富的在线教育资源库，为学生提供了各类体育运动的基础知识和技能教学。这些教学内容涵盖了常见体育项目的基本规则、技术动作以及训练方法，帮助学生全面了解和掌握体育运动的知识和技能。

例如，在篮球项目中，慕课平台可以提供篮球的基本规则、技术动作以及训练方法的教学。通过视频教学，学生可以直观地学习到正确的投篮姿势、运球技巧、防守动作等，了解篮球比赛的基本规则和战术策略。这些教学内容可以帮助学生建立起对篮球运动的基本认识，为进一步的技能提升打下坚实的基础。

在足球项目中，慕课平台同样可以提供足球的基本规则、技术动作以及训练方法的教学。通过视频教学，学生可以学习到正确的传球、射门、守门等技巧，了解足球比赛的基本规则和战术策略。这些教学内容有助于学生全面了解足球运动，为提高足球技能提供支持。

此外，羽毛球、乒乓球等其他常见体育项目也在慕课平台上得到了详细的介绍。学生可以通过视频教学，学习到这些项目的技术动作和训练方法，为提高自己的运动技能奠定基础。

总之，教师应该充分利用慕课平台的教学资源，引导学生进行自主学习，提高他们的运动技能和体育素养。

（二）高级技能演示与分析

对于已具备基础技能的学生，慕课还可以提供高级技能的演示和技术分析。通过对专业运动员比赛的剖析或高级技能的展示，学生可以学习到更为复杂的技术动作和战术运用，从而提高自己的运动水平。

对于已经掌握基础技能的学生，慕课平台提供了更多高级技能的演示和技术分析，帮助他们进一步提高自己的运动水平。这些高级技能的演示和技术分析涵盖了更为复杂的技术动作和战术运用，使学生能够深入学习并掌握高级技能。

例如，在篮球项目中，慕课平台可以提供专业运动员比赛的视频，让学生通过观察专业运动员的比赛，学习到更为高级的篮球技巧和战术运用。这些视频可以展示专业运动员的传球、突破、防守等方面的技巧，帮助学生了解如何在比赛中运用高级技能。

此外，慕课平台还可以提供高级技能的专门教学视频，让学生学习到更为复杂的技术动作。这些视频可以详细讲解高级技能的技巧和要点，帮助学生更好地理解和掌握高级技能。

总之，教师应该充分利用慕课平台的高级技能教学资源，引导学生进行深入学习，提高他们的运动技能和水平。

（三）健康与营养指导

慕课也可以提供关于运动健康和营养的教育，包括如何进行科学的体育锻炼、如何制定合理的饮食计划等内容。这对于学生维护身体健康、提高运动表现有着重要的指导意义。

慕课平台不仅提供体育运动技能的教学，还涵盖了关于运动健康和营养的教育内容。这些教育内容旨在帮助学生了解如何科学地进行体育锻炼，以及如何制定合理的饮食计划，从而维护身体健康，提高学生的运动表现。

例如，在运动健康方面，慕课平台可以提供关于运动生理学、运动心理学的教学，帮助学生了解运动对身体健康的影响，以及如何通过科学锻炼来提高运动能力。此外，慕课还可以提供关于运动损伤预防和恢复的教学，让学生了解如何在运动过程中避免受伤，以及在受伤后如何进行有效的恢复。

在营养方面，慕课平台可以提供关于运动营养学的教学，帮助学生了解如何制定合理的饮食计划，以满足运动训练和比赛的需求。这些教学内容可以涵盖营养素的摄入、饮食平衡、饮食调整等方面，让学生了解如何通过合理饮食来提高运动表现，确保身体健康。

总之，教师应该充分利用慕课平台的教学资源，引导学生关注运动健康和营养，帮助他们实现全面发展和提高运动水平。

（四）体育理论与历史教育

慕课平台不仅提供了体育运动技能的教学，还涵盖了体育理论和历史的教育内容。这些教育内容旨在帮助学生深入了解体育学的理论知识、体育运动的发展历史以及体育文化的多样性，拓宽他们的知识视野。

例如，在体育理论方面，慕课平台可以提供关于体育规则、运动生理学、运动心理学等方面的教学。这些教学内容可以帮助学生了解体育活动的科学原理，掌握体育学科的基本知识。

在体育运动发展历史方面，慕课平台可以介绍不同体育项目的发展历程，如篮球、足球、田径等。通过学习这些历史，学生可以了解体育运动的发展脉络，认识到体育运动在历史演变中的重要地位。

此外，慕课平台还可以提供关于体育文化的教学，让学生了解不同国家和地区体育文化的差异和多样性。这有助于学生培养国际视野，增进对不同文化的理解和尊重。

总之，教师应该充分利用慕课平台的教学资源，引导学生关注体育理论和历史，帮助他们全面了解体育学科，培养体育素养。

（五）特殊主题讲座

慕课平台作为一个在线教育平台，提供了关于运动心理学、运动生理学等特殊主题的讲座。这些讲座由领域内的专家进行授课，能够帮助学生深入理解体育运动的科学原理，提高运动效率和心理调节能力。

例如，在运动心理学方面，慕课平台可以提供关于运动动机、运动心理技巧、运动压力管理等主题的讲座。这些讲座可以帮助学生了解如何激发自己的运动动机，运用心理技巧提高运动表现，以及如何应对运动过程中的压力和挑战。

在运动生理学方面，慕课平台可以提供关于运动生理原理、运动训练计划、运动营养等方面的讲座。这些讲座可以帮助学生了解运动对身体健康的影响，如何制定科学的运动训练计划，以及如何通过合理的饮食来支持运动训练。

通过参加这些由专家授课的讲座，学生可以获得专业的知识和指导，提高了自己的运动效率和心理调节能力。这些讲座可以帮助学生更好地理解体育运动的科学原理，为他们的运动训练和比赛提供有力的支持。

总之，教师应该鼓励学生参加这些讲座，充分利用慕课平台的教学资源，提高他们的体育素养和运动水平。

三、慕课教学的实施与管理

慕课（MOOCs）在高校体育教学中的实施和管理是一个复杂且至关重要的过程。它不仅需要精心组织学习内容，还要有效地管理学生的学习过程，以确保教学目标的实现。

（一）学生学习过程的组织

为了最大化慕课的教学效果，学生的学习过程需要采取多种形式组织。自学是慕课最基本的学习方式，学生可以根据自己的时间和进度安排学习。此外，小组讨论可以增加学生之间的互动，促进知识的深入理解；而教师的在线或面对面辅导则可以解决学生在学习过程中遇到的具体问题，为学生提供个性化的学习支持。通过这些多元化的学习形式，可以增强学生的学习动力，提高学习效率，促进知识和技能的掌握。

在慕课教学中，为了最大化教学效果，学生的学习过程应该采取多种形式组织。这些形式包括自学、小组讨论和教师的在线或面对面辅导等。

首先，自学是慕课最基本的学习方式。学生可以根据自己的时间和进度安排学习，自主选择学习时间和地点。这种方式给予了学生高度的灵活性和自主性，使他们能够根据自己的需求和情况，合理安排学习计划。

其次，小组讨论可以增加学生之间的互动，促进知识的深入理解。通过小组讨论，学生不仅可以分享自己的观点和经验，还可以从他人那里学习和借鉴别人的经验。这种方式有助于学生之间的交流和合作，提高他们的学习效率。

最后，教师的在线或面对面辅导可以解决学生在学习过程中遇到的具体问题，提供个性化的学习支持。教师可以为学生提供实时的回答和反馈，帮助他们解决学习过程中的疑问和困难。这种方式有助于学生获得个性化的指导和支持，提高了他们的学习效果。

总之，教师应该充分利用这些学习形式，引导学生进行有效的学习，提高他们的学习效果和能力。

（二）学习进度与成效的跟踪评估

为了确保学习效果，慕课平台需要提供有效的进度跟踪和成效评估机制。通过在线测试、作业提交和技能展示等方式，教师可以实时了解学生的学习状态，及时调整教学策略。同时，这些评估结果也可以作为学生自我评价的依据，帮助他们了解自己的学习进展，及时调整学习计划。

在慕课教学中，为了确保学习效果，提供有效的进度跟踪和成效评估机制至关重要。这些机制可以帮助教师和学生实时了解学习状态，及时调整教学策略和学习计划。

首先，在线测试是评估学生学习成效的有效手段。通过在线测试，教师可以了解学生对知识点的掌握程度，发现学生的问题和困难。在线测试可以包括选择题、填空题、简答题等多种形式，教师可以根据学生的答题结果，给出具体的评价和反馈。

其次，作业提交也是评估学生学习成效的重要方式。教师可以布置一些与课程内容相关的作业，让学生进行实践操作和思考。通过作业提交，教师可以了解学生对课程内容的掌握程度，并提供具体的评价和反馈。

此外，技能展示也是评估学生学习成效的一种方式。在慕课中，教师可以设置一些技能展示任务，让学生展示自己的运动技能。通过技能展示，教师可以了解学生对技能的掌握程度，并提供具体的评价和反馈。

这些评估结果不仅可以作为教师调整教学策略的依据，也可以作为学生自我评价的依据。学生可以通过这些评估结果，了解自己的学习进展，发现自己的问题和困难。基于这些评估结果，学生可以及时调整学习计划，提高学习效果。

总之，教师应该充分利用这些评估机制，优化慕课教学，提高学生的学习效果和体验。

（三）学习社区的建设与管理

建立一个积极的学习社区对于提高学生的学习兴趣和促进知识共享非常重要。慕课平台可以利用论坛、讨论组等工具，鼓励学生之间的交流和讨论，分享学习经验和心得。教师和学习顾问在社区中的积极参与可以为学生提供专业指导和答疑，增强社区的学习支持功能。良好的社区管理不仅能够维护学习社区的秩序，还可以营造一个互帮互助的学习环境。

在慕课教学中，建立一个积极的学习社区对于提高学生的学习兴趣和促进知识共享至关重要。慕课平台可以通过以下方式建立和维护一个积极的学习社区。

①利用论坛和讨论组：慕课平台可以设立在线论坛和讨论组，让学生在上面发表自己的观点、提问、分享学习心得和经验。这种方式可以促进学生之间的交流和讨论，让学生相互学习和借鉴。教师和学习顾问也可以参与这些讨论，提供反馈和建议，帮助学生更好地理解和掌握知识。

②教师和学习顾问的积极参与：教师和学习顾问在社区中的积极参与对于提供专业指导和答疑非常重要。他们可以回答学生的问题，提供学习资源和建议，帮助学生解决问题和困难。这种方式可以增强社区的学习支持功能，提高学生的学习效果。

③良好的社区管理：良好的社区管理对于维护学习社区的秩序和营造一个互帮互助的学习环境至关重要。慕课平台可以设立社区管理员，负责管理论坛和讨论组的秩序，确保学生之间的交流和讨论是积极和有益的。同时，社区管理员还可以组织一些社区活动，促进学生之间的互动与合作。

总之，教师应该充分利用慕课平台的学习社区功能，引导学生进行有效的学习交流和知识共享，提高他们的学习效果和体验。

四、慕课教学效果的评估与反馈

在慕课（MOOCs）的体育教学中，评估与反馈机制是提高教学质量和促进学生学习的关键环节。有效的评估方法和实时的反馈可以帮助教师和学生了解教学和学习的效果，为课程的持续优化提供依据。

（一）教学成效的评价方法

慕课教学中，教学成效的评价可以通过多种方式进行，包括但不限于在线考试、作业提交、实践操作的视频录制等。在线考试和作业可以评估学生对体育理论知识的掌握程度；而实践操作的视频录制则能直观反映学生技能的学习和应用情况。这些评价方法结合起来，可以全面评估学生的学习成效，包括知识理解、技能掌握和实践应用等方面。

（二）学生满意度与学习体验的调查

慕课教学中，教学成效的评价可以通过多种方式进行，包括但不限于在线考试、作业提交、实践操作的视频录制等。在线考试和作业可以评估学生对体育理论知识的掌握程度；而实践操作的视频录制则能直观反映学生技能的学习和应用情况。这些评价方法结合起来，可以全面评估学生的学习成效，包括知识理解、技能掌握和实践应用等方面。

在慕课教学中，评价教学成效是至关重要的。它可以帮助教师了解学生的学习情况，评估教学效果，并为学生提供反馈。评价可以通过如下方式进行。

①在线考试：在线考试是评估学生对体育理论知识掌握程度的一种有效方式。教师可以设计一些关于体育规则、运动生理学、运动营养学等方面的在线考试题目，让学生在规定时间内完成。通过分析学生的答题结果，教师可以了解学生对理论知识的掌握程度，进而评估教学效果。

②作业提交：作业提交也是评估学生学习成效的重要方式。教师可以布置一些与课程内容相关的作业，让学生进行实践操作和思考。通过作业提交，教师可以了解学生对课程内容的掌握程度，并提供具体的评价和反馈。

③实践操作的视频录制：实践操作的视频录制是评估学生技能学习和应用情况的有效方式。学生需要录制自己完成某项体育技能操作的视频，并提交给教师。通过观看视频，教师可以直观地了解学生对技能的掌握程度，评估教学效果。

这些评价方法结合起来，可以全面评估学生的学习成效。它们可以帮助教师了解学生在知识理解、技能掌握和实践应用等方面的表现。通过全面评估，教师可以更好地了解学生的学习情况，评估教学效果，并为学生提供有针对性的反馈和建议。

总之，慕课教学中，教学成效的评价可以通过多种方式进行，包括在线考试、作业提交、实践操作的视频录制等。这些评价方法结合起来，可以全面评估学生的学习成效，包括知识理解、技能掌握和实践应用等方面。教师应该充分利用这些评价方法，全面了解学生的学习情况，优化教学策略，提高教学效果。

（三）教学反馈的收集与分析

在慕课教学中，教学过程中的即时反馈对于持续优化课程内容和教学方法至关重要。它可以帮助教师及时了解教学活动的效果，发现存在的问题，从而调整教学计划，改进教学内容和方法，提升教学质量。

首先，慕课平台应设立反馈通道，鼓励学生、同行和教育专家提出宝贵的意见和建议。这些反馈可以帮助教师了解学生、同行和教育专家对教学活动的看法和需求，发现教学中存在的问题和不足。

其次，教师应定期收集和分析这些反馈。通过收集和分析反馈，教师可以及时了解教学活动的效果，发现存在的问题，并根据反馈调整教学计划，改进教学内容和方法。

例如，教师可以根据学生的反馈，调整教学内容的难易程度、教学方法和教学进度。对于学生反映难以理解的部分，教师可以提供更多的解释和示例，帮助学生更好地理解和掌握知识。对于学生反映需要加强的部分，教师可以增加相关的练习和案例，提高学生的实践能力。

此外，教师还可以根据同行和教育专家的反馈，改进教学方法和技术手段。例如，教师可以尝试采用新的教学方法和技术手段，如虚拟现实、增强现实等，提高教学的互动性和趣味性。

总之，教学过程中的即时反馈是持续优化课程内容和教学方法的基础。慕课平台应设立反馈通道，鼓励学生、同行和教育专家提出宝贵的意见和建议。通过定期收集和分析这些反馈，教师可以及时了解教学活动的效果，发现存在的问题，进而调整教学计划，改进教学内容和方法，提升教学质量。教师应该注重收集和分析反馈，并根据反馈优化教学，提高教学效果和学生的学习体验。

第四节　高校体育教学中翻转课堂的应用

在当今教育改革的浪潮中，翻转课堂模式凭借其创新的教学理念，成了教育领域的一个热点话题。翻转课堂模式是一种颠覆传统教学模式的新型教育方法，其基本理念是将传统课堂上的讲授和课后的作业过程进行翻转。学生在课前通过观看视频、阅读材料等方式自主学习，课堂时间则用于讨论、实践和深入理解。

翻转课堂在体育教学中的引入，开辟了一条提升教学效果、增强学生参与度的新途径。通过将理论知识的自主学习前置，课堂时间可以更多地用于技能的实践操作、技术的讨论和问题的解决，从而深化学生的学习体验，提高学习效率。此外，翻转课堂还能促进学生之间的互动和合作，为学生提供更多展示自我、互相学习的机会，这对于培养学生的团队协作能力和沟通技巧具有重要价值。

一、翻转课堂模式的设计与实施

（一）课前视频与材料的准备

翻转课堂模式是一种将传统课堂的教学顺序进行颠覆的教学模式。在这种模下，教师将原本在课堂上的教学内容转移到课前，通过视频和在线学习材料的形式，让学生在家自学。课堂上，教师则将更多的时间用于与学生进行互动、讨论和实践。

为了实施翻转课堂模式，教师需要精心设计和准备课前的视频与学习材料。这些材料应涵盖技能的演示视频、理论知识的讲解等，旨在帮助学生在课前对即将学习的内容有一个初步的理解和掌握。

例如，对于篮球课程，教师可以准备以下课前视频与学习材料。

①运球、传球和投篮技巧的演示视频：这些视频可以展示正确的运球、传球和投篮技巧，帮助学生在家自学这些基本技能。

②篮球规则和比赛策略的理论讲解材料：这些材料可以包括篮球的基本规则、比赛策略等方面的理论知识，帮助学生了解篮球比赛的基本规则和策略。

这些材料应简洁明了，便于学生在家自学。教师应该采用清晰、易懂的语言和演示，确保学生能够理解并掌握这些知识和技能。

总之，教师应该注重课前视频与学习材料的设计和准备，确保学生能够在家自学，为课堂上的互动和实践打下基础。

（二）学生课前自学的引导与支持

为了确保学生能够有效地进行课前自学，教师需要提供明确的学习任务和可能的讨论问题。这些任务和问题不仅指导学生如何学习，还激发他们的思考和探究欲望。

在翻转课堂模式中，课前自学是学生学习的重要环节。为了确保学生能够有效地进行课前自学，教师需要提供明确的学习任务和可能的讨论问题。

首先，教师应该为学生提供具体的学习任务。这些任务应该明确、具体，并且与课堂内容紧密相关。例如，在篮球课程中，教师可以要求学生在观看篮球技能演示视频后，记录下自己认为重要的技巧要点，以及自己在观看过程中产生的疑问。

其次，教师还可以为学生提供可能的讨论问题。这些问题应该能够激发学生的思考和探究欲望，引导他们深入思考课程内容。例如，在篮球课程中，教师可以要求学生在课堂上分享自己对篮球技巧的理解，以及自己在观看视频过程中遇到的问题。

通过提供明确的学习任务和可能的讨论问题，教师可以帮助学生更好地进行课前自学。学生可以依据这些任务和问题，有目的地观看视频，深入理解课程内容。同时，这些任务和问题还可以激发学生的思考和探究欲望，提高他们的学习兴趣和主动性。

总之，教师应该根据课程内容，精心设计学习任务和讨论问题，引导学生进行有效的课前自学，为课堂上的互动和实践打下基础。

（三）课堂内活动的组织

课堂内的活动是翻转课堂模式的核心，需要教师根据学生的课前自学情况进行有针对性的组织。课堂上可以进行技能的实践操作，让学生在教师的指导下练习并改进技术；也可以组织小组讨论，让学生分享自己的学习心得和疑问，互相学习和启发；

此外，还可以通过案例分析等方式，深入探讨技巧的应用和运动策略，提高学生的理解和应用能力。通过这些活动的组织，不仅能够加深学生对体育知识和技能的理解，还能培养他们的批判性思维和解决问题的能力。

在翻转课堂模式中，课堂内的活动是学生深入学习的关键。教师需要根据学生的课前自学情况进行有针对性的组织，以提高学生的学习效果和能力。

首先，课堂上可以进行技能的实践操作。教师可以根据学生在课前自学的反馈，设计一些实践操作活动，让学生在教师的指导下练习并改进技术。这些活动可以包括技能的演示、练习和反馈等环节，帮助学生将理论知识转化为实际操作，提高技能的掌握程度。

其次，教师可以组织小组讨论，让学生分享自己的学习心得和疑问。小组讨论可以促进学生之间的交流与合作，让学生互相学习和启发。教师可以引导学生讨论课前自学的内容，分享自己的理解、疑问和经验，互相提供反馈和建议。这种方式可以加深学生对体育知识和技能的理解，提高他们的学习效果。

此外，教师还可以通过案例分析等方式，深入探讨技巧的应用和运动策略。案例分析可以帮助学生将理论知识与实际情境相结合，提高学生的理解和应用能力。教师可以选择一些典型的案例，让学生分析技巧的应用和运动策略的运用，从中学习和借鉴。这种方式可以培养学生的批判性思维和解决问题的能力。

总之，教师应该注重课堂内活动的设计和组织，充分利用翻转课堂的优势，提高学生的学习效果和能力。

二、翻转课堂在体育技能学习中的应用

在高校体育教学中，翻转课堂模式的应用为技能学习提供了新的可能性。以下将从三个方面探讨翻转课堂在体育技能学习中的应用。

（一）技能学习与掌握：课前视频预习与课堂内实践相结合

翻转课堂模式颠覆了传统教学的顺序，将原本在课堂上的教学内容转移到课前，让学生在家通过视频和在线学习材料自学。课堂上，教师则将用更多的时间与学生进行互动、讨论和实践。

例如，在篮球课程中，教师可以准备关于运球、传球和投篮技巧的视频，让学生在课前自学。这些视频可以展示正确的运球、传球和投篮技巧，帮助学生在家自学这些基本技能。

课堂上，教师则组织学生进行运球、传球和投篮的练习，并提供即时反馈和指导。教师可以根据学生在课前自学的反馈，设计一些实践操作活动，让学生在教师的指导下练习并改进技术。这些活动可以包括技能的演示、练习和反馈等环节，帮助学生将理论知识转化为实际操作，提高技能的掌握程度。

通过这种方式，学生能够在实践中加深对技能的理解和掌握。他们可以在教师的

指导下，反复练习运球、传球和投篮技巧，并根据教师的反馈进行调整和改进。这种方式不仅能够提高学生的技能水平，还能够培养他们自主学习和解决问题的能力。

总之，在翻转课堂模式下，学生通过观看课前视频预习新知识，课堂时间则用于实践操作和讨论。教师可以根据学生的课前自学情况，设计有针对性的实践活动，让学生在教师的指导下练习并改进技术。这种方式不仅能够加深学生对技能的理解和掌握，还能够培养他们的自主学习和解决问题的能力。教师应该充分利用翻转课堂的优势，创新教学方法，为学生的全面发展提供有力的支持。

（二）技能提升与深化：分组合作与个别指导相结合

在翻转课堂模式下，教师可以组织学生进行分组合作，共同完成技能提升和深化任务。这种方式可以促进学生之间的交流和合作，提高学生的批判性思维和评价能力。

例如，在篮球课程中，教师可以将学生分成小组，要求他们共同设计和完成一项篮球战术训练。学生可以在小组内部分享自己的理解和经验，互相学习和启发。通过这种方式，学生可以相互借鉴和学习，从而提高自己的技能水平。

此外，教师还可以针对每个学生的特点和需求，提供个别指导。例如，教师可以观察每个学生的运球和投篮技巧，并提供针对性的建议和指导。这种个别指导可以帮助学生对自己的不足进行针对性的改进，从而提高技能水平。

通过分组合作和个别指导相结合的方式，学生能够在技能提升和深化方面取得更好的效果。分组合作可以促进学生之间的交流和合作，提高学生的团队协作能力。个别指导则可以帮助学生针对自己的不足进行针对性的改进，提高技能水平。

总之，教师应该充分利用翻转课堂的优势，创新教学方法，为学生的全面发展提供有力的支持。

（三）技能应用与竞赛：模拟比赛与真实竞赛相结合

模拟比赛可以为学生提供一个模拟的运动环境，让他们在类似实际比赛的情境中练习和应用技能。例如，在篮球课程中，教师可以设计一场模拟的篮球比赛，让学生在比赛中运用所学的技能和战术。这种方式可以让学生在安全、可控的环境中锻炼和提升技能，降低比赛中的风险和压力。

真实竞赛则可以让学生在实际比赛中体验和应用技能，提高他们的竞赛能力和心理素质。例如，教师可以组织学生参加校内外篮球比赛，让学生在实际比赛中锻炼和提升技能。真实竞赛可以让学生面对真实的比赛压力和挑战，培养他们的应对能力和心理素质。

通过模拟比赛与真实竞赛相结合的方式，学生能够在技能应用方面得到全面的锻炼和提升。他们可以在模拟比赛中锻炼和提升技能，降低比赛中的风险和压力。同时，真实竞赛可以培养他们的竞赛能力和心理素质，提高他们的应对能力。

在翻转课堂模式下，教师可以通过组织模拟比赛和真实竞赛，提高学生的技能应用能力。这种方式可以让学生在实际情境中锻炼和提升技能，培养他们的竞赛能力和心理素质。通过模拟比赛与真实竞赛相结合的方式，学生能够在技能应用方面得到全面的锻炼和提升。

总之，翻转课堂在高校体育教学中的应用为技能学习提供了新的可能性。通过课前视频预习与课堂内实践相结合、分组合作与个别指导相结合、模拟比赛与真实竞赛相结合的方式，学生能够在技能学习、提升和应用方面取得更好的效果。教师应该充分利用翻转课堂的优势，创新教学方法，为学生的全面发展提供有力的支持。

三、翻转课堂在体育理论知识学习中的应用

（一）理论知识的自主学习

在翻转课堂模式下，学生通过线上资源自主学习体育理论知识。这种方式可以让学生在家自主安排学习时间和进度，提高了学习效率。

教师可以为学生提供丰富的线上学习资源，如视频教程、电子书籍、在线测试等。这些资源可以帮助学生在家自学，对即将学习的内容有一个初步的理解和掌握。

例如，在篮球课程中，教师可以为学生提供关于篮球规则、运动生理学、运动营养学等方面的线上学习资源。这些资源可以让学生在家自主学习篮球理论知识，为课堂上的讨论和实践打下基础。

学生可以在课前通过这些资源自主学习理论知识，了解篮球规则、运动生理学和运动营养学等方面的知识。在课堂上，学生可以与教师和其他学生分享自己的学习心得和疑问，进行讨论和实践。

通过这种方式，学生可以在课前自主学习理论知识，为课堂上的讨论和实践打下基础。同时，教师可以根据学生的自学情况，设计有针对性的实践活动，让学生在教师的指导下练习并改进技术。

总之，在翻转课堂模式下，学生通过线上资源自主学习体育理论知识。教师可以为学生提供丰富的线上学习资源，如视频教程、电子书籍、在线测试等。这种方式可以让学生在家自主安排学习时间和进度，提高了学习效率。通过自主学习和课堂讨论相结合的方式，学生可以在理论知识和实践技能方面取得更好的效果。教师应该充分利用翻转课堂的优势，创新教学方法，为学生的全面发展提供有力的支持。

（二）理论与实践的结合：通过课堂讨论与实践活动深化理解

在翻转课堂模式下，课堂上的时间主要用于讨论和实践。这种方式可以促进学生之间的交流与合作，提高了学生的批判性思维和评价能力。

教师可以组织学生进行课堂讨论，分享自己在线上学习理论知识的体会和疑问。这种方式可以促进学生之间的交流与合作，互相学习和启发。通过课堂讨论，学生可以分享自己在线上学习理论知识的体会和疑问，互相提供反馈和建议。这种方式可以

加深学生对体育理论知识的理解，提高他们的学习效果。

此外，教师还可以设计一些实践活动，让学生在实际操作中深化对理论知识的理解。例如，在篮球课程中，教师可以组织学生进行篮球比赛，让学生在比赛中实际运用所学的理论知识，提高他们的实践能力。通过实践活动，学生可以将理论知识与实际情境相结合，提高他们的理解和应用能力。

总之，在翻转课堂模式下，课堂上的时间主要用于讨论和实践。教师可以组织学生进行课堂讨论，分享自己在线上学习理论知识的体会和疑问。此外，教师还可以设计一些实践活动，让学生在实际操作中深化对理论知识的理解。这种方式可以促进学生之间的交流和合作，提高学生的批判性思维和评价能力。通过课堂讨论和实践活动的结合，学生可以在理论知识和实践技能方面取得更好的效果。教师应该充分利用翻转课堂的优势，创新教学方法，为学生的全面发展提供有力的支持。

（三）知识的应用与拓展：通过案例分析与项目研究应用理论知识

在翻转课堂模式下，教师可以通过组织案例分析和项目研究，让学生将所学的理论知识应用到实际中。这种方式可以培养学生的研究能力和创新思维，拓宽他们的知识视野。

案例分析可以帮助学生将理论知识与实际情境相结合，提高学生的理解和应用能力。例如，在篮球课程中，教师可以选择一些典型的篮球比赛案例，让学生分析比赛中的战术运用和运动员的表现。通过分析这些案例，学生可以更深入地理解篮球比赛的策略和技巧，提高他们的篮球素养。

项目研究则可以让学生深入探讨某一方面的理论知识，如篮球运动训练方法、运动营养等。在项目研究中，学生需要自主收集资料、分析数据、得出结论。这种方式可以培养学生的研究能力和创新思维，让他们在实际操作中运用所学的理论知识。

总之，通过案例分析和项目研究的结合，学生可以在理论知识和实践技能方面取得更好的效果，为未来的学习和工作打下坚实的基础。

第四章　高校体育教学模式的改革与创新

随着社会对综合素质人才需求的不断提高，高校体育教学模式面临着前所未有的挑战和机遇。传统的体育教学模式已经难以满足学生全面发展的需求，亟须进行深刻的改革与创新。现代高校不仅要培养学生的专业技能，还应注重学生的身体健康、心理发展、团队合作、创新能力以及社会责任感的培养。因此，体育教学模式的创新不仅是对传统教学方式的反思，更是对学生全面能力提升的追求。

第一节　高校体育教学中的游戏教学模式

在当今的教育领域，游戏教学模式已经成为一种受到广泛关注和应用的教学策略。这种模式通过将游戏元素和原理融入到教学过程中，旨在提高学生的学习动机，促进学生积极参与到学习活动中来，从而达到更好的教学效果。

一、游戏教学模式概述

（一）游戏教学模式的定义与特点

1. 定义

游戏教学模式是在教育活动中融入游戏设计元素的教学方法。这种模式利用角色扮演、故事情节、竞赛机制等游戏元素，使学习过程更加生动有趣。通过将课程内容转化为游戏任务，学生在游戏中扮演特定角色，参与有趣的情节，解决挑战性任务，从而提升他们的学习兴趣和参与度。游戏教学模式强调将教育内容和游戏元素相结合，以实现教学目标。

2. 特点

（1）以学生为中心：游戏教学模式强调学生在学习过程中的主动性和参与性。学生在游戏中成为学习的主体，教师则扮演引导者和支持者的角色。

（2）趣味性：游戏的引入增加了学习的乐趣，使学生在愉快的环境中进行知识探索。通过引人入胜的故事情节和互动活动，学生更容易保持专注和积极性。

（3）互动性：游戏教学模式促进师生、生生之间的互动。学生在游戏中通过合作与竞争，与他人交流和协作，增强了团队合作能力和社交技能。

（4）任务驱动：学生通过完成游戏中的任务和挑战来获取知识。每个任务都与课程目标紧密相关，通过解决这些问题，学生可以在实践中应用所学知识。

（5）即时反馈：游戏提供即时反馈，学生能快速了解到自己的学习进展和不足。这种及时的反馈机制可以帮助学生调整学习策略，提高学习效果。

（6）激励机制：通过奖励系统（如积分、徽章、排行榜等），游戏教学模式可以激励学生不断努力。学生在获取成就感的同时，也增强了学习动力。

（7）发展技能：在游戏过程中，学生不仅获取知识，还通过角色扮演和问题解决等活动培养批判性思维、创造力和决策能力等综合素质。

通过游戏教学模式，学生在一个充满活力和互动的环境中学习，这种方法不仅能提升学习效果，还能培养学生的综合素质和能力，是一种创新且有效的教学策略。

（二）高校体育教学中游戏教学模式的重要性

在高校体育教学中，游戏教学模式的引入具有显著的重要性。体育课程本身强调实践性和体验性，而游戏教学模式通过增加趣味性和互动性，使体育教学更加生动活泼，吸引学生在轻松愉悦的氛围中积极参与体育活动。这种方法不仅能够提高学生的体育技能和身体素质，还能培养他们的团队合作精神、竞争意识和公平正义感，从而全面实现体育教学的综合教育目标。

1. 增强学习动机

游戏教学模式通过将体育活动与游戏相结合，激发了学生的学习兴趣和参与热情。传统的体育教学方式可能对部分学生来说较为枯燥，而游戏化的元素，如竞赛和奖励机制，可以让学生感受到体育的乐趣，增强他们的学习动机。

2. 促进团队合作

在游戏教学模式中，许多活动需要学生相互合作才能完成，这有助于培养他们的团队协作能力和沟通技巧。通过在游戏中与队友共同面对挑战，学生能够学会如何在团队中发挥自己的作用，提高集体荣誉感和责任感。

3. 培养竞争意识与体育精神

体育活动中的游戏模式也能帮助学生发展健康的竞争意识和体育精神。通过模拟竞赛和对抗情景，学生能够体验胜负带来的感受，学会在竞争中保持积极向上的态度，并理解公平竞争的重要性。

4. 实现个性化学习

随着教育技术的进步，数字化游戏为体育教学提供了新的可能。虚拟现实（VR）和增强现实（AR）技术的引入，使学生能够在虚拟环境中进行体育学习和训练。这种环境不仅提供了安全且可控的学习场所，还可以根据学生的学习进度和需求，提供个性化的学习路径和反馈，帮助学生更有效地掌握技能和理解知识。

5. 丰富教学手段

游戏教学模式的应用丰富了体育教学的手段，是教育创新的重要体现。结合现代科技与传统体育活动，教师可以设计出更具吸引力和互动性的课程，提升教学效果。

综上所述，游戏教学模式在高校体育教学中的应用具有重要的理论和实践价值。它不仅能有效提高教学效果和学生的参与度，还能培养学生的多方面素质与能力，是当前及未来体育教学创新的重要方向。通过不断探索和实践，游戏教学模式将为高校体育教学带来更多的可能性和发展空间。

二、游戏教学模式的理论基础

（一）教育游戏理论的概述

教育游戏理论是一种创新的教学理念，强调在学习过程中融入游戏元素，以提升学习的趣味性和效率。这种理论认为，通过将游戏的挑战性、互动性和娱乐性与教育内容结合，能够有效激发学生的学习兴趣和积极性。在体育教学领域，教育游戏理论的应用尤为显著。教师通过设计有趣且富有挑战性的游戏活动，使学生能够在轻松愉快的氛围中进行身体锻炼，达到增强体质和提高运动技能的目的。游戏不仅能提高学生的参与热情，还能促进他们在运动中发展身体技能、培养战略思维和增强团队合作精神。

（二）游戏教学与传统体育教学的比较

游戏教学与传统体育教学模式存在显著差异。传统体育教学通常由教师主导，学生被动接受知识和技能的训练。教师通常以讲解和示范为主，学生则在固定的框架内进行练习。与此不同，游戏教学模式强调学生的主体性和互动性，通过引入竞赛、合作和角色扮演等游戏环节，鼓励学生在参与过程中主动探索和学习。这种模式促使学生在游戏中自主思考，积极解决问题，从而增强他们的学习主动性和互动性。此外，游戏教学还能够提供即时反馈，帮助学生及时调整学习策略和行为，使他们能够更有效地掌握技能和知识。通过这种方式，学生不仅仅是知识的接收者，更是学习过程的积极参与者。

（三）游戏教学模式对学生体育学习动机的影响

游戏教学模式对提高学生的体育学习动机具有显著的积极影响。通过设计符合学生兴趣和能力水平的游戏活动，教师可以激发学生的好奇心和探索欲望，使他们在享受游戏乐趣的同时实现学习目标。游戏中的竞争和团队合作元素能增强学生的参与感和成就感，从而进一步提升了他们的学习动机。当学生体验到游戏带来的挑战和成功时，他们的学习动机会显著增强，进而更积极地参与体育活动。这种主动参与不仅提升了他们的体育技能和知识水平，还促进了他们对体育活动的热爱和投入。研究表明，当学生感受到学习过程既具挑战性又能够带来成功体验时，他们的内在动机会大幅提高，学习效果也更加显著。通过游戏教学，学生不仅能掌握体育技能，还能培养积极向上的学习态度和团队协作能力。

三、游戏教学模式的设计原则

在高校体育教学中，游戏教学模式是一种有效提高学生学习兴趣和参与度的教学方法。以下将从三个方面探讨游戏教学模式的设计原则。

（一）游戏设计与教学目标的结合

游戏教学模式的设计需要与教学目标紧密结合，以确保游戏能够有效地促进学生对体育知识和技能的掌握。在设计游戏时，教师应充分考虑课程的教学目标，并将这些目标融入游戏内容和活动中。这样的设计能够确保游戏不仅具有娱乐性，还具有明确的教育功能。

首先，教师需要明确每个体育课程的教学目标，这些目标可能包括提升学生的运动技能、增强体能、提高战术意识以及培养团队合作能力等。在确定了这些目标后，教师可以设计出相应的游戏活动，使学生能够在游戏中自然地实现这些目标。例如，在篮球课程中，教学目标可能包括掌握运球、传球和投篮等基本技巧。为此，教师可以设计一系列与这些技巧相关的游戏，具体如下。

（1）运球迷宫：设置一个由锥形标志组成的迷宫，学生需要在运球过程中绕过障碍，尽量用最短时间完成迷宫。这种游戏可以有效提高学生的控球能力和敏捷性。

（2）传球接力：将学生分成若干小组，每组站成一排，通过传球将球传到队伍末端，再返回到队伍前端，直到所有成员都参与传球为止。这种游戏可以增强学生的传球技巧和团队合作精神。

（3）投篮挑战：设计一个多样化的投篮比赛，设置不同的投篮位置和难度，鼓励学生尝试在不同距离和角度下投篮。通过这样的游戏，学生可以在轻松的氛围中不断练习，并提高投篮技术。

这些游戏不仅帮助学生掌握了篮球的基本技能，还通过竞争和合作激发了他们的参与热情和团队意识。此外，游戏设计还应当包含反馈机制，让学生能够在游戏过程中获得即时反馈，了解自己的进步和不足。这种及时的反馈可以帮助学生调整策略，更好地实现学习目标。

将游戏与教学目标有机结合，教师能够创造一个既有趣又富有教育意义的学习环境。学生在游戏中不仅提高了体育技能，还发展了更广泛的能力，如策略思考、问题解决和团队协作等。这种教学方式不仅提升了学生的学习效果，还增强了他们的学习动机和课堂参与度。

（二）确保游戏教学活动的多样性与趣味性

在游戏教学模式中，确保活动的多样性和趣味性是激发学生兴趣和提高参与度的关键。多样性不仅意味着提供各种类型的游戏，还涉及游戏内容的丰富性和创新性，以满足不同学生的需求和兴趣。通过设计多样化的游戏活动，教师可以创造一个更具吸引力的学习环境，激励学生积极参与和探索。

1. 多样化的游戏类型

教师可以通过设计多种类型的游戏，如竞技类、合作类、智力类等，来丰富课堂内容。

（1）竞技类游戏：这些游戏通常涉及竞争元素，可以提高学生的运动技能和竞争意识。例如，组织篮球比赛，让学生在比赛中体验实战的刺激和挑战，增强他们的运动技巧和团队合作能力。

（2）合作类游戏：这些游戏强调团队合作和沟通，适合培养学生的协作能力和集体意识。例如，篮球接力赛让学生在传球过程中与队友密切配合，共同完成任务，增强合作精神。

（3）智力类游戏：这些游戏结合运动与思维挑战，促进学生的策略思维和问题解决能力。例如，设计一个篮球战术模拟游戏，让学生通过模拟比赛场景制定策略，提升他们的战术意识和决策能力。

2. 趣味性和挑战性

趣味性和挑战性是游戏教学活动的重要元素。教师在设计游戏时应注重以下方面。

（1）创新设计：通过引入新颖的游戏机制和规则，增加游戏的趣味性。例如，可以将传统的篮球比赛改为"障碍篮球赛"，在场地中设置障碍物，增加比赛的趣味和难度。

（2）难度分级：根据学生的能力水平设计不同难度的游戏，确保每个学生都能找到适合自己的游戏。例如，为初学者设计基础技巧游戏，而为高水平学生设计高级战术挑战游戏，以激发他们的学习动机。

（3）即时反馈：在游戏中提供即时反馈，让学生了解自己的表现和进步，增强他们的自信心和成就感。通过鼓励和指导，帮助学生在游戏中不断成长和进步。

通过丰富多样的游戏设计，教师不仅能提高学生的参与度，还能帮助学生在轻松愉快的环境中提升技能和综合素质。这种将学习与游戏结合的教学方法，使学生在互动中学习，在快乐中成长，促进了课堂的活力和教学效果。

（三）游戏难度的适宜性与递进性

在游戏教学模式中，合理设计游戏的难度适宜性与递进性是确保学生能够从中获益的关键。教师需要根据学生的年龄、性别、体能水平以及个人兴趣等因素，精心调整游戏的难度，确保游戏既有挑战性，又不会让学生感到挫败。这样设计的游戏可以激发学生的兴趣和动力，同时也能帮助他们在轻松愉悦的环境中不断提升技能。

1. 难度适宜性

为了让每位学生都能从游戏中获得乐趣和成就感，教师应确保游戏的难度适合学生的能力水平。

（1）个性化设计：针对不同年龄和能力水平的学生设计相应的游戏难度。例如，对于低年级学生，设计更基础的技能练习；对于高年级或技能较强的学生，设计更具挑战性的任务。

（2）性别差异：考虑性别在体能和兴趣方面的差异，为男生和女生提供不同的游戏挑战，确保每位学生都能在游戏中充分发挥自己的潜力。

（3）体能评估：根据学生的体能状况，调整游戏的强度和节奏，以便每位学生都能在安全和舒适的环境中参与游戏。

2. 难度递进性

游戏的设计还应体现出递进性，让学生能够在不断挑战自我中提高能力。

（1）循序渐进：根据学生的学习进度和技能掌握情况，逐步增加游戏的复杂性和难度。例如，在篮球课程中，先从简单的运球游戏开始，逐步过渡到更复杂的传球和投篮训练。

（2）挑战升级：为学生提供不断升级的挑战，鼓励他们在完成当前任务后尝试更高难度的项目。这种设计能激发学生的成就感和学习动力。

（3）反馈与调整：在游戏过程中，教师应及时观察学生的表现，提供反馈，并根据学生的反馈和表现调整游戏难度，以确保他们在合适的挑战水平上持续进步。

通过设计适宜性与递进性兼备的游戏，教师能够有效帮助学生在游戏中保持积极的学习态度，逐步提升他们的技能水平。这不仅提高了体育教学的效果，还培养了学生在面对挑战时的韧性和自信心，使他们在整个学习过程中体验到成功和成长的乐趣。

总之，高校体育教学中的游戏教学模式应遵循设计原则，包括游戏设计与教学目标的结合、确保游戏教学活动的多样性与趣味性，以及游戏难度的适宜性与递进性。通过合理设计游戏教学活动，教师可以提高学生的学习兴趣和参与度，促进学生的全面发展。教师应该注重游戏教学模式的设计，不断创新和优化教学方法，为学生的体育学习提供更多乐趣和动力。

四、游戏教学模式在体育教学中的应用实例

游戏教学模式在高校体育教学中的应用具有广泛的可能性。以下将从三个方面探讨游戏教学模式在体育教学中的应用实例。

（一）技能学习类游戏应用：基础体育技能的游戏化学习

技能学习类游戏旨在通过有趣的游戏设计，帮助学生在轻松愉快的氛围中掌握基础体育技能。以篮球课程为例，教师可以将运球、传球和投篮技巧转化为一系列游戏活动。比如，设计一个"运球接力赛"，让学生在比赛中练习控球能力；或者设置一个"投篮闯关"，学生需在不同位置完成投篮任务以通过关卡。通过这样的游戏化学习，学生在实践中不断提高自己的技能水平，学习过程也因此变得更加有趣和生动。

游戏不仅降低了学习的枯燥感，还让学生在竞争和合作中获得成就感和动力。

（二）知识理解类游戏应用：体育规则的互动式学习

知识理解类游戏通过互动式的设计，帮助学生更好地理解和掌握体育理论知识。在篮球课程中，教师可以开发一些互动式的游戏，专注于篮球规则的学习。例如，设计一个"篮球规则抢答赛"，学生分组参与，根据比赛情境快速回答规则相关的问题；或者创建一个"虚拟比赛裁判"游戏，学生需要判断模拟比赛中的犯规行为并做出正确判罚。通过这些互动式的学习活动，学生能够在实际操作中理解规则，提升他们对体育理论知识的兴趣和掌握程度。这种学习方式不仅增强了学生对课程内容的理解，还培养了他们在实际场景中运用知识的能力。

（三）健身与体能训练类游戏应用：寓教于乐的健身挑战

健身与体能训练类游戏将健身活动与游戏结合，帮助学生在游戏中进行身体锻炼和体能提升。教师可以设计一系列的健身挑战游戏，如"跳绳马拉松"或"跑步接力赛"，通过这些富有挑战性的活动，学生在游戏中锻炼身体，增强体质。比如，"跳绳马拉松"可以鼓励学生在规定时间内完成尽可能多的跳绳次数，而"跑步接力赛"则可以考验学生的速度和团队协作能力。通过将健身融入游戏，学生能够在不知不觉中进行锻炼，培养他们对健身和体能训练的兴趣。这种寓教于乐的方式提升了学生的参与度，让健身活动成为他们日常生活的一部分，促使他们养成良好的健康习惯。

总之，游戏教学模式在高校体育教学中的应用具有广泛的可能性。通过技能学习类游戏、知识理解类游戏和健身与体能训练类游戏的合理设计，教师可以提高学生的学习兴趣和参与度，促进学生的全面发展。教师应该注重游戏教学模式的应用，不断创新和优化教学方法，为学生的体育学习提供更多乐趣和动力。

第二节 高校体育教学中的程序教学模式

程序教学模式是一种以学生为中心的教学方法，强调学生自主学习、逐步掌握知识和技能的过程。在高校体育教学中，程序教学模式的应用具有重要意义。通过程序教学，教师可以更好地关注学生的个体差异，提高学生的学习效果，培养学生的自主锻炼能力，推动体育教学改革。教师应该注重程序教学模式的应用，创新教学方法，为学生的全面发展提供有力的支持。

一、程序教学模式概述

（一）程序教学模式的定义与特征

程序教学模式是一种以学生为中心的教学方法，旨在通过系统化和结构化的教学步骤，帮助学生自主学习并逐步掌握知识和技能。该模式强调学生在学习过程中的主动性和参与性，教师的角色主要是指导和支持，确保学生能够高效地达到学习目标。程序教学模式具有以下几个显著特征。

1. 循序渐进

程序教学模式强调知识的系统性和连贯性。教学内容被划分为若干小步骤或单元，每个步骤都建立在前一个步骤的基础上，确保学生能够逐步深入地理解和掌握知识和技能。通过这种分阶段的学习方式，学生可以更容易地吸收复杂的概念，并在每个阶段都有所进步。这种渐进式的学习路径有助于减少学生的焦虑，增强他们的信心，帮助他们更好地掌握学习内容。

2. 明确目标

在程序教学模式中，教师为学生设定清晰明确的学习目标，使学生在学习过程中有明确的方向和重点。这些目标不仅有助于指导学生的学习活动，还可以作为衡量学习效果的标准。明确的目标能够激励学生朝着既定的方向努力，确保他们在每个学习阶段都知道自己需要达到的具体成就和能力。

3. 自主学习

程序教学模式鼓励学生自主探索和主动学习。学生在这种教学模式下有更大的自主权去选择学习方法和路径，教师则提供必要的资源和支持，以帮助学生在学习过程中发展独立思考和创新能力。自主学习不仅培养了学生解决问题的能力，还提高了他们的自我管理能力，使他们在面对未来学习和工作挑战时更加自信和从容。

4. 即时反馈

即时反馈是程序教学模式的一个重要组成部分。教师在教学过程中为学生提供及时的反馈，帮助他们了解自己的学习进度和效果。这种反馈可以是对学生表现的评价，也可以是针对学生遇到的困难提供的建议。即时反馈使学生能够及时调整学习策略，纠正错误，巩固正确的知识点，从而提高学习效率和效果。通过这种方式，学生能够更快地适应和掌握新知识，并不断提高自己的学习能力。

通过程序教学模式，学生不仅在知识和技能的掌握上取得进步，在学习态度和方法也得到了提升。这种以学生为中心的教学方法有效地激发了学生的学习热情，促进了他们的全面发展，为他们的终身学习奠定了坚实的基础。

（二）程序教学模式在高校体育教学中的应用背景

在高校体育教学中，程序教学模式的应用具有以下背景和重要性。

1. 个性化教学需求

在高校体育教学中，学生的体质、运动能力和兴趣存在显著差异，这就要求教师能够提供个性化的教学体验。程序教学模式通过为每个学生量身定制的学习路径，使得个性化教学需求得以满足。通过这种模式，教师可以根据学生的具体情况设计不同的教学步骤和内容，从而使每位学生都能够在自己的节奏下学习和发展。个性化的教学关注不仅提高了学生的学习积极性，还能帮助他们发现和发展自己的运动潜力。

2. 提高学习效果

程序教学模式强调循序渐进、明确目标、自主学习和即时反馈，这些特点能够显著提高学生的学习效果。通过分阶段的学习策略，学生能够在每一步都清晰地了解自己的学习目标，并通过自主学习提高理解和应用能力。同时，教师的及时反馈帮助学生及时修正错误和调整学习策略，从而巩固学习成果。这种方法不仅提高了学生的体育技能，还增强了他们的学习能力和信心，有助于全面提升学生的体育素养。

3. 培养自主锻炼能力

程序教学模式不仅关注课堂教学，还注重培养学生的自主学习和锻炼能力。通过这种模式，学生在课堂上习得的技能和知识能够在课外得以延续和发展。学生在教师指导下形成的良好运动习惯和自主锻炼能力，使他们能够在课外自觉进行体育锻炼，保持和提高身体素质。这种自主锻炼能力的培养，不仅促进了学生的身体健康，还为他们在未来的生活中保持健康的生活方式打下了基础。

4. 适应体育课程改革

随着高校体育课程改革的深入推进，传统的体育教学模式面临着更新和转型的需求。程序教学模式作为一种创新的教学方法，能够有效推动体育教学改革的进程。它通过提供更灵活、更贴近学生需求的教学方案，提高了教学质量和学生满意度。通过引入程序教学模式，高校体育课程可以更好地适应现代教育的要求，培养出具备全面素养和自主学习能力的学生。

综上所述，程序教学模式在高校体育教学中的应用不仅满足了个性化教学的需求，还显著提高了教学效果和学生的自主锻炼能力，适应了当前体育课程改革的趋势。这种模式的应用为体育教学带来了新的可能性，促进了学生的全面发展和教学质量的提升。

二、程序教学模式的理论基础

程序教学模式是一种以学生为中心的教学方法，其理论基础涉及教育心理学、认知心理学等多个领域。以下将从三个方面探讨程序教学模式的理论基础。

（一）程序教学模式的教育心理学基础

程序教学模式的教育心理学基础主要来源于两大理论：行为主义学习理论和认知学习理论。这两种理论为程序教学提供了坚实的理论支持，使其在实践中能够有效促进学生的学习和发展。

1. 行为主义学习理论

行为主义学习理论将学习视为一个渐进的过程，认为学习是通过重复的刺激和反应形成的稳定行为模式。根据这一理论，学生通过不断的练习和反馈，可以逐步形成和巩固特定的技能和知识。这一理论强调外部条件对学习过程的影响，尤其是教师在教学中所设计的刺激和学生的反应之间的关系。程序教学模式采用这一理论的核心思想即通过精心设计的教学步骤和任务，引导学生在逐步的练习中巩固学习成果。通过反复的练习和即时反馈，学生能够不断改进和完善自己的技能，逐步形成稳定的学习习惯和行为模式。

2. 认知学习理论

认知学习理论则强调学习者的主动性和认知过程，认为学习不仅仅是简单的刺激—反应过程，而是学生在已有知识体系基础上，通过同化和顺应等认知活动构建新知识的过程。根据这一理论，学生在学习中会主动参与，运用已有的知识和经验对新信息进行加工和整合，从而形成新的认知结构。程序教学模式借鉴了这一理论的优势，鼓励学生主动探索和自主学习。通过设定明确的学习目标和任务，程序教学模式引导学生在已有知识的基础上构建新知识，激发他们的创造性思维和独立解决问题的能力。

3. 结合两种理论的优势

程序教学模式巧妙结合了行为主义和认知学习理论的优势，创造出一种强调学生自主学习和逐步掌握知识技能的教学模式。在这一模式下，学生不仅能够通过系统化的教学步骤进行练习，还可以在学习过程中积极思考和构建新的知识。教师在设计教学活动时，将行为主义的重复练习与认知学习的自主探索相结合，为学生提供一个循序渐进的学习环境。在这个环境中，学生能够根据自身的学习进度逐步掌握知识和技能，同时培养自主学习的习惯和能力。

综上所述，程序教学模式的教育心理学基础充分体现了行为主义和认知学习理论的结合，为学生提供了一个系统化、循序渐进的学习路径。这种教学模式不仅提高了学生的学习效率，还促进了他们的自主学习能力和认知发展，帮助学生在学习过程中实现更全面的成长。

（二）程序教学模式与传统教学模式的区别和联系

程序教学模式和传统教学模式在教学理念、教学方法和教学过程等方面存在显著的区别，这些区别主要表现在以下几个方面。

1. 教学理念

程序教学模式以学生为中心，强调学生在学习过程中的自主性和积极参与。程序教学模式注重引导学生逐步掌握知识和技能，关注学生的学习过程和个性化发展。这一模式鼓励学生主动探索和思考，通过自己的努力达到学习目标。

传统教学模式以教师为中心，强调教师在课堂上的主导作用。传统教学更注重知识的传授，学生在课堂上主要扮演知识接受者的角色。教学内容和节奏由教师决定，学生的学习过程相对被动。

2. 教学方法

程序教学模式采用循序渐进的教学方法，设置明确的学习目标，鼓励学生进行自主学习和实践。在程序教学中，教师为学生提供即时反馈，帮助他们及时调整学习策略，克服学习中的困难。这种方法旨在提高学生的学习效率和参与度，激发他们的内在学习动机。

传统教学模式主要依靠讲授和示范等教学方法，教师在课堂上扮演信息传递者的角色。课堂上，教师通过讲解和示范将知识传递给学生，学生主要通过听课和记笔记进行学习。这种方法更适合传授系统化的理论知识，但在学生参与和动手实践方面相对较弱。

3. 教学过程

程序教学模式注重学生的实际操作和体验，鼓励学生在实践中应用所学知识，逐步掌握技能。程序教学通过设计一系列递进的学习任务，帮助学生在真实情境中理解和应用知识。这种方法有助于培养学生的实践能力和问题解决能力。

传统教学模式侧重于理论知识的讲授，课堂实践相对较少。虽然理论知识的系统性和完整性较强，但学生在课堂上的实际操作和应用机会有限，容易导致学习与实际应用脱节。

尽管程序教学模式和传统教学模式在许多方面存在差异，但两者并非完全对立，而是可以互为补充。在教学实践中，教师可以根据教学目标和学生的需求，将两种模式有机结合。例如，在传授基础理论时，教师可以采用传统的讲授方式，而在技能训练和实践应用环节，则可以引入程序教学的策略，增强学生的参与度和实操能力。

综上所述，程序教学模式和传统教学模式各有优缺点，教师应根据实际教学情境选择合适的教学策略，以充分发挥每种模式的优势，最大限度地提高教学效果和学生的学习体验。通过灵活运用这两种教学模式，可以更好地促进学生的全面发展和个性化成长。

（三）程序教学模式对提高教学效率的理论支持

程序教学模式是一种注重学生自主学习和逐步掌握知识的教学方法，通过其独特的教学理念和方法，有效地提高了教学效率。这一模式对教学效率的提升主要体现在以下几个方面。

1. 明确目标

程序教学模式的首要特点是设定明确的学习目标。这些目标不仅为学生提供了清晰的学习方向，还帮助教师设计更具针对性的教学活动。明确的目标使学生在学习过程中能够专注于特定的知识点和技能，避免了不必要的时间浪费。通过清晰的目标设定，学生可以更高效地规划和组织自己的学习活动，提高了学习的针对性和效率。

2. 循序渐进

程序教学模式强调知识和技能的循序渐进，采用分步骤的方式逐步引导学生掌握复杂的概念和技能。通过将学习内容分解为多个小任务或阶段，学生能够更轻松地理解和消化信息。这种渐进式的学习方法可以有效避免学生在学习过程中感到不知所措或遇到过大的挑战，从而减少挫败感和学习阻力。学生在完成每一个阶段后，获得的成就感也进一步激励了他们的学习热情，增强了学习效果。

3. 自主学习

程序教学模式鼓励学生进行自主学习，赋予学生更多的学习自主权。通过自主探索和主动学习，学生能够培养自己的独立思考和创新能力。这种自主学习的环境不仅提高了学生的学习积极性，还培养了他们解决问题的能力。在自主学习的过程中，学生可以根据个人的兴趣和节奏选择学习内容和方法，从而更加个性化地掌握知识和技能，提高学习效率。

4. 即时反馈

程序教学模式中的即时反馈机制是提高教学效率的重要环节。教师在教学过程中为学生提供及时的反馈，帮助学生了解自己的学习进度和效果。即时反馈让学生能够迅速发现学习中的错误和不足，并及时进行调整和改进。这种即时的调整机制可以有效避免学生在错误的道路上浪费过多时间，从而提高了学习的效率。同时，教师的反馈也为学生提供了进一步学习的方向和建议，帮助他们更好地巩固和应用所学知识。

综上所述，程序教学模式通过明确的学习目标、循序渐进的学习方法、自主学习的鼓励和即时反馈的机制，有效地提高了教学效率。这一模式不仅帮助学生更高效地掌握知识和技能，还促进了他们的自主学习能力和创新能力的培养，是提升教学质量和学生学习效果的重要途径。通过程序教学模式，教师能够为学生创造一个更积极的学习环境，使学生在学习过程中获得更大的成就感和发展机会。总之，程序教学模式的理论基础涉及教育心理学、认知心理学等多个领域。与传统教学模式相比，程序教学模式在教学理念、教学方法和教学过程等方面存在一定的区别和联系。程序教学模式对提高教学效率具有重要的理论支持，有助于培养学生的自主学习能力和实践能力，提高体育教学效果。教师应该注重程序教学模式的应用，创新教学方法，为学生的全面发展提供有力的支持。

三、程序教学模式的设计与开发

在高校体育教学中，程序教学模式的设计与开发是提高教学效果的关键。以下将从三个方面探讨程序教学模式的设计与开发。

（一）确定教学目标与教学内容的程序化

确定教学目标与教学内容的程序化是程序教学模式设计的基础。通过这一过程，教师可以为课程构建一个清晰而结构化的教学框架，从而引导学生更有效地学习。

1. 确定教学目标

在程序化教学模式中，教师首先需要根据课程大纲和学生的实际情况，设定明确、具体的教学目标。这些目标应当具备可操作性和可评估性，以确保教师和学生都能清楚地理解教学的方向和重点。例如，教学目标可以具体到要求学生在某一阶段能够完成特定的技能练习，或在理论知识方面达到一定的理解深度。

通过设定明确的目标，教师可以帮助学生集中精力，明确他们需要实现的具体成果。这不仅有助于学生在学习过程中保持动力和方向感，还使教师能够对教学效果进行评估和反馈，及时调整教学策略。

2. 确定教学内容

在确定教学内容时，教师应遵循由易到难、由浅入深的原则，将教学内容划分为若干个模块或单元。每个模块或单元都应具有明确的学习目标，并且这些目标应与整个课程的教学目标紧密衔接。通过将课程内容分解为具体的学习单元，教师可以为学生提供一个结构化的学习路径，使他们能够逐步掌握复杂的知识和技能。

每个模块应涵盖特定的知识点和技能要求，帮助学生在理解和实践中稳步前进。比如，在体育课程中，初级模块可能涉及基本的运动技巧和规则介绍，而高级模块则可以包括策略运用和实战训练。通过这样的分步教学，学生能够更容易地跟随课程进度，逐步提高自己的能力水平。

3. 系统掌握知识与技能

通过程序化的目标设定和内容分解，学生能够更系统地掌握知识和技能。这种方法不仅提高了学习的有效性，还帮助学生建立起一个清晰的学习框架，使他们能够在每个学习阶段明确地看到自己的进步。随着学习的深入，学生的能力和自信心也会随之增强，从而在学习过程中获得更大的成就感。

综上所述，确定教学目标与教学内容的程序化是程序教学模式的核心步骤。通过明确的目标设定和系统的内容划分，教师可以为学生提供一个清晰的学习路线图，使学习过程更加高效和有序。这样，不仅提升了教学质量，也为学生的全面发展奠定了坚实的基础。

（二）设计适宜的教学步骤与教学反馈系统

在程序教学模式中，教学步骤的设计是确保教学目标顺利实现的关键环节。通过精心设计的教学步骤，教师能够为学生提供一个清晰而循序渐进的学习路径，帮助他们在学习过程中保持积极性和方向感。同时，建立有效的教学反馈系统，也可以帮助学生不断优化学习策略，及时调整学习进度。以下是设计教学步骤与反馈系统的几个重要环节。

1. 引入新知识

引入新知识是教学的第一步，教师应通过生动、有趣的方式吸引学生的注意力，激发他们的学习兴趣。可以利用故事、案例、视频或动画等多媒体资源，将新知识融入学生熟悉的情境中，使知识点变得更加贴近生活。例如，在体育课程中，教师可以通过展示一段精彩的比赛视频，引导学生关注其中的技术和策略，从而引出相关的教学内容。这种方法不仅可以激发学生的好奇心，还能让他们感受到学习的意义和应用价值。

2. 知识讲解与示范

在引入新知识后，教师应详细讲解相关的知识点，并通过示范帮助学生理解和掌握内容。在这一环节中，教师需要清晰地解释概念和技能的核心要素，并通过直观的示范展示如何应用这些知识。示范可以通过现场演示、图解说明或视频播放等方式进行，以便学生能够直观地观察和模仿。例如，在教授投篮技术时，教师可以分解动作步骤，结合身体姿势和力的运用，详细讲解每一个动作细节。这样的讲解与示范有助于学生对知识点形成具体的认知，并为后续的实践操作奠定基础。

3. 实践操作

实践操作是学生将所学知识应用于实际情境的重要阶段。在这一环节，教师应组织学生进行动手实践，让他们通过操作和练习逐步掌握知识和技能。实践活动应设计为与教学目标紧密相关的任务，帮助学生在真实情境中应用所学。例如，体育课程中可以安排学生进行小组合作练习，模拟比赛场景，实践运球、传球和射门等技巧。在实践过程中，学生不仅能加深对知识的理解，还能培养团队合作精神和问题解决的能力。

4. 反馈与评价

及时的反馈与评价是教学步骤中不可或缺的一部分。教师应为学生提供及时的反馈，评价学生的学习效果，帮助他们了解自己的学习进度和存在的问题。这一环节可以通过个别辅导、课堂讨论、问卷调查或学习记录等形式进行。通过反馈，学生能够了解自己的优点和不足，获得改进的建议，从而优化学习策略，提高学习效率。例如，教师可以在课后与学生一对一交流，指出他们在操作中的细节问题，并提出改进措施。这样的反馈机制不仅能够激励学生持续改进，还能增强他们的自信心和学习动机。

综上所述，设计适宜的教学步骤与教学反馈系统是程序教学模式中提高教学效果的重要手段。通过引入新知识、知识讲解与示范、实践操作以及反馈与评价四个环节，教师能够为学生创造一个积极互动的学习环境，帮助他们在学习过程中获得更好的体验和成果。这一教学模式的实施，不仅提升了教学效率，还为学生的全面发展提供了有力支持。此外，建立一个有效的教学反馈系统也非常重要。教师应通过多种途径收集学生的反馈信息，如课堂观察、作业批改、测试评价等。根据反馈信息，教师可以及时调整教学策略，提高教学效果。

（三）教学媒介与教学资源的开发和利用

教学媒介与教学资源的开发和利用是程序教学模式设计的重要内容。教师应根据教学目标和教学内容，选择合适的多媒体教学资源，如视频、图片、动画等。这些教学资源可以丰富教学手段，增强教学的生动性和趣味性，提高学生的学习兴趣。

此外，教师还应充分利用网络资源，如在线课程、教学论坛等，为学生提供丰富的学习资料。网络资源可以拓宽学生的知识视野，满足学生的个性化学习需求。

总之，程序教学模式的设计与开发是提高高校体育教学效果的关键。教师应注重确定教学目标与教学内容的程序化、设计适宜的教学步骤与教学反馈系统，以及教学媒介与教学资源的开发和利用。通过合理设计和开发程序教学模式，教师可以提高学生的学习兴趣和参与度，促进学生的全面发展。教师应该注重程序教学模式的设计与开发，不断创新和优化教学方法，为学生的体育学习提供更多乐趣和动力。

四、程序教学模式的实施策略

在高校体育教学中，程序教学模式的实施需要采取一系列策略，以提高教学效果和学生的学习体验。以下将从三个方面探讨程序教学模式的实施策略。

（一）分层次教学：根据学生体育能力和知识水平分类指导

分层次教学是一种根据学生的体育能力和知识水平进行分类指导的教学策略。在程序教学模式中，教师应根据学生的实际情况，将他们分为不同层次，制定相应的教学目标和教学计划。这种方法不仅能够满足不同学生的学习需求，还可以提高教学的有效性和针对性。

1. 分类指导的必要性

学生在体育能力和知识水平上往往存在差异，这种差异可能源于身体素质、运动经验以及兴趣爱好的不同。分层次教学的核心在于识别这些差异，并通过分层次的指导和支持，使每个学生都能在适合自己的节奏中发展。因此，教师需要进行详细的学生评估，以确定其体育能力和知识水平，从而制定分层次的教学策略。

2. 实施策略

在分层次教学中，教师应根据学生的能力和水平将他们分成若干层次。例如，在篮球课程中，学生可以被分为初级、中级和高级三个层次。

（1）初级层次：对于初级层次的学生，教师应侧重于基础技能的培养。教学内容可以包括基本的运球、传球和投篮技巧。通过简化技术动作和使用辅助教学工具，教师可以帮助初学者建立信心并掌握基本技能。

（2）中级层次：对于中级层次的学生，教师应提高技能难度，引入更多复杂的技巧和战术。这一层次的教学可以涉及防守策略、进攻技巧以及简单的团队战术运用。教师可以通过模拟比赛场景，帮助学生提高在实际比赛中的应用能力。

（3）高级层次：对于高级层次的学生，教师可以组织他们参加校内外比赛，以提高他们的竞技水平和实战经验。在这个层次，教学重点应放在战术分析、心理素质训练以及高水平技巧的精进上。通过参加比赛，学生能够获得宝贵的实战经验，并在竞技环境中验证和提升自己的能力。

3. 效果和意义

通过分层次教学，教师能够为每个层次的学生制定合适的教学计划，确保每位学生在体育学习中得到充分的关注和发展。这种方法不仅提高了教学的针对性和有效性，还鼓励学生在自己的水平上不断挑战自我，追求进步。分层次教学能够激发学生的学习兴趣和动力，使他们在体育学习中获得更好的体验和成就感。

此外，分层次教学还可以培养学生的自主学习能力，因为每个学生都在适合自己水平的环境中学习。他们可以根据个人进度调整学习策略，从而更好地掌握体育知识和技能。

综上所述，分层次教学是一种有效的教学策略，根据学生的体育能力和知识水平进行分类指导，教师可以实现个性化教学，提高了教学效果，为学生的全面发展提供了支持。

（二）个性化学习：通过程序教学满足学生的个别差异

个性化学习是一种通过程序教学满足学生个别差异的教学策略。在这一模式中，教师应关注每位学生的个体差异，并根据他们的兴趣、能力和需求，提供量身定制的教学内容和指导。这种方法不仅能够激发学生的学习兴趣，还能提高学习效率，使学生在体育学习中获得更大的成长和发展。

1. 关注个体差异

每个学生都有其独特的学习风格、兴趣爱好和能力水平。个性化学习的核心在于识别和尊重这些差异，并为每位学生提供适合其发展的学习路径。在体育教学中，教师可以通过观察、问卷调查和与学生的沟通等方式，了解他们的兴趣、特长和需要改进的领域。基于这些信息，教师可以制定个性化的教学计划，确保每位学生在学习中获得最大化的成长。

2. 个性化教学内容与指导

在个性化学习中，教师应提供多样化的教学内容和指导，满足不同学生的需求。例如，在篮球课程中，教师可以设计和提供多种训练项目，如下。

（1）进攻训练：针对那些希望提升进攻技巧的学生，教师可以安排进攻技术的专项训练，包括突破、上篮、投篮和传球等基本技巧，以及更复杂的进攻战术演练。

（2）防守训练：针对防守感兴趣的学生，教师可以提供防守技术的训练，如盯人防守、区域防守和抢断技术，帮助学生提高防守意识和技能。

（3）特殊技能训练：对于那些在某些特殊技能方面表现出兴趣或潜力的学生，教师可以提供如三分投篮、罚球、运球过人等专项训练，以帮助他们在这些技能上进一步提升。

通过这些个性化的训练项目，学生可以根据自己的兴趣和特长选择适合自己的学习内容，从而提高技能水平。这不仅有助于增强学生的自主学习能力，还能激发他们的内在学习动机，鼓励他们在体育学习中不断追求卓越。

3. 满足学生个别差异

通过个性化学习，教师能够更好地满足学生的个别差异，使每个学生都能在体育学习中得到关注和发展。这种策略鼓励学生在自己的节奏下学习和进步，避免了"一刀切"的教学方法带来的不适应感。同时，个性化学习还可以培养学生的自主性和责任感，使他们在体育学习中更加自信和投入。

4. 效果和意义

个性化学习有助于学生的全面发展，因为它不仅关注技能提升，还培养学生的自我管理能力和自我认知能力。通过这种方式，学生能够更好地了解自己的优势和不足，学会制定个人学习和发展计划。在教师的指导下，他们可以充分发挥自己的潜力，获得更好的学习体验和成果。

综上所述，个性化学习是一种有效的教学策略，通过程序教学模式满足学生的个别差异，教师可以为学生提供个性化的支持和指导，提升他们的学习兴趣和能力，为他们的全面发展奠定坚实的基础。

（三）自主学习与反馈：强化学生的自我学习和自我评价能力

自主学习与反馈是通过程序教学强化学生自我学习能力和自我评价的关键策略。这种教学模式强调学生在学习过程中主动承担学习责任，通过自我反思和教师反馈不断提升学习效果和个人能力。

1. 自主学习的培养

在程序教学模式中，教师应积极鼓励学生进行自主学习，帮助他们培养独立思考和创新能力。自主学习不仅能提高学生的学习主动性，还能增强他们解决问题的能力。在课程中，教师可以为学生提供资源和工具，引导他们制定个人学习计划。例如，在篮球课程中，教师可以在以下方面指导学生。

（1）制定训练计划：让学生根据自己的目标和能力水平，设计个性化的训练计划。学生可以选择重点提升的技能，例如运球、投篮或防守技巧，设定具体的训练目标和时间安排。

（2）自主训练：学生可以根据制定的计划进行自主训练，体验在没有教师直接指导下的学习过程。这不仅锻炼了学生的自律性，还让他们学会如何在独立环境中进行有效学习。

（3）自我反思：学生应定期对自己的训练进行反思，评估自己是否达到了预期目标，识别需要改进的地方，并调整下一步的训练计划。

2. 反馈的作用

反馈在自主学习中起着至关重要的作用。教师应为学生提供及时和建设性的反馈，帮助他们了解学习进度和存在的问题。通过反馈，学生可以获得以下方面的指导。

（1）技能掌握情况：教师可以通过观察学生的训练表现，指出他们在技能掌握中的强项和不足之处。

（2）学习策略建议：根据学生的表现，教师可以提供改进建议和有效的学习策略，帮助学生更好地实现学习目标。

（3）激励和支持：教师的反馈不仅帮助学生纠正错误，还应鼓励学生的进步和努力，增强他们的学习信心和动力。

3. 自我评价的培养

自我评价是自主学习的重要组成部分。学生通过自我评价可以对自己的学习过程和效果进行客观分析。教师应教会学生如何进行有效的自我评价。

（1）设定评价标准：帮助学生制定合理的自我评价标准，以便他们在反思时能够准确衡量自己的进步和挑战。

（2）反思与改进：鼓励学生在自我评价中识别不足，并制定相应的改进措施。这一过程不仅促进了学生的自我反思，还提高了他们的学习自觉性。

（3）分享与交流：教师可以组织学生之间的交流分享会，让学生分享自己的自我评价和学习体验。这种互动有助于学生互相学习，提升自我评价的准确性和深度。

4. 效果和意义

通过自主学习与反馈，教师可以有效培养学生的自我学习能力和自我评价能力。这种教学策略不仅使学生在体育学习中更加主动和自主，还鼓励他们在学习过程中不断挑战自我，提升自我管理能力。自主学习与反馈不仅提高了学生的学习效果，还增强了他们的自信心和创新能力，为他们在其他学习领域和未来的职业生涯中取得成功打下了良好基础。

综上所述，自主学习与反馈在程序教学模式中的应用能够有效激发学生的学习潜力，促进他们的全面发展。教师在这一过程中扮演指导者和支持者的角色，帮助学生实现更高水平的学习成就。

总之，程序教学模式的实施策略包括分层次教学、个性化学习和自主学习与反馈。通过这些策略，教师可以提高学生的学习兴趣和参与度，满足学生的个别差异，培养学生的自我学习能力和自我评价能力。教师应该注重程序教学模式的实施，不断创新和优化教学方法，为学生的全面发展提供有力的支持。

第三节 高校体育教学中的俱乐部体育教学模式

俱乐部教学模式是一种以学生兴趣为导向，注重实践和体验的教学方法。在高校体育教学中，俱乐部教学模式的应用具有重要的意义。通过俱乐部教学模式，教师可以更好地关注学生的个体差异，提高学生的学习兴趣，培养学生的自主锻炼能力，推动体育教学改革。教师应该注重俱乐部教学模式的应用，创新教学方法，为学生的全面发展提供有力的支持。

一、俱乐部教学模式概述

（一）俱乐部教学模式的概念与特点

俱乐部教学模式是一种以学生兴趣为导向的教学方法，旨在通过引导学生的兴趣来激发他们的学习热情和动力。这种教学模式有助于学生更主动地参与到学习过程中，使学习变得更加生动和富有吸引力。以下是该模式的几个主要特点。

①兴趣导向：俱乐部教学模式强调根据学生的兴趣选择教学内容和活动，以此作为学习的起点。通过了解和尊重学生的个人兴趣，教师可以设计出更具吸引力和相关性的课程内容。这种方式不仅能够提升学生的学习积极性，还能帮助他们在自己感兴趣的领域获得更深入的理解。例如，在科学俱乐部中，学生可以根据自己的兴趣选择研究课题，从而激发他们的好奇心和探索欲。

②实践和体验：在俱乐部教学模式中，实践和体验被视为学习的核心环节。学生在实际操作中学习和掌握知识与技能，通过亲身体验的方式理解抽象的概念。比如，在一个艺术俱乐部中，学生可以通过参与创作活动来理解艺术理论和技巧，这种实践导向的学习能够帮助学生更好地将理论知识转化为实际能力，并增强他们的动手能力和创造力。

③自主学习：俱乐部教学模式鼓励学生自主探索、主动学习，培养他们的独立思考和创新能力。在这种模式下，学生被视为学习的主人，他们有更多的自由去选择学习的内容和方式。这不仅提升了学生的自主性，也使他们能够根据个人兴趣和需要制定学习计划，发展个性化的学习路径，从而在学习过程中不断挑战自我，提高创新能力。

④社交互动：俱乐部教学模式重视学生之间的交流和合作，通过团队活动和竞赛，培养学生的团队精神和沟通能力。在俱乐部环境中，学生有机会与他人分享自己的见解和学习成果，参与集体讨论和问题解决过程。这种社交互动有助于增强学生的合作意识，提升他们的社交技能，并在相互学习中共同进步。此外，通过合作项目和集体活动，学生还可以建立深厚的友谊，增强他们的社会责任感和归属感。

总之，俱乐部教学模式通过关注学生的兴趣和实践体验，促进他们自主学习和社交互动，为学生提供了一种综合性和灵活性的学习方式。这种教学模式不仅能够激发学生的学习热情，还能为他们的全面发展奠定坚实的基础。

（二）体育教学中俱乐部模式的引入背景和意义

在高校体育教学中，引入俱乐部教学模式具有重要的背景和意义。这种模式的引入不仅符合现代教育发展的趋势，还为体育教学的创新和提升提供了新的思路。具体来说，引入俱乐部教学模式的背景和意义体现在以下几个方面。

①满足学生个性化需求：在高校中，学生的体质和运动能力存在显著差异，而传统的教学模式往往难以顾及每个学生的具体需求。俱乐部教学模式通过提供多样化的运动项目和灵活的学习方式，能够满足学生的个性化学习需求。每个学生都可以根据自身的兴趣和能力水平选择适合自己的运动项目，并在俱乐部指导下个性化得到充分的发展。例如，喜欢篮球的学生可以加入篮球俱乐部，进行专门的技能训练，而喜欢瑜伽的学生则可以参与瑜伽俱乐部，通过不同的课程满足个性化锻炼需求。

②提高学生学习兴趣：俱乐部教学模式注重结合学生的兴趣和需求，通过实践和体验的方式激发学生的学习兴趣和动力。在这种教学环境中，学生可以参与到他们感兴趣的运动项目中，不仅能体验到运动的乐趣，还能在互动和实践中增强对体育的理解和热爱。例如，通过定期举办俱乐部内部的友谊赛或活动，学生可以在竞争与合作中增强体育锻炼的积极性，进而激发他们参与体育活动的热情和动力。

③培养学生的自主锻炼能力：俱乐部教学模式鼓励学生自主学习和锻炼，使他们能够在课堂之外继续进行有效的体育活动。在这种模式下，学生不仅在课堂上接受指导，还可以在课后根据自身需要制定锻炼计划。这种自主性有助于培养学生的自律性和自我管理能力，使他们养成良好的锻炼习惯，并通过持续的体育活动提高身体素质。学生在俱乐部的引导下，能够更好地理解体育锻炼的重要性，并逐渐将体育活动融入日常生活，形成终身锻炼的意识。

④适应体育课程改革：随着高校体育课程改革的深入推进，俱乐部教学模式作为一种创新的教学方法，顺应了现代体育教育的发展趋势。俱乐部教学模式通过引入更多的选择，推动了体育教学的改革与创新，提高了教学质量。在这一模式下，教学活动不再局限于传统的课堂教学，而是延伸到课外俱乐部活动中，为学生提供了更加丰富和多样化的学习体验。这不仅有助于提升学生的综合素质，也为高校体育教育的现代化发展提供了新的方向。

总之，俱乐部教学模式在高校体育教学中的引入，不仅满足了学生的个性化需求和兴趣，还通过自主锻炼能力的培养和适应课程改革的需要，为高校体育教学的创新和发展提供了强有力的支持。这种模式有助于全面提升学生的身体素质和综合能力，为他们的健康成长和全面发展奠定了坚实的基础。

二、俱乐部教学模式的理论基础

俱乐部教学模式是一种以学生兴趣为导向，注重实践和体验的教学方法。在高校体育教学中，俱乐部教学模式的理论基础涉及教育社会学、学生心理等多个领域。

（一）教育社会学视角下的俱乐部模式

从教育社会学的角度来看，俱乐部教学模式不仅关注知识的传递，更强调学生在学习过程中的社会交往、团队协作和身份认同。这一模式认为，学习是一个多维度的过程，不仅涉及知识的获取和应用，还包括学生在社会化过程中的发展以及自我身份的形成。

首先，俱乐部教学模式通过各种团队活动和竞赛为学生提供了丰富的社交机会。在这些活动中，学生可以与不同背景、兴趣和能力的同学进行互动，拓宽自己的社交圈。这种交流不仅能够帮助学生建立深厚的友谊，还能使他们在与他人合作的过程中学习到如何有效沟通、协作与解决冲突，从而提升自己的社交能力和情商。

其次，团队协作是俱乐部模式的核心之一。在俱乐部的活动中，学生经常需要共同努力来完成特定的任务或挑战。这种协作不仅能够增强学生的团队精神，还能帮助他们理解群体中每个成员的角色和重要性。在参与团队合作的过程中，学生学习如何在团队中贡献自己的力量，理解合作的重要性，并在合作中培养责任感和集体荣誉感。

此外，身份认同的形成也是俱乐部教学模式的重要目标之一。在俱乐部环境中，学生通过与同伴的互动和参与集体活动，可以更好地理解自我身份及其在社会中的定位。俱乐部提供的多样化活动和自主选择机会，使学生能够在不同的活动中探索自己的兴趣和能力，逐渐形成独特的自我认知和身份认同。这种身份认同有助于增强学生的自信心和归属感，使他们能够更加积极地投入到学习和生活中。

总之，从教育社会学的视角来看，俱乐部教学模式不仅是知识传递的过程，更是促进学生全面发展的平台。通过丰富的社交活动、团队协作和身份认同的培养，俱乐部模式为学生提供了一个多元化的学习环境，有助于他们在知识和社会能力两个方面的同步成长。这种模式强调了教育的社会功能，推动学生在学术和社会两个维度上的全面发展，成为具有团队精神、良好沟通能力和清晰身份认同的社会化个体。

（二）俱乐部模式与学生主动性、参与度的提升

俱乐部教学模式强调学生的主动性和参与度，认为学生是学习的主体，而教师则扮演着引导者和协助者的角色。这一模式倡导通过激发学生的兴趣、满足他们的需求、提供丰富的实践和体验机会，以提升学生的学习主动性和参与度。

首先，俱乐部模式重视学生的个体兴趣，努力营造一个自由探索和自主选择的学习环境。在这种环境中，学生可以根据自己的兴趣和需求，选择适合自己的活动和项目。这种选择权不仅能够激发学生的学习热情，还使他们在自己感兴趣的领域中主动

探索、深入研究。例如，一个科学俱乐部可以让学生根据自己的兴趣选择研究课题，从而在实验和项目中提升动手能力和研究技能。

其次，俱乐部模式通过提供多样化的实践和体验机会，鼓励学生在真实情境中学习。实践活动不仅让学生在具体操作中掌握知识和技能，还可以让他们在实践中发现问题、解决问题，增强学习的现实感和成就感。例如，体育俱乐部可以通过组织比赛和活动，让学生在参与中理解战术和团队协作的重要性，而艺术俱乐部则可以通过展览和表演，让学生在创作中感受艺术的魅力。

此外，俱乐部模式倡导自主学习，鼓励学生独立思考和创新。学生在自主探索的过程中，不仅培养了批判性思维能力，还发展了创新意识和解决问题的能力。在这种模式下，教师的角色是为学生提供支持和指导，帮助他们在探索中不断进步。教师通过提供资源、设定目标和给予反馈，支持学生的自主学习过程，使他们能够在学习中不断挑战自我，超越自我。

最后，通过俱乐部模式，学生的参与度得到显著提升。在参与俱乐部活动的过程中，学生需要积极投入，承担责任，主动沟通和合作，这不仅提高了他们的参与度，也增强了他们的社交能力和团队精神。这种积极参与的氛围，营造了一种充满活力的学习环境，使学生在快乐和成就感中体验学习的乐趣。

总之，俱乐部教学模式通过强调学生的主动性和参与度，将学生从被动的知识接收者转变为积极的学习参与者和创造者。这种模式激发了学生的学习动机，促进了他们的全面发展，使他们在知识获取、能力培养和人格塑造上都获得长足进步。通过这种创新的教育方式，学生不仅提升了学业水平，还在社会能力和个人发展方面取得了显著的成长。

（三）俱乐部模式与个性化学习需求的满足

俱乐部教学模式在教育中扮演着重要角色，尤其在满足学生的个性化学习需求方面显示出独特的优势。这一模式的核心理念是承认并尊重每个学生的个体差异，强调根据学生的兴趣、能力和需求提供量身定制的教学内容和指导，从而实现更有效的学习和全面的发展。

首先，俱乐部模式承认每个学生都有独特的学习特点和需求。传统教学往往采用统一的教学方式，这可能无法充分顾及每位学生的个体差异。然而，俱乐部模式通过灵活的教学策略，为学生提供个性化的学习体验。教师在设计俱乐部活动时，会充分考虑学生的兴趣爱好、学习风格和能力水平，制定适合每个学生的学习计划。例如，对于热爱体育的学生，可以通过提供不同种类的体育项目，帮助他们在喜欢的运动中提高技能和自信心。

其次，俱乐部模式通过个性化指导，帮助学生在学习过程中得到更多关注和支持。在这种模式下，教师不仅是知识的传授者，更是学生的指导者和支持者。他们根据每个学生的学习进度和需求，提供个性化的反馈和建议，帮助学生在学习过程中克服困难，取得进步。这种个性化的指导不仅提升了学生的学习效果，还增强了他们的学习信心和主动性。

此外，俱乐部模式通过多样化的活动和项目，充分满足学生的个性化需求。俱乐部活动的内容多种多样，涵盖学术、体育、艺术、科技等多个领域。学生可以根据自己的兴趣选择参与不同的俱乐部，从而在感兴趣的领域中获得深度学习的机会。例如，科技爱好者可以参加机器人俱乐部，参与实际项目的设计和制作；艺术爱好者则可以在艺术俱乐部中，通过各种创作活动提高自己的艺术表达能力。

最后，俱乐部模式不仅关注学生的学业发展，还重视他们的个人成长和社会化过程。通过个性化的学习体验，学生在俱乐部中不仅能发展特长，还能培养合作精神和社交技能。在参与团队活动和合作项目时，学生有机会锻炼沟通能力、增强团队意识，并在互动中形成积极的人际关系。

总之，俱乐部教学模式的理论基础涉及教育社会学、学生心理等多个领域。俱乐部教学模式关注学生的社会交往、团队协作和身份认同，强调学生的主动性和参与度，满足学生的个性化学习需求。这些理论基础为俱乐部教学模式在高校体育教学中的应用提供了有力的支持。教师应该注重俱乐部教学模式的理论基础，创新教学方法，为学生的全面发展提供有力的支持。

三、俱乐部教学模式的结构与组织

俱乐部教学模式是一种以学生兴趣为导向，注重实践和体验的教学方法。在高校体育教学中，俱乐部教学模式的结构与组织是提高教学效果的关键。以下将从三个方面探讨俱乐部教学模式的结构与组织。

（一）俱乐部的分类与设置

俱乐部的分类与设置是俱乐部教学模式的基础。通过精心设计和组织各种类型的俱乐部，教师能够更好地实现教学目标，满足学生的多样化需求。根据不同的教学目标和学生的兴趣，俱乐部可以划分为多种类型，包括技能俱乐部、兴趣俱乐部和健康俱乐部等。这些俱乐部的设置不仅丰富了学生的学习体验，也为他们提供了个性化发展的平台。

①技能俱乐部：技能俱乐部以提高学生的体育技能为主要目标，专注于通过专业的训练和指导提升学生的运动能力。例如，篮球俱乐部和足球俱乐部是技能俱乐部的典型代表。在这些俱乐部中，教师可以根据学生的兴趣和特长，设计有针对性的训练计划，帮助学生在特定运动项目中不断提高技能水平。同时，技能俱乐部还通过组织比赛和友谊赛，让学生在实战中检验和应用所学技能，从而增强自信心和竞技意识。

②兴趣俱乐部：兴趣俱乐部以培养学生的体育兴趣和爱好为主要目标，重在激发学生对体育活动的热情和参与感。这类俱乐部包括舞蹈俱乐部、瑜伽俱乐部等，致力于通过各种趣味性活动让学生享受运动的乐趣。在兴趣俱乐部中，教师可以组织丰富

多样的活动，如舞蹈表演、瑜伽练习、趣味竞赛等，激励学生积极参与、放松身心。这种以兴趣为导向的教学方式，不仅提高了学生的参与度，还能帮助他们发现并发展个人兴趣与潜力。

③健康俱乐部：健康俱乐部以提高学生的身体素质和健康水平为主要目标，注重全面提升学生的身体健康和生活质量。例如，健身俱乐部和跑步俱乐部都属于此类俱乐部。在健康俱乐部中，教师通过设计多样化的健身和体能训练活动，如有氧操、力量训练、耐力跑步等，帮助学生增强体质、提高耐力和协调性。这类活动不仅促进了学生的身体健康，还强调了健康生活方式的养成，使学生在日常生活中自觉地维护身心健康。

总体来说，通过设置不同类型的俱乐部，学校能够更好地实现个性化教学，满足学生的多样化需求。俱乐部教学模式的灵活性和多样性为学生提供了广阔的发展空间，使他们能够在自己感兴趣和擅长的领域中获得全面发展。通过参与技能、兴趣和健康俱乐部，学生不仅提升了体育技能和兴趣，还获得了良好的健康习惯，为他们的全面发展和健康成长奠定了坚实的基础。

（二）俱乐部管理与运行机制

俱乐部管理与运行机制是确保俱乐部教学模式顺利进行的关键，直接影响到俱乐部的效率和学生的参与体验。良好的管理和运行机制能够提升俱乐部的组织水平，确保各项活动有序进行，并有效满足学生的学习需求。以下几点是俱乐部管理与运行机制的重要组成部分。

①会员制度：俱乐部可以实行会员制度，学生需要加入俱乐部成为会员才能参加俱乐部的活动。会员制度不仅帮助俱乐部管理成员信息，还增强了学生对俱乐部的参与感和归属感。通过会员制度，俱乐部可以建立起一个紧密联系的学生社区，使成员更积极地参与活动和贡献力量。此外，会员制度还可以设置不同级别的会员权益，如优先参与活动、获得个性化指导等，以激励学生积极参与并长期投入。

②活动组织：俱乐部应定期组织各种活动，如训练、比赛、讲座等，以丰富学生的学习和实践体验。活动的组织应充分考虑学生的兴趣和需求，确保活动内容既具有趣味性，又能满足学生的成长需求。例如，俱乐部可以通过问卷调查了解学生的兴趣，并据此设计多样化的活动项目，如专项技能培训、主题研讨会、文化交流活动等，以提高学生的参与度和满意度。精心策划的活动不仅能提升学生的技能，还能激发他们的学习热情和创造力。

③资源配置：俱乐部应合理配置教学资源，如场地、器材、教师等，以确保活动的顺利进行。资源配置的有效性直接影响到俱乐部的教学效果和学生的学习体验。因此，俱乐部需要在资源配置方面进行科学规划和合理安排，确保每项活动都能得到充分的支持。例如，针对不同类型的活动，俱乐部应准备相应的器材和设施，确保安全和质量；同时，聘请具有专业知识和丰富经验的教师指导学生，提升教学效果。此外，

俱乐部还可以与学校其他部门合作，共享资源，提高资源的利用效率。

通过健全的管理与运行机制，俱乐部不仅能够高效运作，还可以提供一个充满活力和吸引力的学习环境，促进学生在知识、技能和综合素质方面的全面发展。良好的管理机制有助于提高俱乐部的组织水平和学生的满意度，增强俱乐部的吸引力和影响力，使其成为学生成长和发展的重要平台。通过系统化的管理，俱乐部能够持续改进，提供更加优质的教育服务，满足学生不断变化的学习需求。

（三）俱乐部文化的培育与学生身份感的建立

俱乐部文化的培育与学生身份感的建立是俱乐部教学模式的重要组成部分，对学生的个人发展和团队凝聚力有着深远的影响。俱乐部文化不仅能够增强学生的归属感和身份认同，还可以促进他们的全面发展，提高他们在集体中的责任感和自我价值感。

①营造积极的俱乐部氛围：教师应努力营造一个积极、互助、团结的俱乐部氛围，让学生感受到俱乐部的温暖和归属感。这需要通过创建一种开放和包容的环境，使每个学生都能在俱乐部中找到自己的位置，并感受到被接纳和重视。教师可以通过鼓励同学之间的相互支持和合作，来培养积极的人际关系。同时，教师应积极倾听学生的意见和反馈，关注他们的需求，帮助他们克服困难，提升自信心。这种氛围不仅能激发学生的参与热情，还能增强他们对俱乐部的忠诚度。

②组织俱乐部活动：教师应定期组织各种俱乐部活动，如团队建设、庆典活动、主题讨论会等，以丰富学生的学习生活。这些活动不仅为学生提供了展示才华和锻炼能力的机会，还能增强他们的团队精神和身份认同。通过参与这些活动，学生可以更好地理解俱乐部的目标和价值观，增强对俱乐部的归属感。例如，团队建设活动可以通过各种互动和合作项目，增强学生之间的凝聚力和信任感；庆典活动则可以通过表彰和庆祝，共同分享成就和喜悦，加深学生对俱乐部的情感联系。

③鼓励学生参与决策：教师应鼓励学生参与俱乐部的管理和决策，让学生感受到自己是俱乐部的主人。这种参与感能够极大地增强学生的责任意识和自我效能感，使他们更加积极主动地为俱乐部的发展贡献力量。在俱乐部的日常管理中，教师可以设立学生委员会或代表，让学生参与活动策划、资源分配、问题解决等重要决策过程。这不仅能提高学生的组织和领导能力，还能让他们在实践中锻炼决策能力和团队协作能力。通过参与决策，学生会更深入地理解俱乐部的运行机制和发展方向，从而增强对俱乐部的认同感和归属感。

总之，俱乐部文化的培育与学生身份感的建立是俱乐部教学模式中不可或缺的一部分。通过积极的俱乐部氛围、多样化的组织活动和学生参与决策，学生能够在俱乐部中找到归属感，增强身份认同。这不仅促进了学生的全面发展，还为他们的未来成长奠定了坚实的基础。良好的俱乐部文化能够激发学生的潜力，使他们在集体中不断成长，实现自我价值，为俱乐部和个人发展带来积极的影响。

四、俱乐部教学模式在体育教学中的应用

(一) 技能学习与提升:通过俱乐部活动深化特定体育技能的训练

俱乐部教学模式以其灵活性和针对性,为学生提供了一个深入学习和提升特定体育技能的绝佳平台。通过组织各种俱乐部活动,学生能够在感兴趣的领域内接受更加深入和专业的训练。教师根据学生的兴趣和特长,设计相应的技能训练和比赛项目,帮助学生在实践中提高技术水平。例如,在篮球俱乐部中,教师可以细化训练内容,包括运球、传球、投篮等基本技能,通过重复练习来巩固学生的基本功。此外,教师还可以组织模拟比赛,帮助学生在实战中应用所学技能,磨练应变能力和比赛心态。这种系统化和个性化的训练方式,不仅能提高学生的技术水平,还能增强他们的团队合作意识和竞争精神。

(二) 知识拓展与实践:讨论分享体育理论知识

俱乐部教学模式不仅关注学生的技能训练,还注重体育理论知识的拓展与实践应用。通过组织讨论、分享会等多样化的活动,学生可以在互动中深化对体育理论的理解。教师可以选择某一体育理论知识作为主题,组织学生进行深入讨论和交流,鼓励他们分享各自的见解和经验。例如,在篮球俱乐部中,教师可以组织关于比赛战术和策略的专题讨论,邀请学生分析经典比赛案例,探索不同战术的优劣和适用场景。通过这种方式,学生不仅能够加深对篮球理论知识的理解,还能锻炼批判性思维和分析能力。此外,分享会还可以邀请体育领域的专家或优秀运动员举办讲座和交流,拓宽学生的视野,激发他们的学习热情。

(三) 体育活动的创新与探索:鼓励俱乐部内部创新体育活动

俱乐部教学模式为学生提供了一个创新和探索的空间,鼓励他们在俱乐部内部创新体育活动、组织比赛,培养他们的创造力和创新精神。教师可以通过激励机制,鼓励学生根据自己的兴趣和特长,设计新的体育游戏和趣味性比赛。例如,学生可以结合传统体育项目,创新规则和形式,创造出更具趣味性和挑战性的活动。这种鼓励创新的方式,不仅能激发学生的创造力,还能培养他们的组织能力和领导才能。在创新活动中,学生需要进行方案设计、资源配置、活动推广等一系列工作,这对他们的综合能力培养大有裨益。此外,这种自主创新的实践活动,还能增强学生的独立思考能力和解决问题的能力,使他们在不断的探索中获得成就感和自信心。

总之,俱乐部教学模式通过技能学习与提升、知识拓展与实践、体育活动的创新与探索,全面促进学生在体育领域的成长和发展。这种教学模式不仅提高了学生的技能水平和理论素养,还激发了他们的创造力和创新能力,为他们的全面发展奠定了坚实的基础。通过俱乐部活动,学生能够在一个开放、自由的环境中,自主探索,勇于

尝试，成为富有创造力和竞争力的新时代人才。

五、俱乐部教学模式的实施策略

俱乐部教学模式在高校体育教学中的应用需要采取一系列策略，以提高教学效果和学生的学习体验。

（一）学生主导的俱乐部活动策划与实施

学生主导的俱乐部活动策划与实施是俱乐部教学模式的核心。这一方法旨在让学生在活动中发挥主动性，承担起组织者的角色，从而培养他们的组织能力和领导能力。教师应鼓励学生自主策划和实施各类俱乐部活动，以促进学生的全面发展。

在实际操作中，学生可以在教师的指导下负责从活动的构思到执行的全过程。例如，在篮球俱乐部中，学生可以亲自参与制订训练计划，安排日常练习的内容和时间，设计比赛规则和形式等。这样的实践不仅让学生能根据自己的兴趣和需求选择合适的活动内容和形式，还能通过自我管理提升技能水平。学生在自主策划和执行活动的过程中，能够锻炼他们的决策能力、沟通能力和团队协作能力，同时增强他们对俱乐部活动的投入感和责任感。

通过学生主导俱乐部的活动策划与实施，教师能够培养学生的独立思考和创新能力。学生在实践中不断尝试新方法、新策略，提高学习兴趣和参与度，最终实现自我提升和全面成长。

（二）教师在俱乐部模式中的角色转变与支持

在俱乐部教学模式中，教师的角色应从传统的知识传授者转变为引导者和协助者。教师需要更关注学生的个性化需求和兴趣，为学生提供必要的支持和指导，使他们在俱乐部活动中充分发展自我。

例如，在篮球俱乐部中，教师的作用更多地体现在观察和反馈上。他们可以在学生训练和比赛的过程中提供及时的建议和指导，帮助学生识别和纠正技术上的不足。此外，教师还可以通过组织讨论和分享会，创造一个开放的交流环境，帮助学生共同探讨问题、分享经验，并解决在实践中遇到的困难。这样的互动不仅能够提升学生的学习效果，还能帮助他们增强自信心和解决问题的能力。

通过教师在俱乐部模式中的角色转变与支持，学生可以获得更多的自主权和成长机会，同时，教师也能更好地满足学生的需求，促进他们能力的提升和学习效果的最大化。

（三）俱乐部间的交流合作与竞争机制

俱乐部间的交流合作与竞争机制是俱乐部教学模式的重要组成部分。通过引入跨俱乐部的互动，教师可以促进学生之间的相互学习和启发，创造一个更加动态和多元化的学习环境。

例如，教师可以组织不同俱乐部的学生进行联合训练和比赛，这样不仅能让学生互相学习彼此的技能和经验，还能增强他们的社交能力和团队合作精神。通过这种交流合作，学生能够从其他俱乐部的活动中获得新的灵感和思路，从而提高自身的表现。

此外，教师还可以引入适度的竞争机制，激发学生之间的竞争意识和动力。这可以通过组织俱乐部间的友谊赛、技能挑战赛等方式实现。在竞争中，学生能够更清晰地看到自己的优势和不足，并通过不断努力和改进来超越自我。

总之，俱乐部间的交流合作与竞争机制不仅丰富了学生的学习体验，还推动了他们的全面发展，使他们在多样化的活动中不断成长和进步。通过这些机制，学生能够在实践中锻炼自己的能力，拓宽视野，并为未来的成长奠定坚实的基础。

第五章 高校课外体育活动的改革与创新

传统的课外体育活动多以自我娱乐和兴趣为主，缺乏系统性和科学性，无法充分发挥其在学生身心发展中的独特作用。然而，随着教育理念的更新和健康生活理念的普及，课外体育教学不仅仅限于增强体质和培养兴趣，更应成为培养学生团队精神、领导能力、创新思维和社会责任感的重要平台。如何打破传统体育活动的局限，融入更为多样的体育形式，结合学生的个性化需求，提升学生的参与度和获得感，是改革的关键。同时，借助现代科技手段，如在线体育课程、虚拟运动平台等，课外体育教学的创新也拥有更广阔的发展空间。

第一节 高校课外体育活动的任务与管理

一、高校课外体育活动概述

（一）高校课外体育活动的形态及特点

1. 高校课外体育活动的形态

高校课外体育活动丰富多彩，形式多样，旨在促进学生的身体健康和全面发展。课外体育活动的形式可以大致分为自主性体育活动、组织性体育活动、竞赛性体育活动和休闲性体育活动四大类。

（1）自主性体育活动

自主性体育活动是指学生根据个人兴趣和时间安排，自主进行的体育锻炼。这类活动强调个体的自主选择和灵活参与。

①个人锻炼：这种锻炼方式让学生能够根据自己的兴趣和时间灵活安排，如晨跑、夜跑或在健身房进行力量训练和有氧运动。个人锻炼不仅提高了学生的体能和健康水平，还能帮助学生养成良好的锻炼习惯和自律能力。

②小组活动：学生自发组织的小规模集体活动也是自主性体育活动的一部分。这些活动通常由兴趣相投的学生组成小组进行，如羽毛球双打、篮球 3v3 比赛或瑜伽练习。小组活动不仅促进了学生之间的交流和友谊，还增强了团队合作意识。

（2）组织性体育活动

组织性体育活动由学校或学生团体组织，具有一定的组织结构和活动安排。这类活动通常由学校提供设施和指导，确保活动的规范性和安全性。

①校内体育俱乐部：学校官方组织的体育俱乐部为学生提供系统化的训练和指导。俱乐部活动不仅包括常规训练，还可能包括专家讲座和技能竞赛，为学生提供一个提升技能的平台。

②学生社团活动：学生自发成立的体育社团是校园生活的重要组成部分，如登山社、滑板社等。这些社团通常定期组织活动，满足学生的多样化兴趣需求，同时也提供了自我管理的机会。

（3）竞赛性体育活动

竞赛性体育活动以比赛为主要形式，旨在通过竞技提高学生的运动水平和竞争意识。

①校级赛事：校内赛事如校运会和班级联赛为学生提供展示体育才能的舞台。通过参与这些赛事，学生能够锻炼心理素质和团队合作能力，培养健康的竞争意识。

②校际赛事：与其他高校合作举办的赛事，如大学生篮球联赛、足球赛等，进一步扩大了学生的交流范围，提升了运动水平。这些比赛为学生提供了展示学校体育实力的机会，也促进了学校间的友好交流。

（4）休闲性体育活动

休闲性体育活动侧重于娱乐和放松，旨在通过轻松愉悦的活动提升学生的幸福感和生活质量。

①趣味运动会：趣味运动会是以非竞技性为主的活动，如拔河、袋鼠跳等，目的是提高参与度和乐趣。这类活动不仅让学生在紧张的学业之余得到放松，也增进了同学之间的情感交流。

②体育旅游：体育旅游结合了旅游和体育锻炼，如户外徒步、攀岩等。这类活动不仅增强了学生的体质，还提升了他们对自然的认知和环保意识，促进了身心的全面发展。

2. 高校课外体育活动的特点

高校课外体育活动以其独特的特点和优势，成为学生校园生活中不可或缺的一部分。这些活动不仅丰富了学生的课余生活，还为他们的全面发展创造了良好的条件。以下是高校课外体育的几个主要特点。

（1）灵活性

课外体育活动的灵活性体现在活动形式和参与时间上。学生可以根据自己的兴趣、时间和身体状况选择参与不同的活动项目。这种灵活性使得学生能够在学业繁忙之余，灵活安排活动，如晨跑、课间运动或者晚间健身，从而更好地平衡学习与锻炼。此外，灵活的参与方式也允许学生根据个人节奏进行训练，培养自主学习和自我管理能力。

（2）多样性

高校课外体育活动的多样性体现在活动项目的丰富性上，涵盖了从传统体育项目到现代健身的多种形式。学校通常提供篮球、足球、游泳等传统项目，同时也引入了瑜伽、普拉提、极限飞盘等新兴项目。这种多样性不仅满足了不同兴趣和能力的学生需求，也为学生探索新兴趣提供了机会，促进了学生多方面的发展。

（3）参与性

课外体育活动特别强调学生的广泛参与性。通过降低参与门槛和提供多样化选择，学校鼓励更多学生参与到体育活动中来。无论是个人项目还是团体活动，课外体育都致力于提升学生的参与度，强调每个人都能从中获得乐趣和成就感。学校通过提供开放的场地、组织趣味性强的活动，以及设立激励措施，来激发学生的参与热情，确保活动的包容性和吸引力。

（4）社交性

课外体育活动为学生提供了一个良好的社交平台，通过共同参与活动，学生能够在轻松的环境中加强互动，建立和深化了人际关系。团队项目如篮球、足球以及集体操课等，需要学生之间的密切配合和沟通，这不仅增强了团队合作意识，还提升了学生的沟通能力和社交技巧。通过这些活动，学生可以结交新朋友，拓宽社交圈，并在互动中学习尊重和理解他人。

（5）非竞技性

相较于正式的竞技体育比赛，高校课外体育活动更加强调参与和体验，而非竞争和胜负。课外体育旨在通过轻松的氛围让学生享受运动的乐趣，而非专注于比赛的结果。这种非竞技性的特点有助于减轻学生在参与体育活动时的心理压力，使学生能够以更开放的心态参与，培养他们健康的运动习惯和积极的生活态度。

综上所述，高校课外体育活动通过其灵活性、多样性、参与性、社交性和非竞技性，为学生创造了一个丰富多彩、充满活力的校园环境。这些活动不仅提高了学生的身体素质，还在促进学生的心理健康、社交能力和综合素质发展方面发挥了重要作用。通过积极参与课外体育活动，学生可以在各方面获得成长和提升，为他们的大学生活增添色彩。

（二）高校课外体育活动的意义

1. 促进学生身体健康

高校课外体育活动在学生健康发展中发挥着重要作用，具体体现在增强体质、预防疾病和改善精神健康三个方面。通过参与多样化的体育活动，学生能够在身心各方面获得全面提升，为未来的学习和生活奠定坚实基础。

（1）增强体质

课外体育活动通过有规律的体育锻炼有效提高学生的身体素质和免疫力。在高校阶段，学生正处于身体发展的关键时期，充足的运动有助于增强肌肉力量、提高柔韧性和增强耐力。通过参与篮球、足球、游泳等项目，学生能够全面锻炼身体的各个部位，提高身体的综合素质。同时，体育锻炼还能促进新陈代谢，帮助学生保持健康的体重和体形，减少因缺乏锻炼而导致的肥胖和代谢综合征的发生。通过定期参与体育活动，学生的免疫系统得到增强，能够更好地抵御常见病菌和病毒的侵袭。

（2）预防疾病

课外体育活动在预防疾病方面具有显著效果。体育锻炼可以通过改善心肺功能，降低心血管疾病的风险。定期的有氧运动，如慢跑、游泳和骑自行车等，能够有效增强心脏和肺部的功能，降低血压和胆固醇水平，从而降低心脏病的发生率。此外，体育活动还能有效减轻学生的心理压力，降低焦虑和抑郁的风险。通过运动，学生可以释放压力，改善情绪，保持积极向上的心态。运动还能增强体温调节能力，提高对环境变化的适应力，从而减少感冒等季节性疾病的发生。

（3）改善精神健康

体育活动对学生的精神健康有着积极的影响。参与体育活动不仅有助于缓解学习压力，还有助于提高心理健康水平。在繁忙的学习生活中，课外体育活动为学生提供了一个放松和充电的机会。通过参与运动，学生可以暂时脱离学业压力，体验运动的乐趣，释放压力，调整心态。体育活动还可以促进脑内多巴胺和内啡肽的分泌，增强幸福感和满足感，提高心理韧性。此外，团队运动项目，如篮球和足球等，通过合作与竞争，增强了学生的团队合作能力和人际沟通能力，帮助他们建立更积极的人际关系，从而提升整体幸福感。

综上所述，高校课外体育活动在促进学生身体健康方面具有重要意义。通过参与体育活动，学生不仅能够提高身体素质，增强免疫力，还能有效预防各种疾病，保持良好的精神状态。这些积极影响将为学生的学习和生活带来长远的益处，帮助他们在未来的挑战中保持健康和活力。

2. 促进学生社会能力发展

高校课外体育活动不仅对学生的身体健康有积极影响，还在社会能力发展方面发挥着重要作用。通过参与多样化的体育项目，学生能够在团队合作能力和沟通能力方面得到显著提升，为他们在学术和职业生涯中取得成功奠定良好的基础。

（1）团队合作能力

课外体育活动为学生提供了一个理想的环境来培养团队合作能力。许多体育项目，如篮球、足球、排球等，都是以团队为基础的运动，这要求参与者能够有效地与队友协作，共同努力实现目标。在这些活动中，学生需要学会如何在压力下做出快速决策，如何在面对挑战时与队友沟通与配合。通过不断的练习和比赛，学生能够培养出较强的团队意识和集体责任感。团队合作能力的提升不仅有助于体育活动的成功完成，也对学生未来在职场中的协作能力、领导能力和团队精神有着积极影响。在一个团队中，学生会学习到如何欣赏和利用不同成员的长处，如何通过共同努力解决问题，以及如何在成功和失败中共同进步。

（2）沟通能力

课外体育活动是提高学生沟通能力的有效途径。通过参与课外体育活动，学生能够在真实情境中增强表达能力和人际沟通技巧。体育活动常常要求队友之间进行快速、清晰的交流，以确保战术的顺利执行和比赛的成功。通过在实践中不断进行沟通，学生能够提高他们的语言表达能力和非语言交流技能，如手势和面部表情等。此外，课外体育活动提供了许多社交互动机会，学生在参与过程中可以结交新朋友，拓展社交圈，增强人际关系。这种开放的交流环境能帮助学生培养自信，克服交流障碍，提高在不同场合中的适应能力和沟通技巧。强大的沟通能力不仅有助于学生在学术生活中与同学、教师进行有效交流，还将帮助他们在职业生涯中与同事、客户和领导建立良好的关系。

综上所述，高校课外体育活动在促进学生社会能力发展方面具有重要意义。通过参与这些活动，学生在团队合作和沟通能力上取得了长足进步，为他们的个人发展和未来职业生涯提供了有利的支持。体育活动不仅是身体锻炼的场所，也是社交学习和实践的重要平台，为学生的全面发展提供了宝贵的机会。

3. 促进学生全面发展

高校课外体育活动在学生的全面发展中扮演着重要角色。通过多样化的体育活动，学生不仅能够培养个人兴趣和特长，还能够提升综合素质，这对于他们的学业成功和未来发展具有深远的影响。

（1）培养兴趣与特长

课外体育活动为学生提供了广泛的机会来发掘和培养个人兴趣和特长。参与不同类型的体育活动，学生可以探索自己在不同运动项目中的潜力，进而发现新的兴趣爱好和技能。比如，一些学生可能在尝试羽毛球、游泳或田径等运动项目时，发现自己对某项运动的特殊兴趣和天赋，进而选择深入学习和训练。这不仅有助于他们在体育方面的进步，也为他们提供了一个自我表达和成就的舞台。在这个过程中，学生通过不断练习和参与比赛，获得自信心和满足感，同时也为今后参加更高水平的比赛或进入相关体育领域创造了条件。

（2）提升综合素质

课外体育活动在提升学生综合素质方面具有显著效果。通过参与体育活动，学生在意志力和抗压能力方面得到显著增强。体育训练和比赛中常常伴随着挑战和压力，这要求学生具备良好的心理素质和应对能力。面对体能的极限、比赛的失败和团队的挑战，学生需要不断磨练自己的意志力，学会如何在逆境中坚持和自我激励。这样的经历不仅培养了学生的耐心和毅力，也提升了他们在面对学术和生活压力时的抗压能力。此外，课外体育活动也促进了学生的时间管理能力，增强了纪律性，因为他们需要在学业与运动之间找到平衡并制定合理的计划。通过体育活动，学生学会设定目标、组织时间和有效执行计划，从而提升了他们的自我管理能力和自律性。

综上所述，高校课外体育活动在促进学生全面发展方面发挥着关键作用。通过这些活动，学生能够在探索兴趣和发展特长的同时，提升综合素质，培养出应对未来挑战所需的各种能力。体育活动不仅丰富了学生的校园生活，也为他们的全面成长和长远发展奠定了坚实基础。通过课外体育活动，学生在学术之外找到自我成长的动力和途径，从而个人实现更加全面的发展。

4. 丰富校园文化生活

高校课外体育活动不仅对学生的个人成长和健康发展有积极影响，还在丰富校园文化生活方面发挥着重要作用。通过多样化的体育活动，校园不仅充满活力，还为学生提供了一个促进文化交流和理解的平台。

（1）营造积极氛围

课外体育活动为校园生活注入了无限活力和生机。通过丰富多彩的体育活动，校园环境更加积极向上，学生在学习和生活中拥有更多的动力和活力。体育活动，如趣味运动会、校际比赛和体育嘉年华等，为学生提供了展示才华和互动的平台。这些活动不仅是体能的竞技，也是个人魅力和团队精神的展现。学生在参与活动中体验到了运动的乐趣，激发了他们的创造力和激情，使得校园充满活力和青春气息。同时，体育活动能缓解学术压力，为学生提供了一个良好的休闲和放松方式，让他们在忙碌的学业生活中身心保持健康的状态。整体上，课外体育活动为校园创造了一个积极、和谐和具有感染力的氛围，增强了校园的凝聚力。

（2）促进文化交流

课外体育活动是促进不同文化背景学生之间交流和理解的重要桥梁。体育活动提供了一个中立和开放的环境，学生可以通过共同参与体育项目进行交流与合作。特别是在国际化高校中，体育赛事和活动成了连接多元文化学生群体的重要途径。例如，举办国际学生足球赛、跨文化运动会等，能够有效促进不同国家和文化背景的学生相互了解和学习。这种互动不仅增强了学生对不同文化的理解和包容，也促进了校园多元文化的发展。通过课外体育活动，学生可以分享各自的文化传统和体育精神，增进跨文化的友谊，提高沟通能力。此外，体育活动还为学生提供了学习其他文化体育项目的机会，如跆拳道、瑜伽等，从而进一步丰富了他们的文化知识和视野。

综上所述，高校课外体育活动在丰富校园文化生活方面具有重要意义。通过这些活动，校园变得更加充满活力，为学生提供了一个积极向上和多元文化共存的环境。这不仅提高了学生的校园体验，也促进了不同文化之间的交流和融合，推动了校园文化的繁荣与发展。课外体育活动让学生在参与中成长，在交流中学习，为他们的未来发展奠定了坚实的文化基础。

5. 增强学校凝聚力

高校课外体育活动在增强学校凝聚力方面具有显著意义。通过各种体育活动，不仅在校学生之间的联系更加紧密，也为校友之间的交流与合作提供了良好的平台。这种凝聚力在提升学生集体荣誉感和学校归属感方面起着重要作用。

（1）校友联谊

课外体育活动是促进校友之间联系和合作的重要纽带。许多高校通过组织校友体育赛事和活动，加强了校友与学校之间的联系，形成了一个长期的互动和支持网络。

例如，校友篮球赛、足球赛或校庆体育活动都为校友提供了重聚的机会，使他们能够与母校保持联系，同时与其他校友建立新的友谊和合作关系。这种互动不仅加深了校友对母校的情感，也为他们的个人发展和职业生涯提供了支持和帮助。此外，通过这些活动，校友可以分享经验和资源，为在校学生提供指导和机会，从而在整个校友社区内形成良性循环。

（2）增强荣誉感

课外体育活动通过各种赛事和比赛增强了学生的集体荣誉感。参与和组织校级或校际体育赛事，不仅是对学生身体素质和技能的考验，更是对团队合作和集体精神的提升。在这些活动中，学生们为代表学校而战，这增强了他们的责任感和自豪感。例如，参加全国大学生运动会或与其他高校的友谊赛，能够激励学生为学校争光，增强对学校的认同感和归属感。成功的体育活动和赛事能够激发学生的热情，提升学校在各方面的影响力和声誉。此外，通过这些活动，学生们体验到集体荣誉和成就带来的满足感和自信心，这对于他们未来的成长和发展是极为有益的。

综上所述，高校课外体育活动在增强学校凝聚力方面扮演了不可或缺的角色。通过体育活动，学校不仅能够加强校友和在校学生之间的联系，还能通过各种赛事提升学生的集体荣誉感。这种凝聚力对于提升学校整体氛围、促进个人成长、增强校友网络以及提升学校声誉都具有深远的影响。课外体育活动为学校注入了活力和激情，为学生和校友的共同发展创造了良好的条件。

二、课外体育活动的任务

（一）主要任务

1. 提高学生的身体素质

通过多种形式的体育活动，课外体育活动在增强学生体能方面发挥着重要作用。高校提供丰富多样的体育项目，如篮球、足球、游泳、田径、瑜伽等，旨在满足不同学生的兴趣和需求。这些多样化的体育活动不仅为学生提供了参与的机会，通过系统化的训练和指导还能帮助学生全面提升身体素质，包括力量、耐力和柔韧性等关键方面。

首先，力量训练是提高学生体能的重要组成部分。通过参与举重、体能训练营和普拉提等活动，学生可以显著增强肌肉力量，提高身体的爆发力和运动表现。举重等力量训练项目专注于肌肉的强化和发展，能够帮助学生提升身体的整体力量，增强骨骼密度，促进新陈代谢。体能训练营通常结合了高强度间歇训练和多种器械运动，旨在全面提升学生的肌肉耐力和运动协调性，而普拉提则通过核心肌群的强化和控制来提高学生的身体姿态和稳定性。这些力量训练项目不仅帮助学生增强体能，还为他们在其他运动项目中的表现打下坚实的基础。

其次，耐力锻炼通过有氧运动来提升学生的心肺功能和整体耐力。长跑、游泳和骑行等有氧运动是提高心肺耐力的理想选择，能够显著增加体能储备，增强心脏和肺部的功能。长跑训练提升了学生的耐力和意志力，游泳作为一项全身运动有助于提高心血管健康并增强全身肌肉的协调性，而骑行则提供了一种低冲击的心肺锻炼方式，有效提高了学生的代谢能力和持久力。这些耐力训练项目通过改善心肺功能、降低心率和增强血液循环，使学生在参与其他体育活动时能够更长时间地保持高水平的状态。

最后，柔韧性训练则通过瑜伽和拉伸课程帮助学生提高身体的柔韧性，增强身体的灵活性和协调性，从而有效预防运动损伤。瑜伽注重身体的拉伸和呼吸的协调，能够提升肌肉的伸展性，改善平衡和集中力，而拉伸课程则通过针对性的肌肉拉伸，帮助学生在运动前后减轻肌肉紧张和疲劳。这些训练不仅增强了学生的柔韧性，也帮助他们提高了身体的运动范围和灵活性，减少了肌肉紧张和关节压力，有效预防了可能的运动损伤。

通过这些体能方面的训练，学生不仅增强了运动能力，还提高了自信心和自我效能感，为日后的体育活动和生活挑战做好充分准备。学生能够通过这些训练项目更好地认识和掌控自己的身体潜能，并在运动中体会到个人突破的成就感。这种自信心的提升不仅体现在体育运动中，也延展到他们的学业和生活中，使他们在面对未来挑战时更加从容和坚定。

通过多种形式的活动，学生在增强体能和促进健康方面获得了显著提升。这种身体素质的提高不仅影响他们在校园内的表现，也对他们未来的职业生涯和生活质量有着深远的影响。高校课外体育活动为学生的全面发展和健康成长提供了有利的支持和保障。

2. 培养学生的运动技能

高校课外体育活动在培养学生运动技能方面发挥着至关重要的作用。通过系统的技能训练和专业指导，学生不仅能够掌握基本运动技能，还能在特长项目上得到进一步提升。这一任务有助于增强学生的体育素养，为他们在学业之外的全面发展提供支持。

（1）基础技能训练

基础技能训练是课外体育活动的核心部分，旨在帮助学生掌握各类运动的基本技术。通过参与多样化的体育项目，学生能够学习并掌握篮球、足球、羽毛球等项目的基本技能。

①篮球技能：在篮球训练中，学生可以通过运球、传球、投篮和防守等基础技能的训练，提高他们的运动协调性和比赛意识。运球训练可以提高球感和控球能力，传球练习能帮助学生提高与队友的配合，而投篮训练则强化他们的精准度和自信心。

②足球技能：足球训练包括传球、射门、带球和拦截等基本动作。学生通过反复练习传球和射门，可以提高脚下技术和射门的精准度。带球练习则有助于提高学生的脚步灵活性和对比赛节奏的掌握。

通过这些基础技能的训练，学生不仅提升了自身的运动技能，还增强了他们的自律性和坚持精神，这为他们参与更复杂的比赛提供了坚实的基础。

（2）专业技能提升

对于在某些运动项目上表现出色或特别感兴趣的学生，高校课外体育活动为他们提供了进一步发展的专业平台。学校通过组织校队训练和比赛，帮助学生在特定项目中提升技能水平。

①校队训练：校队通常代表学校参加各类比赛，是学生展示技能的重要平台。校队训练通常包括高水平的技战术指导、系统的体能训练和心理辅导。通过高强度的训练和与强队的对抗，学生可以快速提升个人技术水平和比赛经验。

②专项培训：学校还可能为有特长的学生提供专项培训，如游泳、田径等项目的集训和专业指导。这些培训不仅有助于学生在短时间内显著提高技能，还为他们进入更高级别的赛事和职业发展提供了可能性。

通过专业技能的提升，学生不仅在技术层面取得进步，也培养了他们对体育的深刻理解和热爱。这种进步为他们提供了更多的职业发展机会，如成为专业运动员、体育教练或体育管理者等，也增强了他们在日常生活中的自信和社交能力。

综上所述，高校课外体育活动在培养学生的运动技能方面起着重要作用。通过基础技能训练和专业技能提升，学生能够在各类运动中获得全面发展。这不仅提高了他们的身体素质和技术水平，也为他们未来的职业发展和个人成长提供了广阔的空间。通过体育活动，学生能够发掘和发现自己的潜力，成为更有能力和自信的人。

3. 促进学生的心理健康

高校课外体育活动在促进学生心理健康方面具有重要作用。通过参与各种体育活动，学生能够有效缓解压力并提高自信心，这对他们的学业和个人发展至关重要。

（1）缓解压力

在繁忙的学术环境中，学生常常面临学业、社交和生活等多方面的压力。课外体育活动为学生提供了一种有效的压力释放方式，可以帮助学生在身体活动中获得心理上的放松和愉悦。

①运动与心理放松：参与体育活动可以促使大脑释放内啡肽，这是一种能够产生快乐和舒缓感觉的化学物质。活动后的轻松愉悦感不仅有助于缓解焦虑和抑郁，还能提升整体情绪状态。例如，慢跑、游泳、瑜伽等运动能有效降低压力荷尔蒙（如皮质醇）的水平，帮助学生放松身心。

②积极的心态调整：通过定期参与体育活动，学生能够改善自己的情绪，获得积极的心态和更好的情绪管理能力。团队运动如篮球、足球等，通过集体参与和竞争体验，还能增强团队支持和人际连接，使学生在紧张的学习生活中获得情感上的支持。

（2）提高自信

课外体育活动为学生提供了一个自我挑战和成长的机会，鼓励他们设定目标并通过努力取得进步，这对于增强自信心具有积极作用。

①目标设定与实现：在体育活动中，学生可以为自己设定切实可行的目标，如完成一次长跑、学会新的运动技能或在比赛中取得佳绩。通过努力实现这些目标，学生

能够感受到成就感和自我价值的提升。

②不断进步与反馈：体育活动提供了一个通过反复练习和反馈不断进步的环境。例如，在学习一项新运动技能时，学生通过观察自己的进步，能够不断提高自我效能感。成功实现目标后，学生在面对其他挑战时会更有信心。

③团队精神与领导力：在团队运动中，通过与队友合作学生有机会提升领导能力和沟通技巧。通过积极参与团队运动，学生获得了他人的认可和支持，进一步增强了自我认同感和自信心。

通过这些积极的体育经历，学生能够逐渐培养出自信、坚韧和乐观的品质，这些品质不仅帮助他们应对学业挑战，还为他们在未来生活中解决各种困难和压力奠定了基础。

综上所述，高校课外体育活动在促进学生心理健康方面发挥着重要作用。通过缓解压力和提高自信，学生能够在体育活动中找到情感的释放和内心的平衡。这不仅助力他们在学业上表现更佳，也使他们能够以更积极的心态面对未来的挑战和机遇。通过体育活动，学生不仅锻炼了身体，也强化了内心，为他们的整体成长提供了有力支持。

4. 培养团队合作精神和社交能力

高校课外体育活动在培养学生的团队合作精神和社交能力方面具有重要意义。通过团队运动项目和互动体验，帮助学生培养团队合作精神，提高沟通能力，从而为他们在未来学术和职业生涯中取得成功奠定坚实基础。

（1）培养团队精神

课外体育活动是培养学生团队精神的有效平台。通过参与团队运动项目，学生能够深刻理解合作的重要性，并在实际操作中提升团队合作能力。

①团队运动项目：例如，篮球、足球、排球等团队运动要求学生密切合作，以实现共同目标。在这些运动中，学生需要协调彼此的动作、制定战略并互相信任。这种集体协作的经历不仅帮助学生理解团队的重要性，还提升了他们的集体责任感和集体荣誉感。

②角色认知与分工：在团队活动中，每个成员扮演不同的角色，承担不同的责任。通过明确的角色分工和合作，学生能够学习到如何在团队中发挥个人优势，为团队的整体成功作出贡献。这种经历增强了学生的自我认知和角色定位能力，使他们更能在团队中找到自己的价值和位置。

③共同奋斗与目标实现：在团队中，学生通过共同努力和奋斗来实现目标，这种过程增强了他们的集体意识，培养了团队精神。当团队成功时，学生体验到共同努力带来的成就感和满足感，这进一步加深了他们对团队合作的理解和认同。

（2）提高沟通能力

课外体育活动为学生提供了锻炼沟通能力和社交技巧的绝佳机会。在参与体育活动时，学生需要与队友、教练和其他参与者进行有效沟通，这对提升他们的社交能力大有裨益。

①互动交流:在团队运动和社交活动中,学生不断进行互动交流,学习如何清晰表达自己的观点和倾听他人意见。这种互动不仅提高了他们的口头表达能力,也培养了他们的倾听和理解能力。

②问题解决与决策能力:在课外体育活动中,学生常常需要面对突发情况和挑战,通过与队友沟通和讨论,他们能够更好地解决问题并作出有效决策。这种经历提高了他们在复杂情境中的沟通和决策能力。

③跨文化交流:尤其在国际化高校,体育活动为不同文化背景的学生提供了一个互相交流和了解的平台。学生通过体育活动结识来自不同国家和文化的同伴,增强了他们的跨文化沟通能力,拓展了全球视野。

综上所述,高校课外体育活动在培养团队合作精神和社交能力方面发挥着重要作用。通过增强团队精神和提高沟通能力,学生能够在集体中找到归属感和自我价值,并为将来的学习、工作和生活打下坚实基础。体育活动不仅是身体锻炼的途径,也是学生在人际交往中成长和发展的重要平台。通过体育活动,学生能够在多元化的环境中锤炼自身,成为更具合作意识和沟通能力的全方位人才。

5. 增强学校凝聚力和提升集体荣誉感

高校课外体育活动在增强学校凝聚力和提升学生集体荣誉感方面具有显著作用。通过组织校内外比赛和促进跨文化交流,体育活动不仅加强了学生的团结意识,也促进了校园多元文化的融合。

（1）组织校内外比赛

通过组织各种体育比赛,高校课外体育活动可以显著提升学校的凝聚力和学生的集体荣誉感。比赛不仅是展示个人技能的舞台,更是展现团队精神和集体力量的重要平台。

①校内比赛:校内比赛如校运会、班级对抗赛和体育嘉年华等,为学生提供了展示个人和团队实力的机会。参与这些比赛的学生通过与同学的互动和竞争,培养了团队精神和集体意识。校内比赛有助于营造积极向上的校园氛围,激励学生团结一致,共同为班级和学校争光。

②校际比赛:参与校际比赛,如大学生篮球联赛、足球锦标赛等,不仅提升了学生的竞技水平,还增强了学校的集体荣誉感。代表学校参赛的学生,通过与其他高校选手的对抗,体验到为校争光的荣耀感和责任感。这种集体荣誉感进一步增强了学生对学校的认同感和归属感。

③师生共同参与:组织师生共同参与的课外体育活动和比赛,加强了师生之间的互动和交流,进一步加深了师生间的情感纽带。

通过这些比赛活动,学生在竞争与合作中感受到集体的力量,激发了他们对学校的自豪感和认同感。

（2）促进跨文化交流

课外体育活动还在促进多元文化间的理解和包容方面发挥着重要作用。通过体育交流活动,学生有机会接触和了解不同文化背景的同伴,增强了跨文化沟通能力。

①国际体育交流:通过举办国际学生体育比赛和交流活动,学校为不同文化背景的学生提供了一个互相了解和学习的平台。在这些活动中,学生能够分享各自的文化传统和体育精神,增强了对不同文化的理解和尊重。

②文化融合活动:在体育活动中,融入文化元素,如国际体育节、跨文化运动会等,可以促进学生对多元文化的包容和接纳。学生通过体验不同文化的体育项目,开阔了视野,丰富了文化体验。

③增进友谊与合作:体育活动为学生之间建立友谊和合作关系提供了契机。在共同参与和协作中,学生通过与不同文化背景的同伴交流,提升了跨文化交流能力,并建立了持久的友谊。

综上所述,高校课外体育活动在增强学校凝聚力和集体荣誉感方面发挥着关键作用。通过组织校内外比赛和促进跨文化交流,体育活动不仅加强了校园内的团结和合作,还促进了多元文化的理解和融合。这些活动为学生创造了一个和谐、开放、包容的学习和成长环境,有助于培养具有全球视野和集体意识的全面发展人才。通过体育活动,学生和学校能够共同成长,形成更加紧密和团结的校园社区。

(二) 次要任务

1. 丰富校园文化生活

课外体育活动在丰富校园文化生活中扮演着重要角色。多样化的活动通过增加娱乐性,学生可以在紧张的学业生活中获得放松和乐趣,增强对校园生活的归属感。

(1) 多样化活动:学校可以组织趣味运动会、体育嘉年华等多样化活动,以此丰富校园文化生活。这些活动不仅为学生提供了参与和体验体育运动的机会,还促进了不同年级和专业学生之间的互动和交流。趣味运动会集娱乐和竞技于一身,通过趣味性强的项目,如障碍赛跑、集体跳绳等,吸引广大学生参与,增加校园生活的趣味性与活力。

(2) 增加娱乐性:通过提供各种休闲体育项目,如瑜伽、健美操、舞蹈等,以此提升活动的娱乐性和吸引力。这些项目不仅帮助学生放松身心,还能增强他们对体育运动的兴趣,使他们更愿意在课余时间参与运动。此外,这些项目强调参与性和愉悦感,使学生能够在轻松的氛围中享受运动带来的乐趣。

2. 提高学生的时间管理能力

课外体育活动通过提供结构化的活动时间帮助学生提高时间管理能力,使他们能够更好地平衡学业与休闲。

(1) 合理安排时间:通过参与课外体育活动,学生可以学会在学业与课外活动之间找到平衡。学校鼓励学生合理规划时间,将体育活动作为日常生活的一部分,从而提高时间利用率。通过这种方式,学生能够更有效地安排学习和休闲活动,避免过度学习带来的疲劳和压力。

（2）提高效率：课外体育活动要求学生在有限的时间内完成多项任务，培养了他们在时间压力下高效完成任务的能力。通过在活动中设定目标和时间限制，学生能够锻炼自己在短时间内做出决策和完成任务的能力，这种能力在学业和未来职业生涯中都十分重要。

3. 鼓励学生创新

课外体育活动为学生提供了创新和展示创造力的平台，鼓励他们在活动中探索新想法和新形式。

（1）设计新活动：鼓励学生创新体育活动形式，激发他们的创造力。学生可以根据自己的兴趣和创意，设计新的体育项目和比赛形式，如创意接力赛、趣味障碍赛等。这种创新不仅使活动更具吸引力，也培养了学生的创意思维和组织能力。

（2）参与活动改进：让学生参与活动策划和改进，提出创新性建议。通过赋予学生更多的自主权和决策权，激发了他们对活动的热情和投入。这种参与不仅提高了活动的质量和效果，也增强了学生的责任感和成就感。

4. 提供职业发展机会

课外体育活动为学生提供了探索和发展职业兴趣的机会，特别是对有志于从事体育相关职业的学生。

（1）体育职业导向：学校可以为有志于体育事业的学生提供指导和实践机会，帮助他们了解体育行业的职业路径。通过邀请体育专业人士举办讲座和职业分享，学生可以更好地了解行业需求和发展趋势。

（2）实习与实践：通过组织体育活动和赛事，学校为学生提供实践机会，拓宽了他们的职业视野。学生在参与活动的策划、组织和执行中积累了宝贵的实践经验，这些经验对他们未来从事体育行业或相关领域工作具有重要价值。

综上所述，课外体育活动不仅在丰富校园文化生活方面发挥了积极作用，还通过提高学生的时间管理能力、激发创新和创造力以及提供职业发展机会等，为学生的全面发展提供了重要支持。这些次要任务的实现，为学生创造了一个丰富多彩的校园生活，并帮助他们在各个方面实现自我提升。通过参与课外体育活动，学生能够更好地迎接未来学业和职业的挑战。

三、课外体育活动的管理

（一）课外体育活动目标管理体系及选择

1. 目标管理体系的构建

在课外体育活动的管理中，目标管理体系是确保活动有效开展和实现预期效果的基础。建立科学合理的目标管理体系，需要明确总体目标和细化具体目标，以便于活动的规划、组织和评估。

（1）明确总体目标

课外体育活动的总体目标应全面促进学生的身心发展和校园文化建设，具体包括以下几个方面。

首先，提高学生健康水平是课外体育活动的核心目标之一。通过定期的体育锻炼和多样化的运动项目，如跑步、游泳、羽毛球等，学生不仅可以增强体质，提高身体素质，还可以预防和减少各种疾病，如肥胖、心血管疾病等。此外，体育锻炼还能促进学生的心理健康，缓解学习压力，提升整体幸福感。

其次，增强团队合作精神是课外体育活动的另一个重要目标。体育活动，尤其是团队项目，如篮球、足球、排球等，为学生们提供了培养协作、沟通和互助能力的绝佳平台。在这些活动中，学生们需要与队友密切配合，共同制定策略、解决问题，增强了集体荣誉感和凝聚力。同时，这些经历也帮助他们在日常学习和生活中能更好地处理人际关系，提升社交能力。

最后，丰富校园文化生活是课外体育活动的目标之一。多样化的体育活动不仅能够丰富校园文化生活，提升校园的活力和生机，还能营造积极、健康、向上的校园氛围。通过组织各种形式的体育比赛、运动会和趣味运动活动，学生们在享受体育乐趣的同时，也能增强对学校的归属感和认同感。此外，这些活动还能激发学生的创造力和团队精神，促进学校整体文化氛围的提升。

综上所述，课外体育活动的总体目标是通过多方面的努力，全面促进学生的身心发展，增强他们的团队合作精神，丰富校园文化，最终实现学生的全面发展和健康成长。

（2）分解具体目标

为了实现总体目标，需要将其进一步细化为具体的、可操作的目标。这些具体目标应具有明确性和可操作性，便于实际执行和效果评估。

①组织次数：明确每学期或每学年计划组织的课外体育活动次数。例如，每学期至少组织6次大型体育活动，每月组织一次班级或年级内的体育竞赛。

②参与人数：设定每次活动的参与人数指标，确保广大学生能够积极参与。例如，每次活动的参与人数不少于学校学生总数的70%，特别是鼓励不同年级和性别的学生广泛参与。

③活动项目数量：明确每次活动中涉及的体育项目数量和种类，确保活动的多样性和趣味性。例如，每次大型活动至少包括5种不同的体育项目，包括球类、田径、体操等，满足不同学生的兴趣和需求。

通过明确总体目标和分解具体目标，课外体育活动的管理体系将变得更加科学和有效。这不仅有助于活动的顺利实施和效果评估，还能更好地激发学生的参与热情，促进他们的全面发展。

2. 目标选择的原则

在课外体育活动管理中，目标选择的原则至关重要。这些原则要确保所设定的目标具有现实可行性、相关性、可测量性和时效性，从而有效指导活动的开展和评估。

（1）可行性原则

可行性原则要求所设定的目标在现有条件下是可实现的。设定的目标应考虑学校的资源、环境和学生的实际情况，避免过高或过低。例如，在规划活动时，要评估现有的场地、设备和人员配置，确保目标在这些条件下可以实现。这不仅可以提高目标实现的可能性，还能增强学生和教职工的信心，调动他们的积极性。

（2）相关性原则

相关性原则强调目标应与学校的教育方针和学生的实际需求紧密相关。设定的目标应能够补充和支持学校的教育使命，满足学生的身心发展需求。例如，如果学校强调素质教育和全面发展，那么课外体育活动的目标应侧重于提高学生的综合素质，如体质健康、团队合作和心理素质。这种关联性可以确保目标的设定具有明确的方向性和针对性。

（3）可测量性原则

可测量性原则要求目标应能够通过具体指标进行衡量和评估。设定的目标需要明确具体的衡量标准，例如参与人数、活动次数、学生体质健康指标等。这样，活动开展后可以通过具体的数据和事实进行评估，判断目标是否达成以及达成的程度。这有助于发现活动中的不足之处，及时进行调整和改进。

（4）时效性原则

时效性原则要求明确目标的实现时间，设定短期、中期和长期目标。短期目标可以是一个学期内需要实现的目标，如组织一定次数的体育活动；中期目标可以是一学年内的目标，如提高学生的体质；长期目标则可以是几年来的整体发展目标，如形成学校独特的体育文化品牌。明确的时间节点可以帮助管理者合理规划活动进程，确保目标有条不紊地实现。

综上所述，在课外体育活动管理中，目标选择应遵循可行性、相关性、可测量性和时效性原则。这些原则不仅确保目标的科学合理，还能有效指导活动的实施和效果评估，最终实现学生全面发展的教育目标。

3. 目标优先级的确定

在课外体育活动管理中，合理确定目标优先级是确保活动有效开展和资源合理利用的重要环节。目标优先级的确定需要综合考虑其重要性和资源配置的实际情况，以实现最佳的教育效果。

（1）重要性分析

确定目标优先级的第一步是进行重要性分析。这涉及评估每个目标对学校整体发展和学生个人成长的影响程度。主要考虑以下几个方面。

①对学生健康的影响：例如，增强学生体质、预防疾病的目标应被优先考虑，因为这直接关系到学生的身体健康和学业表现。

②对学生心理和社交能力的影响：培养团队合作精神、增强学生心理素质的目标

也应被重视，因为这有助于学生全面发展，可以提升他们的社交能力和应对压力的能力。

③对校园文化建设的影响：丰富校园文化、提升学校整体氛围的目标也具有重要意义，因为这有助于形成积极向上的校园环境，增强学生的归属感和幸福感。

通过以上分析，可以确定哪些目标对学校和学生最为重要，从而优先安排这些目标的实施。

（2）资源配置考虑

在确定目标优先级的同时，还需考虑学校资源的实际情况，以便合理配置资源，确保重要目标能够得到优先支持。主要包括以下几个方面。

①财力资源：评估学校的财务状况，合理分配资金，确保重点目标所需的资金得以保障。例如，可以优先为重要的体育活动项目采购必要的设备和器材。

②人力资源：评估学校教师和教练的数量和专业水平，合理分配他们的工作任务，确保重点目标的实施能够得到足够的支持。例如，可以安排经验丰富的教师负责重要活动的组织和实施工作。

③场地和设备资源：评估学校现有的场地和设备情况，合理安排使用时间和维护计划，确保重点目标的活动场地和设备完好可用。例如，可以优先安排重要活动在最佳场地进行，并定期维护相关设备。

通过综合考虑目标的重要性和资源配置的实际情况，可以确保课外体育活动的目标优先级得到科学合理的确定。这不仅有助于提高活动的开展效果，也能最大限度地利用学校资源，实现教育资源的最优配置。

综上所述，目标优先级的确定是课外体育活动管理中不可或缺的一环。通过重要性分析和资源配置考虑，学校可以确保最关键的目标得到优先实现，从而促进学生的全面发展和校园文化的建设。

（二）课外体育活动目标管理的实施

课外体育活动目标管理的实施是确保活动顺利开展并达到预期效果的关键环节。有效的实施包括计划制定与资源分配、执行与监督，以及效果评估与反馈。

1. 计划制定与资源分配

（1）活动计划制定

根据设定的目标，制定详细的活动计划。具体内容包括时间安排、场地使用、人员分工等。时间安排要合理，以确保每项活动有充足的准备和执行时间；场地使用要优化，避免冲突和浪费；人员分工要明确，确保每个环节都有专人负责。

（2）资源分配与准备

根据活动需求进行资源的调配。包括体育器材的准备和维护、活动场地的安排和检查、资金的预算和分配等。确保所有资源都能够满足活动的需求，并在活动开始前做好充分的准备工作，以保障活动的顺利进行。

2. 执行与监督

（1）活动执行

按照制定的计划组织和实施活动。确保每个活动都能按时开始，并按计划进行。活动过程中要保持高质量的执行标准，确保所有参与者都能够积极投入，并享受到活动带来的乐趣和益处。

（2）过程监督

建立有效的监督机制，确保活动能够按照既定的目标和计划进行。可以设立专门的监督小组，实时跟踪活动进展，及时发现并解决活动中出现的问题。通过持续的监督和及时的调整，确保活动的顺利进行和预期目标的实现。

3. 效果评估与反馈

（1）评估标准

制定科学合理的活动效果评估标准。这些标准可以包括活动的参与率、学生和教师的满意度、目标达成率等。通过具体的数据和指标，全面评估活动的实际效果。

（2）收集反馈

通过问卷调查、访谈等方式，收集学生和教师对活动的反馈意见。这些反馈可以为活动的改进提供重要的参考依据。要确保反馈具有广泛性和代表性，就必须听取不同年级、不同性别和不同兴趣学生的意见和建议。

4. 总结与改进

根据评估结果，总结活动中的成功经验和不足之处。总结报告应包括活动的整体情况、评估数据、主要问题及其原因、改进建议等。通过总结和反思，可以为未来活动的优化提供依据，不断提高课外体育活动的质量和效果。

通过科学的计划制定与资源分配、严格的执行与监督、全面的效果评估与反馈，课外体育活动的目标管理将得到有效实施，从而推动学生的全面发展和校园文化的繁荣。

（三）提高课外体育活动的管理效益

为了提高课外体育活动的管理效益，需要从优化管理流程、提高人员素质、增强学生参与度、资源整合与利用，以及持续改进与创新等方面进行全面提升。

1. 优化管理流程

（1）简化流程

通过精简活动审批和组织流程，可以显著提高体育活动管理的效率。减少不必要的审批环节，简化活动申请程序，使活动组织更加便捷和高效。同时，建立明确的流程规范，确保每个环节都有章可循，减少因流程不明而导致的管理混乱。

（2）信息化管理

利用信息技术手段，实现活动管理的数字化和信息化。开发和使用活动管理系统，进行活动的在线申请、审批、组织和反馈，提高管理的透明度和效率。通过信息化手段，不仅可以更好地进行数据分析和资源调配，还能提升整体管理水平。

2. 提高人员素质

（1）培训与教育

对活动组织者进行管理和组织能力的培训，提高他们的管理水平和专业素养。培训内容可以包括活动策划、组织协调、风险管理等方面，确保组织者具备必要的知识和技能，能够胜任各项管理工作。

（2）激励机制

建立有效的激励机制，激发组织者和参与者的积极性。可以通过表彰优秀组织者、提供晋升机会、发放奖金等方式，激励工作人员努力工作。同时，对积极参与活动的学生也应给予表扬和奖励，鼓励更多学生参与到活动中来。

3. 增强学生参与度

（1）多样化活动

根据学生的兴趣和需求设计多样化的体育活动，提高学生参与的积极性。活动内容可以涵盖各种体育项目，如篮球、足球、田径、瑜伽等，满足不同学生的兴趣爱好。通过丰富多彩的活动，吸引更多学生参与，增强活动的吸引力。

（2）学生参与管理

鼓励学生参与活动的策划和组织，增强他们的责任感和参与感。可以成立学生组织或委员会，让学生参与到活动的各个环节，从选题、策划到执行，充分发挥学生的创造力和主动性。

4. 资源整合与利用

（1）校内资源整合

整合学校内部资源，形成资源共享机制。例如，可以协调不同部门的场地、器材、资金等资源，统一调配使用，避免资源浪费，提高资源利用效率。

（2）外部资源引入

与社区、企业等外部机构合作，引入外部资源支持活动开展。通过合作，可以获得更多的资金、场地和专业支持，丰富活动内容，提升活动质量。同时，外部资源的引入也有助于拓宽学生的视野，增强活动的社会影响力。

5. 持续改进与创新

（1）定期评估

定期对活动管理进行评估和反思，寻找改进点。通过问卷调查、数据分析等方式，收集各方反馈意见，了解活动效果和存在的问题。根据评估结果，及时进行调整和改进，不断提升管理水平。

（2）引入创新

引入新的活动形式和管理方法，提高活动的吸引力和效果。例如，可以尝试线上线下结合的活动形式，利用新技术增强互动体验；也可以学习借鉴其他学校或机构的成功经验，创新管理模式，提高活动质量和参与度。

通过以上措施，课外体育活动的管理效益将得到显著提升，确保活动能够更加高效、有序地开展，最终实现促进学生全面发展的目标。

第二节　高校课外体育活动管理的实施

一、当代课外体育活动的特点

（一）全体性

课外体育活动的管理应注重全体性，确保每一位学生都能参与其中，享受体育活动带来的益处。全体性可以通过普及性、参与机制和均衡发展来实现。

1. 普及性

（1）广泛参与

为了确保体育活动覆盖全体学生，不论年级和专业，学校应积极鼓励所有学生参与体育活动。通过宣传、动员和组织，营造一种人人参与的氛围，使体育活动成为学生生活中不可或缺的一部分。

（2）包容性活动设计

设计适合不同年龄和体能水平的体育活动，确保每个学生都能找到适合自己的项目。例如，可以根据学生的年龄和身体素质，设置从基础到高级不同难度的体育项目，确保每个学生都能在适合自己的项目中得到锻炼，寻找乐趣。

2. 参与机制

（1）强制与自愿结合

结合必修课程和选修活动，鼓励学生自主选择感兴趣的体育活动。通过在课程安排中加入体育活动必修课，同时提供多样化的选修体育活动，既保证了学生的基本体育锻炼，又满足了他们的个性化需求。

（2）积分与奖励制度

通过积分制和奖励制度激励学生参与体育活动。设置参与积分，根据学生参加活动的次数和表现给予相应积分，并通过一定的奖励机制，如颁发奖品、荣誉证书等，提升学生的参与热情和积极性，进而提高总体参与率。

3. 均衡发展

（1）关注特殊群体

为身体障碍学生、体育特长生等特殊群体提供专门支持和活动。针对身体障碍学生，设置适合他们的体育项目和活动形式；对体育特长生，提供更多的训练和展示机会，帮助他们进一步提升技能。

（2）男女平等参与

确保男生和女生在体育活动中的平等机会和参与程度。设计活动时要考虑到性别差异，提供适合男女生共同参与的项目，并通过公平的规则和机制，保障男女生在活动中的平等权利和待遇，营造一个公平、和谐的体育活动环境。

通过以上措施，课外体育活动将实现全体性的目标，确保每一位学生都能在体育活动中找到乐趣和成就感，从而全面提升学生的身心健康和校园生活质量。

（二）时间规定性

课外体育活动的时间安排对于确保学生参与度和活动效果至关重要。时间规定性包括固定活动时间、灵活时间安排以及时间管理教育三个方面，以满足学生不同的需求，提高活动的整体效果。

1. 固定活动时间

（1）常规活动安排

设定固定的课外体育活动时间是确保活动有序进行的重要措施。例如，可以每周安排两次下午或周末的固定时间段进行体育活动，使学生形成规律的运动习惯，确保定期锻炼身体。

（2）年度活动规划

制定年度活动计划，包括大型赛事、运动会等固定活动时间。这不仅有助于提前做好活动的组织和宣传工作，还能让学生和教师在年度规划中预留出参与和准备的时间，提高活动的参与度和整体效果。

2. 灵活时间安排

（1）自由选择时段

为了满足学生个人课业和生活安排的不同需求，提供灵活的活动参与机会非常重要。允许学生根据个人课业安排选择参与的时间段，可以提高他们的参与积极性。例如，开设早晨、午间和晚间不同时间段的体育活动，让学生自由选择适合自己的时间。

（2）季节性活动调整

根据季节和天气情况调整活动项目和时间，可以使体育活动更加多样化和有趣。例如，夏季可以安排游泳、沙滩排球等活动，冬季则可以开展滑雪、滑冰等项目，确保学生在不同季节都能享受到适合的体育锻炼。

3. 时间管理教育

（1）时间管理培训

时间管理培训帮助学生学会合理安排学习与体育活动时间，提高时间利用效率。通过讲座、工作坊等形式，教授学生科学的时间管理方法，使他们能够更好地平衡学习和运动，避免因时间安排不当导致效率低下。

（2）平衡学业与活动

鼓励学生在学业与体育活动之间找到平衡，促进全面发展。学校可以提供咨询服务或设立导师指导，帮助学生制定合理的时间规划，确保他们既能完成学业任务，又能积极参与体育活动，从而实现身心的全面发展。

通过设定固定的活动时间、提供灵活的时间安排和进行时间管理教育，学校可以有效提高课外体育活动的参与度和管理效益，帮助学生养成良好的运动习惯，促进他们的全面发展。

（三）多样性

课外体育活动的多样性是提高学生参与兴趣和活动质量的重要因素。通过项目多样化、活动形式多样和文化多样性，学校可以满足不同学生的需求，促进其全面发展。

1. 项目多样化

（1）丰富的运动项目

提供多种运动项目选择是实现多样性的基础。学校应确保学生有机会参与各种类型的体育活动，如篮球、足球、羽毛球、瑜伽、田径等。这不仅有助于学生发现并发展自己的运动兴趣和特长，还能提高他们的身体素质和健康水平。

（2）创新项目引入

定期引入新兴体育项目，可以保持活动的新鲜感和吸引力。例如，极限飞盘、攀岩、电子竞技等新兴项目能够吸引更多学生的注意力，满足他们对新奇事物的探索欲望。通过不断创新，学校可以激发学生的参与热情，让体育活动更加丰富多彩。

2. 活动形式多样

（1）竞技与非竞技结合

设立竞技性比赛与趣味性活动，满足不同学生的参与需求。竞技性比赛如篮球联赛、足球锦标赛等，可以培养学生的竞争意识和拼搏精神；而趣味性活动如趣味运动会、体育嘉年华等，则能提供轻松愉快的氛围，吸引更多学生参与，享受运动的乐趣。

（2）个体与团体活动

提供个人项目和团队项目，促进个人技能和团队合作能力的提高。个人项目如乒乓球、羽毛球等，可以提升学生的个人技术水平；团队项目如排球、足球等，可以培养学生的团队合作精神和集体荣誉感。通过个体与团体活动的结合，学生能在不同的运动形式中得到全面的发展。

3. 文化多样性

（1）多元文化体育活动

举办国际化体育活动，促进文化交流。例如，可以组织国际学生运动会，邀请来自不同国家和文化背景的学生共同参与。这不仅能拓宽学生的全球视野，增强学生跨文化交流能力，还能增进学生之间的友谊和理解，营造多元文化的校园氛围。

（2）传统体育项目

结合地方和民族传统，开展传统体育活动，如龙舟赛、武术表演等。这些活动不仅能让学生了解和传承传统文化，还能增强他们对本土文化的认同感和自豪感。通过传统体育项目的开展，学校可以丰富体育活动的内涵，提升文化多样性。

通过项目多样化、活动形式多样和文化多样性，学校的课外体育活动将变得更加丰富和有趣，能够更好地满足学生的不同需求，促进他们的全面发展。

（四）自主性

课外体育活动的自主性是激发学生内在动机，提升学生参与积极性的关键因素。通过自主选择、学生主导活动和个性化发展，学校可以培养学生的自我管理能力和责任感，促进他们的全面成长。

1. 自主选择

（1）兴趣导向参与

鼓励学生根据个人兴趣选择参与的项目和活动，提高他们的参与积极性。兴趣是最好的老师，当学生能够参与自己感兴趣的体育项目时，他们的投入度和持续性都会大大提升，进而在活动中获得更多的乐趣和成长。

（2）自我管理能力

鼓励学生自主规划活动时间和项目，培养他们的自我管理能力。通过给予学生更多的选择权和自主权，让他们学会如何合理安排时间、制定计划并付诸实施，从而提升自律性和时间管理能力。

2. 学生主导活动

（1）活动策划与组织

让学生负责活动的策划和组织，增强他们的责任感和领导力。通过让学生参与到活动的各个环节，从构思、筹备到执行，他们可以学习如何进行有效的团队协作和管理，培养学生的领导才能和组织能力。

（2）参与决策过程

让学生参与活动项目选择和规则制定，提高他们的主人翁意识。通过民主的方式，让学生在活动内容和形式上有更多的发言权和决策权，使他们更积极地参与并承担责任，增强归属感和集体荣誉感。

3. 个性化发展

（1）定制化活动方案

根据学生的个体需求提供个性化的活动方案，促进他们的个性化发展。每个学生都有不同的兴趣和发展需求，学校应通过个性化的方案设计，让每个学生都能在体育活动中找到自己的定位，获得适合自己的锻炼项目和成长机会。

（2）个人目标设定

鼓励学生在活动中设定个人目标，激励他们自我超越。在参与体育活动的过程中，引导学生设定具体的、可实现的个人目标，如提高跑步速度、增加肌肉力量等。通过不断挑战和达成这些目标，学生可以体验到成就感和进步的喜悦，增强了他们的自信心和内在驱动力。

通过自主选择、学生主导活动和个性化发展，课外体育活动不仅为学生锻炼身体提供场所，更是他们培养自我管理能力、责任感和实现个性化发展的平台。这样不仅能激发学生的参与热情，还能促进他们的身心健康，提高他们的综合素质。

（五）人文性

课外体育活动应注重人文性，以培养学生的全面素质和社会责任感。通过关注个体需求、价值观培养和社会责任感，学校可以在体育活动中融入更多的人文关怀，以此促进学生身心健康和综合素质的发展。

1. 以人为本

（1）关注个体需求

在活动设计中应充分考虑学生的兴趣、需求和身体状况。每个学生都有不同的兴趣爱好和身体条件，学校应根据这些差异设计多样化的体育活动，确保每个学生都能找到适合自己的项目，享受运动的乐趣。

（2）安全与健康优先

不仅要确保活动中的安全措施到位，还要关注学生的身体健康和心理健康。学校应制定详细的安全预案，配备必要的急救设备和人员，定期检查活动场地和器材，确保活动环境安全。同时，还要关注学生的心理健康，及时发现并解决他们在活动中遇到的心理问题。

2. 价值观培养

（1）体育精神教育

通过活动培养学生的体育道德、团队精神和公平竞争意识。学校应在体育活动中强调体育精神，如尊重对手、遵守规则、公平竞争等，引导学生在运动中树立正确的价值观，培养良好的品德和团队合作精神。

（2）人际关系发展

在活动中促进学生间的交流与合作，提高社交能力。体育活动是学生相互了解和建立友谊的良好平台，学校应鼓励学生在活动中相互帮助、共同进步，提升他们的沟通能力和团队合作能力。

3. 社会责任感

（1）社区服务活动

结合体育活动组织公益项目，增强学生的社会责任感和贡献意识。例如，可以组织义跑、慈善篮球赛等活动，募集善款用于帮助有需要的人，培养学生的公益心和社会责任感。

（2）环保意识培养

在活动中倡导环保理念，如绿色运动会、无塑料活动。学校应通过各种形式的环保活动，向学生传递环保意识，让他们在参与体育活动的同时，也能关注环境保护，践行绿色生活理念。

通过关注个体需求、培养价值观和增强社会责任感，课外体育活动不仅是身体锻炼的平台，更是学生全面发展的重要载体。这样的活动设计不仅能提升学生的综合素质，还能培养他们的社会责任感，促使他们成为全面发展的人才。

二、课外体育活动管理的实施策略

（一）正确把握理念、指导思想及价值取向

课外体育活动在学生全面发展中起着至关重要的作用。正确把握活动的理念、指导思想及价值取向，是确保体育活动有效开展和达到预期效果的基础。

1. 明确活动理念

（1）健康第一

强调"健康第一"的理念是课外体育活动的核心。体育活动不仅能增强学生的身体素质，还能促进心理健康。在活动设计和实施过程中，应始终将学生的健康放在首位，确保每一项活动都能帮助学生增强体质、减轻压力、提高心理韧性。

（2）终身体育

培养学生对体育的长期兴趣和习惯，是实现终身体育的关键。通过多样化、有趣的体育活动，激发学生对运动的热爱，使体育锻炼成为他们生活的一部分，养成终身锻炼的好习惯。这不仅有利于他们在学校期间的健康成长，还能为未来的健康生活打下坚实基础。

2. 指导思想的落实

（1）全面发展

体育活动应结合德智体美劳全面发展的目标，发挥其在综合素质教育中的重要作用。通过体育活动，不仅增强学生的体质，还能促进智力发展、培养美感、增强劳动意识，从而实现学生的全面发展。

（2）育人为本

以人为本的指导思想要求在设计和实施体育活动时，注重学生的个性和需求，尊重他们的选择和兴趣。通过个性化和多样化的活动设计，让每个学生都能找到适合自己的体育项目，充分激发他们的参与热情。

（3）创新与实践结合

鼓励创新是提高体育活动吸引力和效果的重要途径。在活动中，应不断探索新的形式和内容，同时注重活动的实际效果和学生的参与体验。通过创新的活动设计和实践，提高学生的兴趣，调动他们的积极性，达到更好的教育效果。

3. 价值取向的确立

（1）公平公正

确保活动的公平性和公正性，是维持学生积极参与和公平竞争的基础。建立透明的评估和奖励机制，确保每个学生都能在平等的环境中参与体育活动，获得应有的认可和奖励，从而激发他们的积极性和进取心。

（2）合作与竞争

在体育活动中，应平衡合作与竞争的关系。通过团队合作项目，培养学生的合作精神和团队意识；通过竞技项目，激发学生的竞争意识和拼搏精神。合作与竞争相结合，可以促进学生的全面成长，提升他们的社交能力和自信心。

（3）社会责任感

体育活动还应注重培养学生的社会责任感和公共服务意识。通过组织公益跑步、社区体育服务等活动，增强学生的社会责任感，让他们在参与体育活动的同时，意识到自身对社会的贡献和责任，培养良好的公民意识。

综上所述，正确把握课外体育活动的理念、指导思想及价值取向，是确保活动顺利进行和达到预期效果的关键。通过明确活动理念、落实指导思想和确立正确的价值取向，可以有效促进学生的全面发展和健康成长。

（二）健全"多方关注、齐抓共管"的督导、检查体制

为了确保课外体育活动的顺利开展和预期效果，必须建立健全的"多方关注、齐抓共管"的督导和检查体制。这一体制需要各方共同参与，形成合力，从而提升活动的整体质量和管理水平。

1. 多方参与机制

（1）校内各部门协作

加强体育、学工、后勤等各部门的协同管理，实现资源共享与整合。体育部门负责活动的策划与组织，学工部门负责学生的动员与管理，后勤部门则提供必要的后勤保障。各部门之间的紧密合作，可以提高活动的整体协调性和执行力。

（2）家长与社区参与

鼓励家长和社区积极参与课外体育活动，为活动提供支持和建议。家长可以通过参与家校联动活动，了解和支持学生的体育锻炼；社区可以提供场地、人员和资金支持，丰富活动资源。家长和社区的参与，可以增强活动的社会影响力和资源支持力度。

2. 完善督导机制

（1）定期检查与反馈

建立定期检查制度，评估活动效果，及时反馈并改进。定期检查可以发现活动中存在的问题，及时进行调整和优化，以提高活动的质量和效果。检查结果应及时反馈给相关部门和人员，并制定相应的改进措施。

（2）督导小组设置

成立由教师、学生代表、管理人员组成的督导小组，负责活动的监督与指导。督导小组的成员应具有代表性和专业性，能够对活动进行全面、客观的监督，确保活动按照预期目标进行。

3. 评价与改进

（1）制定评价标准

制定科学合理的活动评价标准，涵盖参与率、满意度、健康指标等方面。评价标准应明确、具体，便于操作和评估。通过定量和定性相结合的方法，对活动效果进行全面评价。

（2）数据驱动改进

利用评估数据分析活动效果，指导活动的持续改进与优化。通过数据分析，找出活动中的优点和不足，针对性地进行调整和改进。数据驱动的改进方法，可以提高活动的科学性和有效性。

4. 资源保障

（1）设施与设备保障

应确保活动场地和设备的完善与安全，为体育活动提供可靠的硬件支持。定期检查和维护活动设施和设备，防止因设备问题影响活动的顺利进行。完善的设施与设备，是保障活动顺利开展的基础。

（2）经费支持与管理

合理规划活动经费，保障资金的有效使用与管理。通过科学的预算编制和严格的资金管理，确保每一笔经费都用在刀刃上，避免浪费和滥用，以此保障活动的正常运行和高质量开展。

5. 信息公开与透明

（1）活动信息公开

通过校园网络、公告栏等渠道公开活动计划、进展和评估结果。信息公开可以提高活动的透明度和参与度，让所有相关方及时了解活动的最新动态和成效。

（2）透明决策过程

在活动策划和管理中保持透明度，确保决策的公正性和可参与性。广泛征求学生、教师和家长的意见和建议，确保决策的科学性和合理性，增强各方对活动的信任和支持。

6. 危机管理与应急预案

（1）安全防范措施

制定详细的安全防范措施，确保活动过程中的安全。包括安全培训、应急演练等，提高师生的安全意识和应急能力，预防和减少安全事故的发生。

（2）应急预案制定

为活动中的突发事件制定应急预案，保障学生的安全与健康。应急预案应包括突发事件的应对措施、责任分工和处理流程，确保在紧急情况下能够迅速有效地应对和处理。

通过健全"多方关注、齐抓共管"的督导和检查体制，可以确保课外体育活动的顺利开展和高质量实施。这一体制的建立，不仅有助于提高活动的组织管理水平，还能增强各方的参与感和责任感，共同推动课外体育活动的健康发展。

第三节　高校课外体育活动管理的创新发展

一、互联网助力高校课外体育活动创新

（一）为管理者减负，节省人力资源

在课外体育活动的管理中，合理利用现代技术手段和优化工作流程，可以有效减轻管理者的负担，节省人力资源。以下是通过自动化管理系统，减少重复性工作和提升沟通效率的具体措施。

1. 自动化管理系统

（1）活动报名系统

使用在线报名和签到系统可以极大简化活动组织过程。学生可以通过网络平台或移动应用程序进行报名和签到，减少人工统计和管理的工作量。自动化系统不仅提高了工作效率，还减少了人为错误的发生。

（2）数据管理与分析

通过数字化平台实时收集和分析学生参与数据，可以提升管理效率。管理者可以实时查看活动的参与情况、学生的反馈以及其他重要数据，为活动的改进和决策提供依据。自动化的数据处理方式，节省了大量的时间和人力投入。

2. 减少重复性工作

（1）在线日程安排

使用数字工具管理活动日程，可以有效减少手动安排的负担。在线日程安排系统具备自动化更新和提醒功能，可以及时通知参与者活动的时间和地点，避免人工通知

的烦琐。此外，这些工具还可以帮助管理者更好地协调和安排各项活动，提高工作效率。

（2）电子通知和反馈

通过邮件和应用程序进行活动通知和反馈收集，减少了纸质工作。电子通知不仅快速便捷，还能确保信息传达的准确性和及时性。通过在线反馈表格和问卷调查，可以高效收集学生的意见和建议，方便后续分析和改进。

3. 提升沟通效率

（1）即时通讯工具

利用即时通讯工具（如微信、Slack）可以加强团队内部沟通，减少面对面会议的频率。这些工具支持实时交流、文件共享和任务分配，有助于管理团队更快地达成共识和解决问题，从而提高整体工作效率。

（2）信息共享平台

建立共享平台，方便管理者随时获取最新活动信息和资料。共享平台可以存储所有与活动相关的文件、通知和数据，使管理团队能够随时查阅和更新信息，减少因信息不对称导致的沟通障碍和工作延误。

通过以上措施，管理者可以显著减轻负担，节省人力资源，将更多的精力投入到活动的策划和质量提升中。利用自动化管理系统、减少重复性工作和提升沟通效率，不仅可以优化管理流程，还能提高活动的整体效果和参与度。

（二）拓宽锻炼时间范围，合理利用场地设施资源

为了提升学生参与体育活动的便利性和场地设施资源的利用效率，可以通过在线预订系统、全天候活动安排和设施资源的智能管理等措施，合理拓宽锻炼时间范围，优化场地设施的使用。

1. 在线预订系统

（1）场地预约平台

开发场地预约系统，使学生可以通过在线平台实时查看并预订体育设施。这种方式不仅方便学生安排自己的锻炼时间，还能有效避免因场地冲突而导致的资源浪费。预约平台可以提供场地空闲时间的实时更新，让学生灵活选择适合的时间段进行锻炼。

（2）时间段管理

利用数据分析优化场地使用时间，避免资源闲置或过度使用。通过分析场地预约和使用情况，可以合理分配不同时间段的场地使用频率，确保场地在高峰时段得到充分利用，同时在非高峰时段安排维护和保养工作，提高了场地整体使用效率。

2. 全天候活动安排

（1）灵活的活动安排

通过线上课程和指导，学生可以在任何时间参与体育锻炼。在线课程可以包括健

身视频、训练计划和实时指导等，学生无需受限于特定的时间和地点，随时随地进行锻炼，提高参与的灵活性和便捷性。

（2）虚拟体育活动

利用虚拟现实和增强现实技术提供虚拟体育体验，突破传统场地限制。虚拟体育活动可以模拟真实场景，让学生在虚拟环境中进行锻炼，如虚拟跑步、虚拟滑雪等。这不仅可以增加活动的趣味性，还能在一定程度上解决场地不足的问题。

3. 设施资源的智能管理

（1）传感器技术

在设施中安装传感器，实时监测设备使用情况和维护需求。传感器可以记录设备的使用频率、使用强度和故障情况，帮助管理者及时安排维护和保养，确保设备的正常运行和安全使用。

（2）能源管理系统

使用智能系统优化设施能耗，提高资源利用效率。智能能源管理系统可以根据场地使用情况自动调节照明、空调和其他设备的能耗，减少能源浪费，降低运营成本。同时，这些系统还能提供详细的能耗数据，帮助管理者进一步优化资源配置。

通过以上措施，可以有效拓宽锻炼时间范围，合理利用场地设施资源，提升学生参与体育活动的便利性和整体效率。在线预订系统、全天候活动安排和设施资源的智能管理不仅可以优化场地使用，还能提供更加灵活和智能的锻炼体验，促进学生的全面发展。

（三）利益最大化的受益者——学生

在课外体育活动的管理与优化中，学生是最大的受益者。通过个性化体育指导、多元化参与渠道和增强学习体验，学生不仅能享受丰富多彩的体育活动，还能使身心健康发展。

1. 个性化体育指导

（1）定制化训练计划

通过互联网平台提供个性化的训练建议和计划，满足不同学生的需求。每个学生的身体素质和运动兴趣各不相同，个性化的训练计划能够针对性地提高他们的运动效果。互联网平台可以根据学生的体能测试结果和个人目标，生成专属的训练计划，帮助学生更科学地进行锻炼。

（2）数据跟踪与反馈

利用可穿戴设备和应用程序跟踪学生的锻炼数据，提供个性化反馈和建议。可穿戴设备如智能手环和心率监测器可以实时记录学生的运动量、心率等数据，应用程序则能对这些数据进行分析，并提供专业的反馈和建议，帮助学生了解自己的锻炼效果，调整训练策略。

2. 多元化参与渠道

（1）线上线下结合

结合线上课程和线下活动，提供灵活的参与渠道。线上课程可以让学生随时随地学习和锻炼，而线下活动则能提供实际的运动体验和团队合作机会。通过线上线下相结合的方式，学生可以更灵活地安排自己的锻炼时间，增强参与的主动性。

（2）社交平台互动

通过社交媒体和在线社区，学生可以分享锻炼成果和经验，增强参与感。社交平台为学生提供了一个展示和交流的平台，他们可以在上面发布自己的运动成果、分享经验和心得，并互相鼓励和支持。这不仅提高了学生的参与热情，还能建立一个积极向上的运动氛围。

3. 增强学习体验

（1）即时知识获取

通过在线平台获得最新的体育理论和健康知识。学生可以利用在线资源，随时学习最新的运动科学知识和健康理念，提升自己的理论水平。丰富的在线课程和资料库，能够满足学生的多样化学习需求。

（2）互动学习模块

通过视频教学和在线讨论增强学生的学习体验。视频教学能够生动直观地展示运动技巧和训练方法，学生可以跟随视频进行练习。在线讨论则提供了一个互动交流的平台，学生可以在上面提出问题、分享见解，与同学和老师互动，从而深化学习效果。

通过以上措施，学生能够在课外体育活动中获得更多的支持和资源，全面提升了他们的锻炼效果和健康水平。个性化的体育指导、多元化的参与渠道和丰富的学习体验，不仅提高了学生的参与积极性，还促进了他们的全面发展，使他们成为课外体育活动中最大的受益者。

（四）产业发展的创新路径——市场与科技

体育产业的发展离不开市场需求和科技进步的推动。通过技术驱动的创新、市场导向的创新策略和数字化商业模式，体育产业可以实现全面升级和高效发展。

1. 技术驱动的体育产业

（1）智能设备与应用

开发基于 AI 和大数据的体育应用，提升用户体验。智能设备如智能手环、运动手表和健身追踪器，可以实时监测用户的运动数据，提供个性化的训练建议。大数据分析则能深入了解用户行为和需求，帮助企业优化产品和服务，提高用户满意度和粘性。

（2）虚拟现实与增强现实

应用虚拟现实与增强现实技术创新了体育活动形式，吸引了更多参与者。虚拟现实（VR）和增强现实（AR）技术可以模拟真实的运动场景，让用户在家中也能体验到如同现场的运动感受。例如，虚拟现实健身游戏和增强现实运动应用，不仅增强了互动性和趣味性，还能吸引更多年轻用户参与体育活动，扩大了市场的覆盖面。

2. 市场导向的创新策略

（1）多元化产品开发

根据市场需求开发多样化的体育产品和服务，满足不同消费群体。体育产业应根据不同年龄、性别、兴趣和健康状况的消费群体，开发适应性的产品和服务。例如，针对老年群体的低强度健身器材，针对年轻人的极限运动装备，以及面向大众的家庭健身方案等。

（2）跨界合作

与科技公司、体育品牌合作，推动技术与市场的深度融合。通过与高科技企业合作，体育公司可以获取先进的技术支持，如 AI 算法、传感器技术等，提高产品的技术含量和竞争力。同时，与知名体育品牌合作，可以借助其市场影响力和品牌效应，快速扩大市场份额，提升品牌价值。

3. 数字化商业模式

（1）在线平台经济

通过数字平台提供体育产品和服务，实现商业模式的创新。在线平台如健身APP、电商网站和社交媒体，可以为用户提供便捷的购买、预约和互动服务。例如，用户可以通过平台预约健身课程、购买运动装备、参与线上运动挑战等，极大地提升了消费体验和效率。

（2）用户数据分析

利用用户数据进行市场分析和精准营销，提高市场竞争力。通过对用户数据的收集和分析，企业可以了解用户的偏好和需求，进行精准的市场定位和产品推荐。此外，数据分析还能帮助企业制定更有效的营销策略，优化广告投放和活动策划，提高市场竞争力和销售转化率。

综上所述，体育产业的发展需要充分利用市场需求和科技进步的双重驱动。通过技术驱动的创新、市场导向的创业策略和数字化商业模式等，体育产业可以实现高效增长和持续升级，为用户提供更优质的产品和服务，同时提升自身的市场竞争力和商业价值。

二、高校课外体育活动管理的发展趋势

（一）全面覆盖化

课外体育活动在学校的全面推广和实施，不仅可以提高学生的身体素质，确保心理健康，还能促进校园文化的多样化和活力。通过扩大活动覆盖面、多层次支持体系和资源共享平台，学校可以实现课外体育活动的全面覆盖。

1. 活动覆盖面扩大

（1）全校参与机制

设计鼓励机制，促进所有学生参与课外体育活动，包括研究生、留学生等不同群体。通过制定参与奖励政策，如学分奖励、奖品激励和荣誉称号等，鼓励更多学生参与体育活动，营造全校范围内积极参与体育运动的氛围。

（2）多项目覆盖

提供从传统到现代、从竞技到休闲的多种体育项目，满足不同兴趣和能力水平的学生需求。例如，设置篮球、足球等传统竞技项目，同时引入瑜伽、飞盘、攀岩等新兴运动项目，让每位学生都能找到适合自己的运动形式，激发他们的积极性。

2. 多层次支持体系

（1）政策支持

学校提供政策保障，确保课外体育活动得到充分重视和资源配置。制定和实施促进体育活动的相关政策，如增加体育活动的预算、优先安排体育设施的使用时间等，确保活动有足够的经费和资源支持。

（2）多方协同

建立由学校管理层、体育部门、学生会等多方参与的协同机制，推动活动全方位覆盖。通过定期会议和沟通，协调各部门的工作，形成合力，共同促进课外体育活动的顺利开展。学生会和体育社团可以组织和推广活动，准确传达信息，确保学生参与。

3. 资源共享平台

（1）线上线下资源整合

建设线上平台，整合校内外体育资源，实现共享与互通。线上平台可以包括活动预约、场地预订、培训课程等功能，为学生提供便捷的参与渠道。同时，利用线上平台发布活动信息和实时动态，增强学生的参与感和互动性。

（2）社区与校园互动

加强与周边社区的联系，实现资源和活动的双向流动。与社区体育机构合作，共享场地、设施和活动资源，为学生提供更多的运动场所和机会。组织校内外联动的体育赛事和活动，增强校园与社区的互动，促进共同发展。

通过以上措施，学校可以实现课外体育活动的全面覆盖，不仅提高学生的参与度和满意度，还能促进校园文化的多样化和活力。全面覆盖化的课外体育活动，不仅有助于学生的全面发展，也为学校营造了一个健康、积极的教育环境。

（二）时空全息化

课外体育活动的时空全息化旨在打破时间和空间的限制，为学生提供更加灵活和多样的参与方式。通过时间灵活化、空间多元化和实时信息共享，学生可以在任何时间和地点参与到丰富的体育活动中。

1. 时间灵活化

（1）全天候活动安排

提供全天候可参与的体育活动，适应学生多样化的时间安排。学校可以在全天不同时间段安排各种体育活动，让学生根据自己的课业和生活安排，自由选择适合的时间参与运动。这不仅增加了学生参与的灵活性，也能提高体育设施的利用率。

（2）弹性课表

根据学生需求设计弹性课表，优化活动参与时间。通过调查学生的时间偏好和需求，制定灵活的课外体育活动时间表。例如，早晨、午间和晚间分别安排不同类型的活动，让学生能够在课余时间轻松参与，提高他们的运动频率和积极性。

2. 空间多元化

（1）虚拟空间利用

通过虚拟现实技术，创建虚拟体育场景，打破物理空间限制。学生可以通过虚拟现实设备体验到逼真的体育场景，如虚拟篮球场、足球场等，即使在室内也能进行丰富多样的体育活动。这种方式不仅创新了体育活动的形式，也为学生提供了更多的选择。

（2）移动体育场地

利用便携式体育设备和移动场地，拓展活动场所选择。学校可以配置移动篮球架、便携式足球门等设备，灵活设置临时运动场地。这样，即使在校园内的非传统运动场所，也能随时开展体育活动，丰富学生的运动体验。

3. 实时信息共享

（1）在线直播与记录

课外体育活动进行在线直播，便于实时参与和事后回顾。通过在线直播平台，学生可以随时观看正在进行的体育活动，即使不能亲临现场，也能感受到活动的氛围和乐趣。同时，直播内容可以录制存档，方便学生事后观看和学习。

（2）互动反馈机制

通过实时反馈平台，收集学生的参与体验和建议。建立在线反馈系统，让学生可以随时提交对活动的评价和建议。通过分析这些反馈，学校可以不断改进和优化体育活动，提升学生的满意度和参与度。

通过时空全息化的课外体育活动设计，学校可以更好地满足学生多样化的需求，提供更加灵活和丰富的运动体验。全天候活动安排、虚拟空间利用和实时信息共享，不仅提升了体育活动的参与度和效果，也为学生的全面发展创造了更多机会。

（三）信息符号化

在现代课外体育活动的管理中，信息符号化通过数据化管理、信息可视化和符号化传播，提升了活动的科学性和影响力。以下是对这一概念的具体实现路径。

1. 数据化管理

（1）智能数据采集

通过传感器和可穿戴设备收集参与者的运动数据，实现精准管理。智能手环、运动手表等设备可以记录学生的步数、心率、运动轨迹等数据，为管理者提供详实的活动数据。这些数据不仅可以用来评估学生的运动效果，还能帮助设计更科学的训练计划。

（2）数据分析与应用

利用大数据分析技术优化活动设计和管理，提高决策效率。通过对大量运动数据的分析，可以发现学生参与体育活动的规律和偏好，进而优化活动安排和资源配置。同时，数据分析还可以帮助识别潜在问题，如活动参与度低、设施使用不均等，并提出改进建议。

2. 信息可视化

（1）可视化展示

使用信息可视化工具展示活动数据，提升数据的可读性和直观性。图表、仪表盘等可视化工具可以将复杂的数据转换为易于理解的视觉信息，使管理者和参与者更直观地了解活动的各项指标，如参与人数、运动量、健康状况等。

（2）动态数据看板

建立实时动态数据看板，跟踪活动进展和参与情况。动态看板可以实时显示当前活动的关键数据，如即时参与人数、设备使用情况等。管理者可以通过看板实时监控活动进展，及时调整管理策略，提高活动的响应速度和管理效率。

3. 符号化传播

（1）品牌化建设

设计符号化的品牌形象，提升活动的辨识度和影响力。通过设计独特的活动标志、吉祥物和宣传口号等，打造具有识别度的品牌形象。品牌化建设不仅可以吸引更多学生参与，还能提升活动的整体形象和声誉。

（2）文化符号传播

通过体育活动传播校园文化符号，增强文化认同。将学校的历史、传统和精神融入体育活动，通过活动中的仪式、标志和故事等方式，传播校园文化符号。学生在参与体育活动的同时，感受到了校园文化的魅力，增强了对学校的认同感和归属感。

通过信息符号化，课外体育活动不仅变得更加科学和高效，还提升了文化传播的深度和广度。数据化管理、信息可视化和符号化传播相结合，不仅优化了活动的管理流程，还增强了活动的吸引力和影响力，使学生在参与过程中获得更好的体验和认同感。

（四）主体互动化

课外体育活动的主体互动化是增强学生参与感、促进师生协同和跨学科交流的重要手段。通过多元主体参与、跨学科互动和国际交流与合作，学校可以打造更加丰富和多样化的体育活动体系。

1. 多元主体参与

（1）学生自主组织

鼓励学生自发组织和管理活动，提高学生的主体意识和责任感。学校可以提供必要的资源和平台，支持学生成立体育社团、策划和执行各类体育活动。通过自主组织，学生不仅可以锻炼领导能力，还能培养团队合作精神和组织管理能力，增强参与感和归属感。

（2）教师与学生协同

建立师生互动平台，促进教学与活动的深度融合。教师可以通过参与体育活动，了解学生的兴趣和需求，提供专业指导和支持。通过师生协同，不仅可以提高活动的质量和效果，还能增强师生之间的信任和互动，促进教学相长。

2. 跨学科互动

（1）学科融合活动

设计跨学科的体育活动，促进不同专业学生的交流与合作。学校可以结合体育与其他学科，如科技、艺术、历史等，组织融合性活动。例如，利用体育比赛展示科技创新，或通过历史主题的体育活动，增强学生的多学科知识和合作能力。

（2）创新项目开发

结合体育与科技、人文等学科，开发创新性体育项目。学校可以与相关学科教师和专业机构合作，开发融合科技（如人工智能、虚拟现实）和人文（如文化传统、艺术表现）的体育活动，丰富学生的体育体验，激发创新思维。

3. 国际交流与合作

（1）国际体育交流

开展国际学生体育交流活动，促进跨文化理解和合作。学校可以组织和参与国际体育赛事、夏令营和交流项目，让学生有机会与来自不同国家和文化背景的同龄人交流，拓宽国际视野，增强跨文化沟通能力。

（2）引入国际赛事

引入国际化体育赛事，提高活动的多样性和国际化水平。通过举办或承办国际体育赛事，学校可以提升自身的国际影响力，同时为学生提供高水平的竞技平台和观摩机会，激发他们的体育热情和竞争意识。

通过主体互动化的实现，课外体育活动可以更好地激发学生的主动性和创造力，促进师生和学生之间的深度互动，增强跨学科和跨文化的交流与合作。多元主体参与、跨学科互动和国际交流与合作，将为学校课外体育活动注入新的活力和动能，使学生在多样化的体育体验中获得全面发展。

（五）服务智能化

为了提升课外体育活动的管理水平和学生参与体验，服务智能化是不可或缺的一部分。通过建设智能服务平台、推广智能设备与设施以及建立智能反馈与支持系统，学校可以实现更加高效、便捷和个性化的体育活动管理和服务。

1. 智能服务平台

（1）一站式服务

建设一体化智能服务平台，提供活动报名、场地预约、信息查询等服务。该平台可以整合所有与体育活动相关的服务，学生可以通过手机或电脑轻松完成报名、预约场地、查询活动信息等操作，极大地简化了参与流程，提升了便利性和参与积极性。

（2）个性化推荐

利用 AI 技术为学生推荐适合的活动和项目，提高参与体验。智能服务平台可以根据学生的兴趣、体能水平和参与记录，自动推荐最适合他们的体育活动和项目，帮助学生找到最契合自己需求的锻炼方式，从而提高参与的积极性和体验。

2. 智能设备与设施

（1）智能设备应用

推广智能健身设备和设施，提升活动的科技含量。智能跑步机、智能单车等设备可以实时监测学生的运动数据，如心率、速度、卡路里消耗等，并通过智能屏幕提供实时反馈和指导，帮助学生科学锻炼，提升运动效果和乐趣。

（2）设施管理系统

使用智能化管理系统优化设施使用和维护，确保安全高效。智能管理系统可以实时监控体育设施的使用情况，自动安排维护和保养，避免设备故障和安全隐患。同时，通过优化设施使用调度，提高了场地和设备的利用率，满足了更多学生的运动需求。

3. 智能反馈与支持

（1）智能反馈系统

建立智能反馈系统，及时收集和分析学生的反馈信息。通过线上平台和智能设备，学生可以随时提交对活动的评价和建议。系统可以自动分析这些数据，生成活动改进报告，为管理者提供决策支持，确保活动质量不断提升。

（2）个性化指导

提供基于数据分析的个性化运动指导，提高锻炼效果。智能反馈系统和设备收集的运动数据可以用于分析学生的锻炼情况，制定个性化的运动建议和计划。专业的运动指导不仅可以提高锻炼效果，还能预防运动损伤，帮助学生科学健身。

通过服务智能化的实现，学校可以为学生提供更加便捷、高效和个性化的课外体育活动服务。一站式服务平台、智能设备与设施的应用以及智能反馈与支持系统，将全面提升体育活动的管理水平和参与体验，使学生在智能化的环境中享受运动乐趣、提高身体素质。

三、高校课外体育管理理想模式的构建

（一）管理架构科学化，三位一体好运行

科学化的管理架构是确保课外体育活动高效运行的基础。通过明晰管理层级、优化协调机制以及建立反馈与改进体系，学校可以实现课外体育活动的良好运行。

1. 管理层级的明晰化

（1）战略层

由学校管理高层制定整体发展战略和政策支持，明确课外体育活动的方向与目标。战略层的职责包括制定长远规划、分配资源、设定目标和评估整体进展。学校高层管理人员需定期审议和调整战略，以适应不断变化的教育环境和学生需求。

（2）执行层

由体育部门及相关组织具体负责活动的执行和管理，确保计划的落实。执行层包括体育教师、教练和活动组织者，他们负责具体活动的设计、组织、实施和日常管理。执行层的工作直接影响活动的质量和学生的参与度，因此需要有明确的职责分工和高效的执行力。

（3）监督层

建立独立的监督机制，对活动实施进行评估和监督，确保透明和公平。监督层的成员可以包括学校管理层、教师代表、学生代表以及家长委员会成员。其职责是对活动的实施过程进行监控，确保所有活动符合学校的标准和规定，并在必要时提出改进建议。

2. 协调机制的优化

（1）跨部门协作

建立学校内各相关部门的协调机制，确保资源共享与信息互通。跨部门协作是提高管理效率和资源利用率的关键。通过定期的部门联席会议和协作平台，各部门可以共享信息、协调资源、解决问题。例如，体育部门可以与后勤部门合作，确保场地和设备的及时维护和更新。

（2）定期沟通机制

定期召开管理会议，分析活动成效和存在的问题，调整策略。定期的沟通机制有

助于各层级之间的信息传递和策略调整。通过定期的管理会议，可以审视活动的进展、评估成效、发现问题并迅速做出调整，从而保证活动的持续改进和优化。

3. 反馈与改进

（1）动态调整

根据反馈和实际效果，动态调整管理架构和运行方式。通过设立反馈机制，收集来自学生、教师和家长的意见和建议，根据这些反馈不断调整和优化管理架构和运行方式，确保活动更加符合参与者的需求和期望。

（2）持续改进

鼓励创新和持续改进，保持管理架构的灵活性和适应性。持续改进是确保管理架构有效性的关键。通过鼓励创新，管理者可以不断探索新的管理方法和活动形式，提高活动的吸引力和效果。同时，保持管理架构的灵活性和适应性，不仅可以快速响应内部和外部环境的变化，还能确保活动的持续发展和进步。

通过明晰的管理层级、优化的协调机制和有效的反馈与改进体系，学校可以实现课外体育活动的科学化管理，确保活动的高效运行和持续改进，促进学生的全面发展。

（二）实施路径多元化，服务学生达目标

课外体育活动的实施路径多元化，旨在通过多样化的活动设计、线上线下的融合、多渠道的沟通和目标导向的管理，为学生提供全面的体育锻炼和成长机会。

1. 多元化活动设计

（1）个性化活动

根据学生的兴趣和需求设计个性化的体育活动项目。通过调查问卷和兴趣小组，了解学生的运动兴趣和需求，设计丰富多样的个性化活动，如街舞、瑜伽、户外探险等，让每个学生都能找到适合自己的体育项目，激发他们的参与热情。

（2）文化特色活动

结合地方和民族文化，开展具有文化特色的体育活动。通过组织传统武术、民族舞蹈、龙舟赛等具有地方和民族特色的体育活动，丰富学生的体育体验，同时传承和弘扬中华民族的优秀文化，增强学生的文化自信和认同感。

2. 线上线下融合

（1）线上课程与指导

提供线上体育课程和指导，方便学生随时随地参与。通过学校的在线平台或移动应用，提供各类体育课程视频和指导资料，学生可以根据自己的时间安排，灵活选择合适的课程进行学习和锻炼，提高体育活动的覆盖面和参与度。

（2）线下实践与体验

组织丰富多彩的线下体育活动，增强学生的实践能力。定期举办各类体育比赛、

训练营和体验营，让学生在实际操作中锻炼身体、提升技能，培养团队合作精神和竞争意识，全面提升学生的综合素质。

3. 多渠道沟通

（1）信息平台建设

建立便捷的信息平台，实现学生、教师和管理者之间的有效沟通。通过校园网络和移动应用，发布活动通知、报名信息和结果反馈，建立学生意见收集渠道，确保各方信息互通，提高活动的组织和管理效率。

（2）社交媒体互动

利用社交媒体平台，加强活动宣传和信息发布，提高参与度。在微信、微博等社交媒体上开设专栏，定期发布活动预告、精彩瞬间和学生心得，增强活动的互动性和影响力，吸引更多学生参与体育活动。

4. 目标导向管理

（1）设定明确目标

为每个活动设定明确的目标和指标，确保活动的方向性和目的性。根据不同类型的活动，设定具体的参与人数、活动频次、满意度等指标，确保每个活动都有明确的预期效果和评估标准，提升活动的针对性和有效性。

（2）定期评估目标达成

定期评估活动目标的达成情况，调整策略以提高活动成效。通过问卷调查、数据分析和反馈收集，评估活动的实际效果，对未达预期的部分进行调整和优化，确保活动不断改进，持续提升质量和学生满意度。

通过多元化的实施路径，课外体育活动可以更好地服务学生，满足他们多样化的需求和兴趣，帮助学生全面发展，达成预期目标。多样化活动设计、线上线下融合、多渠道沟通和目标导向管理相结合，将为学生提供更加丰富和有意义的体育活动体验。

（三）服务功能智能化，分散集中总相宜

智能化的服务功能通过构建智能服务平台、集中与分散结合的管理模式、智能监测与反馈以及数据驱动决策，提升课外体育活动的效率和效果，实现全面覆盖和高效管理。

1. 智能化服务平台

（1）一体化平台

构建集报名、查询、反馈于一体的智能服务平台，提升服务效率。通过统一的线上平台，学生可以直接报名参加各类体育活动，查询活动安排和个人参与情况，并提交反馈意见。平台整合了各种功能，简化了操作流程，提高了服务质量和效率。

（2）智能推荐系统

利用大数据分析为学生推荐合适的体育活动和项目。智能推荐系统根据学生的兴趣、健康状况和历史参与记录，提供个性化的活动推荐，帮助学生找到最适合自己的体育项目，提升他们的参与积极性和体验满意度。

2. 集中与分散结合

（1）集中管理

在战略规划、资源分配和目标设定上集中管理，确保统一协调。学校高层制定整体发展战略，合理分配资源，设定明确的目标和标准，确保各项活动在大方向上的一致性和协调性。

（2）分散执行

在具体活动组织和实施上分散执行，给予各部门和团队灵活性。各体育部门、学生组织和社团可以根据实际情况，自主设计和实施具体活动，灵活应对各种变化和需求。这种管理方式既保证了总体战略的执行，又赋予基层组织充分的自主权，激发他们的创造力和积极性。

3. 智能监测与反馈

（1）实时监测系统

利用智能监测技术，实时跟踪活动进展和参与者状态。通过佩戴智能设备，监测学生在活动中的运动量、心率等数据，及时了解活动的进展情况和参与者的身体状况，确保活动安全和有效。

（2）自动反馈机制

通过智能反馈系统，及时收集和处理学生反馈信息。学生可以通过平台提交对活动的评价和建议，系统自动分析和处理这些反馈，生成改进建议，帮助活动组织者及时调整和优化活动内容和形式，提高学生的满意度。

4. 数据驱动决策

（1）数据分析与应用

利用数据分析工具，为管理决策提供支持，提高活动的针对性和有效性。通过对收集到的数据进行分析，管理者可以了解活动的参与情况、效果评估和学生需求，制定更为精准的管理策略和活动方案，提高活动的整体水平。

（2）个性化数据报告

提供个性化数据报告，帮助学生了解自身参与情况和锻炼效果。每位学生可以通过平台获取详细的运动数据报告，包括参与频率、运动强度、健康指标等，根据这些数据调整自己的运动计划，提高锻炼效果和健康水平。

通过智能化服务平台、集中与分散结合的管理模式、智能监测与反馈以及数据驱动决策，学校的课外体育活动管理可以实现更加高效、科学和人性化，全面提升了学生的参与体验和活动效果。

（四）管理特征全域化，校内校外相勾连

管理特征全域化是指，通过整合校内外资源、社区与校园联动、国际化交流和全域化活动推广，实现课外体育活动的无缝衔接和高效运作，提升学生的参与体验和活动的影响力。

1. 校内外资源整合

（1）校内资源优化

整合校内体育设施、师资力量和活动场地，提高利用效率。学校应全面盘点现有的体育资源，合理安排体育设施的使用时间，确保高效利用。通过合理调配教师和教练资源，提供高质量的指导和培训，提升活动效果。

（2）校外资源引入

引入校外优秀体育资源和社会体育力量，丰富活动内容和形式。与地方体育机构、俱乐部和专业教练合作，邀请外部专家进行指导和培训，组织丰富多样的体育活动，如专项训练营、体育讲座和比赛等，增强活动的吸引力和专业性。

2. 社区与校园联动

（1）社区活动合作

与社区开展合作，共享资源和场地，实现资源的双向流动。学校可以与社区体育中心、健身俱乐部等合作，共同组织体育活动，实现资源共享。社区居民和学生可以共同参与，促进学校与社区的融合和互动。

（2）校企合作机制

加强与企业的合作，利用企业资源支持课外体育活动的发展。企业可以提供资金、设备和技术支持，帮助学校改善体育设施和活动条件。通过企业赞助和合作，学校可以组织更多高质量的体育赛事和活动，提升学生的参与度和满意度。

3. 国际化交流

（1）国际学生互动

促进国际学生与本地学生在体育活动中的互动和交流，提升国际化水平。组织国际学生与本地学生共同参与的体育比赛和文化交流活动，增进相互了解和友谊，提升学校的国际化氛围和文化多样性。

（2）全球赛事参与

积极参与国际性体育赛事和交流活动，提升学校的国际影响力。选派优秀学生代表参加国际比赛和交流项目，展示学校的体育风采和实力。通过参与国际赛事，开阔学生视野，提升学校的知名度和美誉度。

4. 全域化活动推广

（1）活动品牌建设

打造具有特色的体育活动品牌，提升活动的知名度和影响力。通过系统策划和推广，形成一系列具有学校特色的体育品牌活动，如校园马拉松、校际联赛等，打造品牌效应，吸引更多学生和外界关注。

（2）全方位宣传策略

通过多种渠道和平台进行全方位宣传，扩大活动的覆盖面和影响力。利用学校官网、微信公众号、社交媒体等平台，发布活动信息和精彩瞬间。通过校内广播、海报、校报等传统媒体和新媒体结合的方式，进行广泛宣传，吸引更多学生参与，提升活动的知名度和影响力。

通过管理特征全域化策略，学校可以有效整合校内外资源，强化社区和企业的合作，提升国际化交流水平，全面推广体育活动品牌，最终实现课外体育活动的高效运作和广泛参与，为学生提供丰富多样的体育体验和发展机会。

第六章　高校体育教学设计与评价改革

现代教育强调培养学生的创新能力、团队合作精神、心理素质以及终身体育意识，这要求高校体育教学设计与评价机制必须进行深入的改革与创新。在这一改革过程中，新的教学设计理念不仅要关注学生的运动技能和身体健康，更要融入德育、智育、美育和劳动教育的内容，以全面提升学生的综合素质。同时，评价方式也应从传统的量化成绩转向更具个性化、全面性的评价体系，注重学生在课堂参与度、创新能力、团队协作及长期运动习惯的培养等方面的表现。

第一节　高校体育教学设计改革

一、体育教学设计基本理论

（一）教学设计与体育教学设计

1. 教学设计

教学设计是指根据课程标准要求和教学对象特点，对教学中的各个要素和环节进行有序排列，从而确定合适的教学方案设想和计划。一般来说，可以从以下几方面来认识教学设计的内涵。

①教学设计的目的是提高教学效率，使学生和教师都能够在有限的时间内提高自身各方面的能力。

②教学设计与设计的性质大体一致，但不同的是，教学设计必须遵从教学的基本规律。

③学习理论、教育理论、传播学、心理学等学科的理论，都作为教学设计的理论基础。

教学设计是一个系统性工程，它实施于教学活动开展之前；在设计过程中，应始终以具体的教学目标为要求，对教学活动中的各个环节进行科学的分析和策划。

2. 体育教学设计

体育教学设计与教学设计的思路基本一致，其制度思想、基本思路、程序环节都维持体育微改革研究设计的基本思路不变，但必须要在实际的操作方案中重点突出体育知识的特点，即以体育学科的特点开展体育教学设计。

在进行体育教学设计时，首先应全面分析现代体育的特点、目标、要求，再将其与教学设计的思路相结合，即可以得出体育教学设计的基本表述。体育教学设计的目的在于提高教学成果，教师在开展教学活动前，需要以一个宏观的思想作为指导，以体育相关的理论知识为基石，结合与体育相关的其他学科的特点，致力于满足学生身体素质与心理素质的发展需求，在体育活动中针对"如何学""学什么""为什么学"等系列问题作出回答并设计出高效的体育教学实践方案，让学生明确"为什么学""学什么"，在学生掌握需要的教学内容后，再采取相应的策略让学生"如何学"。

（二）高校体育教学设计的特点

1. 超前性

超前性是指在体育教学中应预先进行教学设计并得出相关的教学方案，然后再开展实质的体育教学活动。体育教学设计也可以看作是体育教学实践活动的一项准备工作，它是对项目活动的预测、估计，起到引导体育教学实践活动开展的作用，因此体育教学设计具有超前性。

从教学设计的本质上来看，它是对教学活动的预估和展望，是对其过程中可能面临的问题和状况所作出的一种预见性分析，这种分析预估的过程是根据体育教学、教学理论、学生需求所作出的设想，是对可能出现的问题和状况的一种安排与策划。

2. 差距性

高校体育教学由于受到多重因素的影响，并不具有固定性和稳定性，所作出的体育教学设计也是基于一种构想和预测的基础上，与教学实践之间不可避免地存在一定的差距性。

由于差距性的存在，所以体育教学设计预先作出的解决方案可能并不能真正解决实践教学中所出现的问题。实践教学的变动性和复杂性是无法避免的，这就导致教师在作出体育教学设计时，无法真正全面地考虑到可能出现的情况和问题。教师所作出的体育教学设计即便相对完善，但是未必就能全面体现教师的实践教学水平。因此，体育教学设计与教学实践的差距性就要求教师能够根据现场环境和状况，有足够的能力灵活应对各种问题。

即便差异性存在，体育教学设计的存在也是极具实际意义的，它以学生的实际需求为基础导向，这与现代体育教学思想不谋而合。

3. 创造性

体育教学设计具有显著的创造性特点。首先，由于现代高校体育教学目标、体育教材、教学方法、教学手段等具有多样性、广泛性、多元性特点，因而高校体育教学相应具有庞杂性和不确定性等特点。其次，现代体育教学的过程并不是一个直线发展型的前进过程，而是一个曲折的、动态的、复杂的过程，若教师想做出一份全面的、完全合理的教学设计方案几乎是不可能的。因此，在进行体育教学设计时，应尽可能地做出具有创造性的设计方案，避免问题多发。

综上所述，体育教学具有显著的变化性，也正是这种特性赋予了体育教学设计更大的创造空间。体育教学是发展学生创造力的过程，而体育教学设计就是培养教师创新精神的过程，它对推动体育教学的改革有着重要意义。

（三）高校体育教学设计的理论基础

1. 学习理论

（1）学习理论概述

学习理论简称"学习论"，它是关于学习的性质、过程和影响学习因素的相关学说。在长期的研究和实践中，专家和学者从不同角度对学习进行探讨和分析，形成了各种各样的学习理论。

学习理论的三个经典学派为行为主义学派、认知主义学派、人本主义学派。

①行为主义学习理论。行为主义学习理论形成于20世纪初，该理论在美国主导的时间长达半个世纪之久。行为主义者认为，学习是刺激与反应之间的缔结，而环境是刺激，有机体活动是反应，学习者的行为都是反复学习的累积形成。

②认知主义学习理论。认知主义学习理论源自格式塔学派，其在20世纪50年代后期进入繁荣发展时期。认知主义学习理论与行为主义学习理论相对立，认知主义者认为，学习就是根据当前的问题情境，在内心重新组织和构建知识认知，从而形成和发展新的认知结构的过程。

③人本主义学习理论。人本主义学习理论建立于人本主义心理学基础之上，人本主义学习理论主张"以学生为中心"，关注学生的个人知觉、情感、信念和意图，强调学生的本性、尊严、理想、兴趣，倡导以学生为中心构建学习情境。

（2）学习理论对高校体育教学设计的指导

不同的学习理论流派强调学习的不同方面，而相互之间之所以存在差异，主要在于其处在不同的研究背景和不同的研究角度下。但是仔细分析，可发现不同的学习理论流派也存在着一定的共性。在高校体育教学设计中，教师应当通过合理手段和途径充分发挥不同理论的优势和特点，得出有效的教学设计，帮助学生更好地掌握知识。

具体来说，结合学习理论三大学派的不同侧重点，不同学派对高校体育教学设计的指导具体如下。

①行为主义学派。在行为主义学派理论指导下，高校体育教学设计应当注重外在因素的分析与研究，如学生的作业、教材内容的逻辑顺序等。同时，应科学甄别教学中的一些较为复杂的因素，优中择优，最大限度地做出更为优质的教学设计。此外，以行为主义学派为基础的教学设计还要注重对最后教学效果的及时性评价，要根据客观的反馈信息有效调整和加工教学设计，使其更具有逻辑性、可行性和高效性。

②认知主义学派。在认知主义学派理论指导下，高校体育教学设计应当注重学生学习情境的构建以及学生的内在特征，如体育教材的内容、技能结构，学生的认知能

力和掌握知识水平等。同时，应基于学生认知状况和水平，科学分析和选择教学模式、方法、手段以及教学媒体，使学生顺利有效进行认知构建。

③人本主义学派。在人本主义学派理论指导下，高校体育教学设计的重点应以学生为中心，充分尊重学生的主体地位，充分满足学生的身心发展需求。教师必须要全面分析学生的实际需求，分析体育教材内容与学生的融合度，分析现行的体育教学策略是否适合学生，分析教学是否能够有效培养学生的学习主动性和良好的学习态度，分析教学方式能否充分挖掘学生的潜在能力，以及是否能让学生在学习过程中充分发挥自我价值，实现个性发展，体验学习乐趣。

2. 教学理论

（1）教学理论概述

教学理论是教育学的重要组成部分，它既是一门理论科学，也是一门应用科学。它研究教学现象、问题、规律，同时也研究教学策略；它是理论的描述，同时也是在教学设计实践中起到指导作用的解决性理论。

教学理论的形成经历了一个漫长的时期，在我国，古代的《学记》最早论述了教学理论，在西方国家的相关文献中，德国教育家拉特克和捷克教育家夸美纽斯最早提出了"教学论"概念。总的来说，教育理论经历了萌芽时期、近代形成期、现代发展期三个阶段，其研究对象和范畴主要包括以下几个方面。

①教学本质。论述学习的性质、过程和影响学习的各种因素。

②教学价值。教学目的、教学目标。探讨三者之间的关联关系和相互作用效应。

③教学内容。分析教学内容与教师、学生之间的关系，并以此来研究教材的选择、调整、编排。

④教学模式。教学原则、教学组织形式。重点研究教学的手段和方法。

⑤教学评价。为了保证教学质量的不断提升，教学评价机制是存在的必要基础。

（2）教学理论对高校体育教学设计的指导

现代教学理论对高校体育教学设计的指导作用主要表现在：提炼教师教学的核心内容；寻找科学合理的教学方法；优化教学条件等。此外，还体现在以下几个方面。

①教学理论是教学设计与教学之间的枢纽，是体育教学设计的基础，也是教学设计开展之前必须要研究的对象。

②教师在教学活动中遇到的各种问题，教学理论都能够对其作出合理的解释，体育教学设计也是根据这些问题得出解决策略和方法的。

③体育教学设计可以进一步更正和完善教学理论，为教学理论的实践奠定坚实基础。

3. 生理学理论

（1）人体生长发育规律

第一，人体生长发育规律概述。人体的生长发育不是一个等速并行的过程，而是一个连续的、发展的过程，具有显著的阶段性特征。不同个体的生长发育速度不同，一般来说，体格越小，生长速度越快；各器官发育具有不平衡性，有的先，有的后，有的快，有的慢；人体生长发育具有一定的顺序性；外界因素、后天因素以及遗传因素影响人的生长发育，在先天的、后天的因素影响下，人类生长发育会呈现显著的个体差异性，具体表现在身体形态、生理机能以及身体素质等方面的不同。

①身体形态随着年龄的增长而变化，期间快慢交替进行，生长发育速度呈曲线波浪式递进。

②生理机能的发展和完善主要表现在一些具体的生理器官上，如神经系统、生殖系统、淋巴系统、呼吸系统、心血管系统、皮下组织、肌肉组织、脑组织等，随着年龄增长，其都会显现一定的差异性。

③不同的性别和年龄，人体的身体素质也会有所差异，例如男生和女生相比，一般男生的身体素质就要强于女生。

第二，人体生长发育规律对高校体育教学设计的指导。体育教学必须要以学生身体素质为前提和基础，也就是说在一定程度上人体发育规律对体育教学设计起到约束和指导作用。

增强学生身体素质、提升学生的健康意识不仅是体育教学的目的，也是体育教学设计的目标，所以在进行教学设计时，就务必需要以提高学生身体机能、促进学生生长发育为前提。具体来说，要做到以下几点。

①根据学生不同年龄阶段的生长发育特点，有针对性地设计相应的运动项目，促进学生身心健康发展。

②以学生的学习需求和生理发展特点为中心，找准教学中的关键点和问题所在，从而做出有效的教学设计指导。

③只有对不同年龄阶段、不同性别学生的生长发育特点做到大致的了解，才能在具体的体育教学设计中意识到生长发育的规律性和阶段性对学生所起到的影响作用。

④学生生理发展特点同样也是在进行体育教学内容编撰时应当充分考虑的环节。

（2）生理机能适应规律

由于人的生长发育是不断变化发展的，生理机能具有一定的适应性，使人体的内外都能达到平衡的状态。生理学研究表明，人体的各个组织器官和系统之间都是相互合作、相互约束的关系，以使人的整体状态保持平衡，来更好地维持人的正常外在活动。当外在因素使人体内部机能失衡时，体内的各个功能又会相对地进行自我调整，来重新适应环境的变化，保证人体在环境中的正常活动。在体育教学中，学生通过体育运动进行身体锻炼时，身体的各项机能对运动内容的适应一般会经历以下几个阶段。

①刺激阶段：身体的感官、触觉等各方面都会接收到运动的刺激。

②应答反应阶段：在进行运动过程中，经过不同程度的运动负荷刺激，身体机能和运动系统达到兴奋状态。

③适应阶段：身体各项机能对运动熟悉，进入良好的工作状态。

④衰竭阶段：由于过度或不恰当的动作运动，从而使身体各项机能感到疲劳，甚至引起损伤。

学生在进行体育运动过程中，身体内部的各项生理机能会相应地产生生理或物理上的变化，这种变化在经过长时间的练习后，可以达到质的变化，身体机能会重新组织，身体素质又会有新的提高。

值得注意的是，提高学生的生理机能水平，必须考虑到学生的身体素质基础，不能一概而论，必须以科学的生理发展理论为基础，循序渐进地递增运动负荷，才能使学生机能得到良性发展。

（3）动作技能形成规律

动作技能是人体通过长时间的反复练习而形成的，也就是说，运动技能是在准确的时间和空间里正确运用肌肉的能力，具有一定的连锁性、复杂性、感受性。为了形成一定的运动技能，就必须在日常训练中以循环渐进的方式，将运动目标以泛化、分化、巩固、达成的过程来完成技能内容。

4. 心理学理论

心理学理论在体育教学的各个环节中都是不可缺少的，只有了解了不同时期学生的不同心理特征，才能有针对性地增强学生的体能、智能、技能以及心理发展。

首先，大学生正处于生长发育的黄金时期，不同性别的学生，其气质、性格、能力、兴趣、价值观、需求、动机等都会有不同的特点，教学设计只有把握住学生的这些不同特点，才能有利于使整个体育教学更加符合学生的身心需求，从而能够激发学生的主观能动性和兴趣。

其次，从心理学角度来看，学生在体育活动中的不同表现都能从心理层面上得到解释，如心理定向、运动知觉、思维、想象力、注意力、情绪、意志力、表现力、接受能力、精神等。

①心理定向是指进行体育运动前，在心理上做出指向性的准备状态。

②运动知觉包含了多个身体机能感知，如皮肤触觉、身体协调度、平衡度等，它们都以高度分化的运动知觉为基础。

③情绪在体育运动中也有着非常重要的作用，良好的情绪能够帮助学生更好地发挥和完成运动动作，不良的情绪则会直接影响着学生的理解能力和发挥水平。

④意志能力很大程度上决定着学生的行动能力，意志力强的学生更能够完成难度高、负荷强的运动，能有效提高其运动水平。

⑤注意力决定着学生能否根据教师的指示完成学习任务。

以大学生的心理发展特点为导向进行高校体育教学设计，是推动和发展体育教学的重要前提和基础。

5. 传播学理论

（1）传播理论概述

这里的传播就是指知识的传播，简而言之就是信息的交流。信息能够反映出事物的不同变化和特征。

正确地理解施拉姆传播理论及其模式，应注意以下几点。

①在一个完整的传播模式中，有效的传播方式并不单单是指信息的发送，得到的最终信息反馈也是有效传播的保证，因为只有信息准确无误地发送出去了，才能得到最终的信息反馈。

②在传播过程中，信号可以以多种形式存在，不同的信号所包含的信息也有所不同。一般来说，信号具有广泛的接受度，其传播效果也较为良好。

③不同的传播形式会影响信息的传播效果，通常情况下，传播有四种形式，即个人间传播、小组间传播、机构间传播、大众间传播。

（2）传播理论对高校体育教学设计的指导

从传播学领域来看，体育教学活动也是一种信息传播的过程，同时，传播学的相关概念和思想观念都能对体育教学设计起到重要的引导作用，对推动现代高校体育教学的改革和创新具有重要影响。

将传播学理论要素运用在高校体育教学体系中，可以清晰地看出各个要素之间的关系，从而帮助教师更好地做出体育教学设计，如图 6-1 所示。

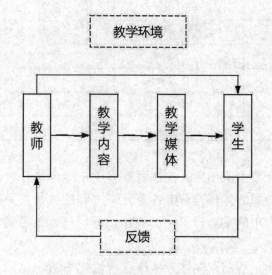

图6-1 教学系统中各个要素之间的关系

具体来说，传播理论对高校体育教学设计的指导表现在以下两个方面。

一是高校体育教学过程的模式及各要素分析。随着广播学在各个领域不同程度的运用，不同的专家和学者都对此有着深入的研究和探讨，并将信息传播过程中的构成要素分为"5W"和"7W"的模式。

　　"5W"模式清晰地将信息传播过程的目的性行为展示出来，其五个要素是传播学中的精髓，这些精髓为体育教学设计提供了导向性的帮助，具体内容如表6-1所示。

表6-1　5W传播过程模型与高校体育教学传播过程各要素分析

5W	含义	高校体育传播过程的各要素
Who	谁	传播者（高校体育教师或其他教学信息源）
Says What	说什么	讯息（高校体育教学内容）
In Which Channel	通过什么渠道	媒体（高校体育教学媒体）
To Whom	对谁	受体（高校体育教学对象）
With What Effect	产生什么效果	效果（高校体育教学效果）

　　随着传播学的不断发展以及人们对之更为深入的研究，1958年，著名学者布雷多克又提出了"7W"传播模型，他在"5W"的基础上进行了进一步的拓展，加入了"为什么"和"在什么情况下"两种要素，对于高校体育教学来说同样适用，具体内容如表6-2所示。

表6-2　7W传播过程模型与高校体育教学传播过程各要素分析

7W	含义	高校体育传播过程的各要素
Who	谁	传播者（高校体育教师或其他教学信息源）
Says What	说什么	讯息（高校体育教学内容）
In Which Channel	通过什么渠道	媒体（高校体育教学媒体）
To Whom	对谁	受体（高校体育教学对象）
With What Effect	产生什么效果	效果（高校体育教学效果）
Why	为什么	目的（高校体育教学目的）
Where	在什么情况下	环境（高校体育教学环境）

　　将传播学中的各个要素应用到高校体育教学中，能为体育教学设计提供明确的指导，能帮助教师更好地厘清体育教学中各个元素之间的关系，为教学设计打下坚实基础，有利于将体育教学中的重要知识点、趣味点等信息以最准确、最快速、最有效的方式传播给学生。

　　二是高校体育教学过程的双向性。从传播理论学中的信息传递和信息反馈可以看出，传播具有双向性特征，它是经过循环反复的传播——反馈来进行的，而传播者和受传者都是整个传播过程中的主体。

　　传播学理论所具有的双向性和互动性特征，也正是高校体育教学所具有的特征，教师为传播者，学生为受传者，相关的体育知识为信息，但信息并不仅是指教师单向地向学生传播，学生在接收到信息后，还要及时地将自我学习情况或有疑问的地方向老师反馈，这种反馈也是信息。只有两者之间实现双向传播，才是一个有效的传播过程。所以，在进行体育教学设计时，教师应当充分利用学生作为受传者的反馈信息，找出信息传播过程中的疑难点和不足之处，在教学设计中有效规避和调整，建立高效的体育教学传播过程。

（3）传播过程要素构成学校体育教学设计过程

一个完整的传播过程包含了多方面因素的共同作用，如信息、受众、媒体、效果等，在高校体育教学中，把相对应的这些要素提炼出来并加以分析和研究，有利于完善高校体育教学设计。传播过程要素与高校体育教学设计要素之间的关系如表6-3所示。

表6-3　传播过程要素与高校体育教学设计过程要素的对应

传播过程要素	高校体育教学设计过程要素
为了什么目的	高校体育学习需要分析
传递什么内容	高校体育学习内容分析
由谁传递	高校体育教师、教学资源的可行性
向谁传递	教学对象（学生）分析
如何传递	高校体育教学策略选择
在哪里传递	高校体育教学环境分析
传递效果如何	高校体育教学评价

从上述表格中不难看出，高校体育教学中的各个要素在传播学中都能找到相对应的位置，为了确保最终的教学成效，就要充分地考虑教学过程中各个要素之间的联系，只有对各个要素充分了解，才能做出更为科学、合理的教学设计。

二、高校体育教学目标的设计

从宏观层面上来讲，教学目标可以分为三个层次，即人才培养目标、课程目标、课堂教学目标。这里所要讲的目标为课堂教学目标，以课堂教学目标为中心点，全面开展高校体育教学。教学目标对教学活动的开展有着重要的导向性作用，它是关于教学将使学生发生何种发展以及发展的明确表述，在教学活动中有着重要影响，具体如图6-2所示。

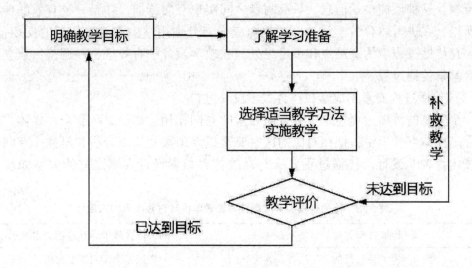

图 6-2　课堂教学目标

（一）体育教学目标设计的原则

在高校体育教学中，目标设计是教学工作的核心之一，合理、科学的教学目标能够引导教学活动的开展，推动学生的全面发展。体育教学目标的设计应遵循一定的原则，以确保教学效果和学生的身心健康，以下是体育教学目标设计的主要原则。

1. 契合高校体育课程目标

高校体育教学的目标设计必须与学校体育课程的总体目标相契合。每一所高校在设立体育课程时，都会依据其办学定位和学生的培养目标，设定相应的体育教学内容和目标。体育教学目标的设计应当与这些课程目标紧密对接，确保教学活动有明确的方向和目标。具体而言，教学目标应当支持学生在体育技能、身体素质、心理健康等方面的提升，同时符合学生的成长需求和社会发展趋势。例如，高校体育教学目标应着眼于提升学生的体能和运动能力，促进其在运动中培养团队精神、责任感以及健康生活方式等核心素质，进而帮助学生全面发展。

2. 具有整体性与连贯性

体育教学目标设计还应具备整体性与连贯性。整体性要求体育教学的各个方面（包括知识、技能、体能、情感等）要相互协调，形成一个完整的体系。而连贯性则指的是各阶段的教学目标应具有内在的衔接性，能够保证学生在不同学习阶段逐步掌握和深化所学内容。体育课程应从基础教育到高年级逐渐推进，目标设计要考虑不同年级和不同课程的内容衔接。例如，初学阶段应侧重基本技能和体能训练，高年级则应增加运动专项训练和心理调适的内容。整体性与连贯性的目标设计有助于保证学生在不同阶段获得所需的知识与能力，避免出现知识点的重复或遗漏。

3. 符合学生体质发育的需求

高校体育教学目标的设计必须考虑学生的体质发育需求。学生的体质、运动能力和健康状况在不同年级、性别、个体差异等方面存在显著差异，因此，在设计教学目标时，必须针对学生的实际发育情况进行个性化安排。高校应根据学生的身体素质水平、发展阶段及健康状况，设计相应的体育课程和目标，确保学生在符合体质需求的基础上进行科学锻炼。例如，对于身体较弱的学生，课程应注重基本体能的提升和运动习惯的培养；而对于运动能力较强的学生，则可以通过引入更多的专项运动和竞技性项目，帮助其进一步提升运动技能。通过考虑学生体质发育的需求，体育教学目标能够真正做到因材施教，使学生在运动中获得健康成长。

（二）高校体育教学目标设计的步骤

根据高校体育教学的基本特点以及相关的理论知识，体育教学目标的设计大致可以从三个步骤进行。

第一步：教学对象分析——学生。

学生作为高校体育教学中的主体，对教学目标设计有着重要作用。学生的身心发展需求、学习态度、学习基础、学习期望等，都是教学目标设计时应该重点考虑的问题。

第二步：教学载体分析——内容。

对体育内容进行详细的分析，有助于教师在进行体育教学目标设计时明确各个要素之间的关系（见表6-4），可以根据内容将学生每一堂课、每一单元、每一学期的内容做到有计划地安排。

表6-4　分析体育教学内容步骤

步骤	内容	说明
1	单元体育学习任务的选择与组织	教学准备
2	单元学校体育教学目标的确定	教学准备
3	体育教学任务分类	教学基础
4	体育教学内容的评价	教学基础
5	体育教学任务分析	教学提高
6	体育教学内容的进一步评价	教学提高

第三步：确定体育教学目标。

高校体育教学目标的确定，首先要保证环节的完整性，即教学对象、教学对象的体育行为、确定行为的条件、确定行为的程度四个主要环节总体完整；其次，教学目标相互之间的关系详细、具体，并从横向、纵向两个方面将它们之间的关系清晰地展现出来。

一般来说，体育教学目标包括了运动参与、运动技能、身体健康、心理健康、社会适应五个方面，对他们之间的关系进行清晰的梳理，有利于让教师在进行教学目标设计时更有把握、更有针对性，以确保体育教学目标的科学性、合理性。

三、高校体育教学组织形式的设计

高校教学组织是指为了完成最终的体育教学任务，教师组织学生根据一定的教学目标、教学内容、教学性质、教学任务等展开教学活动的结构形式，所以，教学组织也可以称为"教学形式"。

（一）体育教学组织形式设计的意义

高校体育教学组织形式设计是为了更好地实现体育教学目标，它主要是对教学活动中的人、物、环境等方面的设计，其中，教师、学生、设施、内容、目标等因素皆在其设计范围内。

体育教学组织形式设计对体育教学活动的有效开展有着十分重要的作用，因此，在进行体育教学组织形式设计时，务必保证其科学性和合理性，它会对最终的体育教学成效起着直接的影响。

合理有效的体育教学组织形式设计，可以推动体育教学活动的开展，提高体育教学质量，加强学生的学习成效，完成体育教学的最终目标。

（二）体育教学组织形式设计的步骤

1. 体育教学计划设计

设计高校体育教学计划，是指对最终要达到的教学效果做出规划和指导，它是体育教学过程中重要的环节。体育教学计划设计步骤具体如下。

第一步，研究体育课程的标准。课程标准是对课程性质、课程目标、内容目标、实施建议等的教学指导性文件和说明性文件，对各个地方和学校的体育教学计划都提出了基本要求，因此，研究课程标准对教学计划的设计有着重要的意义。

第二步，分解体育课程的水平目标并仔细研究其内容。对体育课程的水平目标进行分解是指，将各个目标细节化，各个课程的目标既保持一定的先后顺序，又相互联系，形成一个实效性很强的有机统一体。

第三步，科学选择能促进体育教学目标实现的教学内容。教学内容科学性选择是指，其内容不仅要包括体育理论知识、运动的技能结构，还要包括与之相关的其他相关知识，如心理健康、意志品格等，并根据学生的个体差异性，将这些内容有比例、有选择性地进行安排。

第四步，结合本校实际，科学安排体育课程的教学时数。体育课程水平教学计划的设计还需要与实际情况结合，即具体分析、考虑本校的全年教学时数，学期教学时数以及各个章节或单元的教学内容时数等。

第五步：制订体育课程的水平教学计划。制订体育课程水平的教学计划，并保证其计划简便、实用、有效、科学等。

2. 体育课程单元教学设计

体育课程单元教学设计是依据体育课程计划，将体育教学内容按照不同的逻辑划分成的一个个教学单元，是体育教学目标和教学内容的有机结合体。具体来说，体育课程单元教学设计步骤如下。

第一步：先确定高校体育课程水平计划的学习内容和总目标，再确定单元教学计划的学习目标。

第二步：以学期为单位，确定其学期课程内容，再细化到单元教学内容。

第三步：在单元教学内容确定后，将单元下的课时数、详细步骤、具体内容作出细致划分。

第四步：为了促进学生的全面发展，在体育课程单元教学计划中可以添加一些辅助性的教学内容。

第五步：设计体育课程单元教学计划。

3. 体育课程课时教学计划设计

课时教学计划设计是指对体育活动时间的安排，既要对全年的体育课时进行统括，又要对每个学期、每个星期的体育课时进行细致的体育活动安排，从面到点，从整体到局部，确保教学任务细致到每一节课时，使教学成效获得最佳的效果。

4. 体育课堂常规设计

课堂常规就是指每个学生在教学活动中，必须遵守的最为基本的日常课堂行为准则。科学合理的体育课堂常规的设计，有利于在课堂上建立良好的教学秩序，有助于提高学生的规则感、秩序感，同时对教师也起到一定的约束作用。总的来说，课堂常规设计应当注意以下两点。

一是课堂常规的设计并不是说越严格越好、越严谨越好，而是需要根据相应的课堂任务和教学目标灵活制定。

二是课堂常规的设计是对学生的一种要求，所以在设计时，需要以培养学生的自我管理为主要目标。

四、高校体育教学策略设计构想

(一) 体育教学策略概述

1. 体育教学策略的概念

体育教学策略是指在体育教学过程中，为实现教育目标而采取的一系列计划、方法和手段的组合。它不仅关注学生的运动技能训练，还包括如何提升学生的身体素质、心理素质、社会适应能力以及其他综合素质。体育教学策略的核心目的是通过科学、系统的教学设计和方法，促进学生的全面发展。总之，体育教学策略是一种综合性的教育方法，它通过多样化的教学形式和灵活的实施方式，帮助学生在运动中实现身体、心理和社会适应能力的全面提升。

2. 体育教学策略的特点

（1）指向性

高校体育教学策略是根据教学目标、教学内容、教学任务为解决实际教学中所出现的各种问题而设计的，是为教学活动而服务的，因此，教学策略不是主观意识上的随意选择，而是指向一定的目标，指向性是教学策略的主要特点之一。

（2）综合性

体育教学过程由多种要素相互作用共同完成，其中的任何一个要素发生变动，都会影响其他要素的进程。因此，在进行教学策略设计时，必须从宏观角度出发，综合地考虑各个要素之间的关系和作用。

（3）多样性

体育教学策略和教学问题之间的关系不是绝对的对应关系，即一个教学策略既可以解决一个教学问题，也可以解决多个教学问题，反之，多个教学策略也可能只解决一个问题，这就充分表现了教学策略的多样性特征。

（4）可调控性

体育教学策略的可调控性主要表现在，它可以根据教学活动的不同安排，选择适当的策略去分析问题、解决问题，并根据反馈的信息及时调整整个教学进程的步骤。

（5）可操作性

体育教学策略的设计是根据体育教学目标而制定的，因此，每一个策略都具有一定的对应性，为了保证教师能够有效地实施以及便于学生理解和掌握，就必须要求所制定的教学策略具有较强的可操作性，若不保证其可操作性，所制定出的教学策略则毫无意义。

（二）体育教学策略设计的依据

①教学目标。教学策略是为教学活动而服务的，教学目标作为整个教学活动的出发点，也是教学策略设计的主要依据。

②教学理论。理论知识是进行教学策略设计时的重要基础，是确保教学策略的科学性和合理性的前提条件。

③教学内容。教学内容是教师与学生之间互动交流的主要信息，它不仅服务于教学目标，更是教学策略表现方式的依据。

④教师能力。教师是课堂教学的导向者和执行者，所以，教师素质基础和能力水平的高低决定着教学策略的设计。若教学策略制定的水平较低，则不利于教师的能力

水平发挥，若制定的水平过高，教师将无法驾驭，所制定出的策略也是无效的，因此，高校体育教学策略的设计需要充分考虑教师的能力水平。

⑤学生特点。与教师的能力水平一样，学生个体之间也有着明显的差异，所以教学策略在设计时应当充分考虑学生的差异性特点，仔细分析各学生的能力水平、学习兴趣等，使最终制定出的教学策略能够有效地作用于全部学生。

⑥教学条件。教学条件与教学活动的展开是不可分割的，但由于教学条件对教学活动具有一定的约束性，所以在进行教学策略设计时，要充分考虑环境、场所、器材等客观条件

（三）体育教学策略设计的原则

①指导性原则。高校体育教学策略设计的指导性原则主要体现在，对学生在学习过程中所面临的问题能够给予一定的指导和提示，有利于提升学生的自主思考和解决问题的能力，避免学生过分依赖老师。与此同时，体育教学目标应在教学策略上得到充分体现，使学生在学习时有明确的方向性。

②科学性原则。保证教学策略的科学性原则，可以使教学策略的逻辑更加清晰明了、层次分明、内容完整，能与学生的学习程序和教师的教学步骤有效地结合起来。

③发展性原则。发展性原则是指，设计出的教学策略能够帮助学生实现体育的可持续性发展，使学生在获得知识的同时，为终身体育奠定基础。所以，高校体育教学策略的设计应当着重激发学生对体育运动的兴趣，提高学生的主动性和积极性。

④以人为本。以人为本是指要充分尊重学生的主体地位，考虑学生的个体差异性，满足学生身心发展需求。另外，使学生的个性得以展现，自我价值有所发挥，也是以人为本的特点之一。

（四）体育教学策略设计的步骤

第一步：确定体育教学顺序。

体育教学顺序是指，根据体育教学目标，有层次、有顺序地开展教学活动，主要强调教学目标的完成顺序、教学内容呈现的顺序、学生活动的顺序等。

第二步：设计具体的教学形式。

按照组织结构进行划分，教学组织形式可以多种形式体现，比如全班的、小组的、个别的，还可以分为教师直接教授的、教师间接教授的等。我国当前较为常用的教学组织形式为全班、小组、个别、复合式这四种。有效的教学组织形式有助于提高学生的学习能力、激发学习潜能、发展学生个性、培养学生学习情感等。

第三步：选择体育教学方法。

合适的教学方法有利于加强学生对所学内容的理解程度和掌握程度，使教师的教学效果事半功倍。在高校体育教学中，教师选择合适的教学方法应当以教学目标、教学任务为基础，充分考虑学生的基础水平和接受能力，以及教师自身的综合能力。常

见的体育教学方法及内容如表 6-5 所示。

表 6-5　常见体育教学方法及内容

体育教学方法	内容
以语言传递信息为主的体育教学方法	讲解法、问答法和讨论法等
以直接感知为主的体育教学方法	动作示范法、演示法、保护法与帮助法、视听引导法
以身体练习为主的体育教学方法	分解法、完整练习法、领会教学法和循环练习法
以探究活动为主的体育教学方法	发现法和小群体教学法
以情境和竞赛为主的体育教学方法	运动游戏法、运动竞赛法和情境教学法

五、高校体育教学设计的革新

（一）面向大单元的高校体育教学设计改革

随着教育理念和体育教学需求的不断变化，传统体育教学模式逐渐显现出教学内容单一、课程设计零散、缺乏连续性和深度等问题，这在很大程度上限制了学生的全面发展以及课程教学的整体成效。为解决这些问题，面向大单元的教学设计理念逐渐成为高校体育教学改革的重要方向。这一设计理念强调以综合性、系统性和整体性为核心，打破传统教学中单一模块的限制，将教学内容从知识、技能到文化素养多维度融合，注重学生身体素质、运动技能与核心素养的全面提升。

大单元教学设计的核心在于围绕一个完整的学习主题或目标，将相关内容系统化和模块化，并通过阶段性递进和跨学科融合的方式，让学生在持续性学习中深入掌握知识与技能。在高校体育教学中，推行大单元教学设计要求教师以学生的学习目标、兴趣需求和能力水平为出发点，结合体育课程的核心内容和教育目标，将教学过程进行重新规划。例如，将传统的短期单元目标扩展为涵盖整个学期或学年的大单元目标，围绕某一核心运动项目（如篮球、田径、游泳等），加入技能训练、规则学习、团队合作、体育文化以及身体健康管理等多方面内容，形成多维度的教学模块体系。这种设计不仅可以使学生在学习内容和技能时感受到系统性与连贯性，还能提高学生对体育课程的兴趣和参与度。

具体来说，大单元教学设计能够帮助学生更全面地理解体育运动的本质和内在规律。例如，在教授篮球运动时，不仅注重基本技术和战术的训练，还可加入关于篮球历史与文化的探讨、比赛规则的解读、团队合作精神的培养以及健康体能的强化训练。通过这些内容的多维度融合，学生不仅能提高实际的运动技能，还能在潜移默化中提升团队意识、规则意识与健康管理能力。同时，这种设计模式为学生提供了实践与反思的空间，让学生在不断的体验与反馈中深化学习效果。

此外，大单元教学设计注重教学的连续性和可持续性。通过长周期的规划和递进式的教学安排，学生能够从基础的技能训练逐步发展到复杂的战术应用，再到综合运用的比赛实践。在这一过程中，学生不仅能够掌握具体的运动技能，还能培养分析问题、解决问题的能力，并在学习过程中逐渐形成积极的运动态度和健康的生活方式。例如，将运动训练、运动技能、体育文化与健康教育相结合，可以使学生在体育课堂中既锻炼体能，又学会科学地管理自己的身体，同时通过了解运动的文化背景激发对体育的兴趣和热情。

更重要的是，面向大单元的教学设计理念有助于打破课程的学科界限和课堂内外的界限，将体育教学与其他学科以及课外实践活动有机结合。例如，可以在体育课程中融入心理学知识，探讨运动与心理健康的关系；结合美育，设计与舞蹈或艺术表现相关的运动课程；甚至结合劳动教育，引导学生在实践中体验体育的社会价值。通过这种跨学科的设计，学生不仅可以从体育课程中获取更多知识，还能拓宽自己的视野，提高综合素质。

总之，面向大单元的高校体育教学设计改革以学生全面发展为目标，将传统的单一教学内容转变为多模块、多维度的综合设计模式，通过系统化的规划与实践，帮助学生建立健全的身体素质、运动技能与体育素养。这种设计理念不仅能够提升高校体育课程的教学成效，还为学生终身体育意识与健康生活方式的培养奠定了坚实的基础，为新时代高校体育教学的创新发展提供了重要参考方向。

（二）结合课程思政的高校体育教学设计改革

在新时代中国特色社会主义背景下，课程思政作为落实"立德树人"根本任务的关键举措，已经成为高校教育教学改革的重要内容。体育课程不仅是提高学生身体素质和运动能力的重要途径，也是培养学生思想品德、社会责任感以及全面素质的有效平台。结合课程思政的体育教学设计改革，旨在通过优化体育教学内容、创新教学方法、完善评价体系，将思想政治教育融入教学全过程，充分发挥体育课程的育人功能，推动学生德智体美劳全面发展。

结合课程思政进行体育教学设计改革，首先需要在教学内容中融入思想政治教育的元素，通过体育运动及其蕴含的精神力量，引导学生树立正确的价值观和人生观。例如，教师可以围绕体育运动中所体现的拼搏精神、团队协作、规则意识、公平竞争等内容，设计具有思政教育价值的教学主题。在教授集体运动项目（如篮球、排球、足球）时，可以着重引导学生理解团队合作与集体主义的重要性，通过实战训练和角色分工，强化学生的责任意识与奉献精神；在个人运动项目（如田径、游泳、体操）中，则可以引导学生学习坚韧不拔、追求卓越的体育精神。通过深入挖掘体育项目的思政教育内涵，教师可以帮助学生在体育实践中增强道德修养、培养正确的价值观。

其次，结合课程思政的体育教学改革需要创新教学方式，将理论教育与实践活动有机结合。传统的思政教育多通过课堂讲授的方式进行，而体育课程则具有实践性强、学生参与度高的特点，因此可以将思想政治教育融入实际的运动场景。例如，在教学中，教师可以组织主题明确的体育活动或比赛，通过赛前规则解读、赛中策略指导和赛后总结反思，传递体育精神与价值观。在这一过程中，教师不仅可以引导学生感受到运动的乐趣和价值，还能通过具体情境强化学生的道德情操与行为规范。此外，通过体育活动与社会实践的结合，例如组织学生参加校内外公益性体育活动、社区健身指导、助力全民健身等，学生可以在实践中关注社会问题、理解团队合作的重要性，并逐步增强社会责任感和服务意识。

同时，体育教学中融入课程思政还可以通过讲解体育历史和体育文化，强化学生的国家认同感和民族自豪感。例如，在教学过程中，教师可以将奥运精神、我国体育健儿在国际赛事中的奋斗故事、体育强国梦等内容穿插到课程中，激励学生深刻认识体育运动对个人成长、社会进步和国家发展的重要作用。通过了解中国体育发展的辉煌历史和经典案例，学生不仅能增强爱国情怀，还能深刻体会到个人奋斗与国家命运之间的紧密联系，从而树立正确的历史观与使命感。

此外，课程思政与体育教学的结合还应当注重对评价体系的改革与优化。在传统的体育教学中，学生的成绩往往只关注身体素质、技能水平等方面，而结合思政的教学评价则需要更加全面、综合。评价内容可以加入对学生在课堂上体现的团队协作能力、规则意识、公平精神以及社会责任感的考查。例如，教师可以在评价学生体育活动表现的同时，通过问卷、反思日志、主题报告等形式，考查学生对课程思政内容的理解和实践效果。这样的评价体系不仅能够激励学生更加全面地参与体育课程，还能促使他们在体育运动中不断提高思想觉悟与综合素养。

最后，通过课程思政的体育教学改革，高校体育教学可以实现"润物细无声"的教育效果，帮助学生在享受体育乐趣的同时，内化社会主义核心价值观，提升思想品德修养。通过将体育教学与思想政治教育有机融合，学生不仅能够掌握运动技能、增强体质，还能在潜移默化中学会自律、自强和团结协作，形成健康的心理素质和积极向上的生活态度。这样的教学设计不仅是体育课程本身的创新，更是对高校思政教育的重要补充，为培养新时代德智体美劳全面发展的高素质人才提供了有力保障。

综上所述，结合课程思政的高校体育教学设计改革以立德树人为核心，强调在体育实践中挖掘教育内涵，通过教学内容、教学方式、评价体系等多方面的创新，实现思政教育与体育课程的深度融合。这种教学改革不仅有助于学生形成健康的身体素质与健全的心理素养，还能提升他们的社会责任感和思想觉悟，为高校教育教学改革注入新的活力。

（三）走向信息化的高校体育教学设计

随着信息技术的飞速发展，信息化已经成为各学科教学改革的重要趋势，高校体育教学也迎来了深刻的变革。走向信息化的高校体育教学设计，是指在体育教学中充分利用现代信息技术手段，如多媒体、网络教学平台、大数据分析、虚拟现实（VR）与增强现实（AR）技术等，以优化教学资源配置、提高教学效率，并满足学生个性化、互动化学习需求。这一改革不仅推动了体育教学形式和方法的创新，还提升了高校体育教育的整体质量。

信息化的高校体育教学设计改革，首先体现在教学工具和教学方式的创新上。现代信息技术的介入让教学从传统的"课堂内"走向"课堂外"，实现了更灵活的教学模式。例如，教师可以借助网络教学平台提供在线课程资源、运动指导视频以及即时沟通交流功能，使学生能够随时随地进行自主学习。这种方式打破了时间和空间的限制，尤其是在一些特殊情况下（如天气恶劣），也能保证体育课程的连贯性和有效性。此外，教师还可以利用多媒体技术展示运动技能的分解动作、战术分析以及运动过程中的生物力学原理，从而更生动、直观地帮助学生理解复杂的体育知识和技能。

与此同时，虚拟现实（VR）和增强现实（AR）技术也为高校体育教学带来了革命性的突破。借助虚拟现实和增强现实技术，学生可以在虚拟的运动场景中进行高强度模拟训练，例如模拟一场足球比赛中的战术演练、体验滑雪的真实环境或在虚拟跑道上进行长跑训练。这种真实感强、沉浸式的体验，不仅能够激发学生的学习兴趣，还可以帮助他们提高运动技能和实际比赛能力。此外，通过虚拟场景的重复练习和即时反馈，学生能够在安全的环境中尝试高难度动作，减少了运动损伤的风险，同时大大提高了运动技能的学习效率。

信息化技术还在教学内容的个性化和多样化设计方面发挥着重要作用。通过大数据分析，教师可以全面了解学生的身体素质、运动能力、学习习惯以及兴趣爱好，从而为每位学生量身定制个性化的学习计划。例如，针对体能较弱的学生，可以制定以基础锻炼为主的训练方案；而对于运动技能较高的学生，可以设置更高水平的挑战任务，进一步激发他们的潜能。大数据还可以帮助教师实时跟踪学生的学习进度与运动表现，通过精准的数据反馈发现学生在学习过程中存在的短板，并及时调整教学策略。这种以数据驱动的教学设计能够让学生获得更加精准、高效的教学支持，真正实现因材施教。

此外，信息化技术的运用还为高校体育教学的互动性和参与感提供了更大的可能性。教师可以利用智能设备（如运动手环、智能手表等）采集学生在运动过程中的实时数据，包括心率、运动强度、卡路里消耗等，通过数据的可视化呈现，让学生对自身的运动表现有更直观的了解，从而调动他们参与锻炼的积极性。与此同时，教师还可以对这些数据进行分析，指导学生进行科学化、个性化的训练。例如，通过分析学生的运动心率变化，教师可以为学生制定适合其身体状况的训练强度计划，提高锻炼效果并避免过度训练。

信息化的高校体育教学设计还促进了师生之间以及学生之间的交流与合作。借助线上互动工具，如直播教学、线上论坛和即时通讯软件，学生可以在课后与教师随时沟通，解决学习中的疑问；同学之间也可以通过平台进行经验交流、战术讨论以及团队协作。这种高效的互动方式，不仅增强了学习的趣味性和参与感，还进一步强化了学生的团队合作意识与集体荣誉感。

此外，信息化技术也推动了体育教学评价体系的创新。传统的体育课程评价通常仅关注学生的技能水平和身体素质，而在信息化背景下，教师可以通过数据采集和分析，对学生的学习过程进行全面、多维度的评价。例如，教师可以综合考虑学生的学习态度、课内外的锻炼情况、团队合作表现以及技能提升的程度等因素，构建一个更加全面、客观的评价体系。这种科学化的评价方式不仅能够更准确地反映学生的学习成果，还能激励学生在未来的学习中更加积极主动。

综上所述，走向信息化的高校体育教学设计不仅是对传统体育教学模式的优化和升级，也是适应现代教育发展需求的重要举措。通过引入多媒体技术、网络平台、大数据分析和虚拟现实等信息化手段，体育教学变得更加灵活、个性化和高效化。信息化教学设计不仅提升了学生的运动技能和身体素质，还帮助他们培养了团队合作精神、科学锻炼意识以及自主学习能力，为学生的全面发展和终身体育习惯的养成奠定了坚实的基础。这种融合信息化技术的体育教学设计，既是高校体育教学改革的方向，也是教育现代化的必然要求。

总之，信息化的体育教学设计改革，不仅能提升课堂教学的质量和互动性，还能促进学生运动技能、身体素质以及创新思维等多方面的全面提升，使体育教育真正走向信息化、现代化的发展轨道。

第二节　高校体育教学评价改革

一、高校体育教学评价概述

高校体育教学评价是衡量和改进体育教学质量的重要手段，通过系统的评价，可以发现教学中的优势和不足，推动体育教学的不断优化和提升。以下将从高校体育教学评价的特点、原则和内容三个方面进行详细阐述。

（一）高校体育教学评价的特点

高校体育教学评价具有以下几个显著特点。

（1）多维度评价：高校体育教学评价不仅关注学生的体能和运动技能，还注重对学生心理素质、团队合作精神以及体育态度的综合评估。通过多维度的评价体系，全面反映学生在体育学习中的发展情况。

（2）过程性评价与终结性评价相结合：在体育教学评价中，既要注重学生在课程中的表现和进步（过程性评价），也要关注期末考试或期末测试的结果（终结性评价）。这种结合可以全面了解学生的学习轨迹和最终效果。

（3）个体差异性评价：高校学生的身体素质和运动能力存在较大差异，因此在评价中应充分考虑个体差异，采用灵活多样的评价方式，以尊重每个学生的独特性，鼓励他们不断进步。

（4）互动性和反馈性：体育教学评价不仅是对学生的单向评判，更应是一个互动的过程。通过师生间的互动和及时反馈，帮助学生认识到自身的优势和不足，激发他们的学习动机，调动他们的积极性。

（二）高校体育教学评价的原则

高校体育教学评价应遵循以下基本原则。

（1）科学性原则：评价指标和方法应科学合理，基于可靠的数据和研究，确保评价的客观性和准确性。评价工具和方法应经过验证，能够有效反映学生的真实水平。

（2）公正性原则：评价过程应公平公正，避免任何形式的偏见和歧视。评价标准应统一，评委应保持客观中立，确保每个学生都能得到公正的评价。

（3）激励性原则：评价应具有激励作用，帮助学生发现自身的优势，增强自信心，同时指出不足之处，激发其改进和提高的动力。评价结果应正面引导学生，鼓励他们积极参与体育活动。

（4）全面性原则：评价应涵盖体育教学的各个方面，包括知识、技能、态度、体能等，确保评价的全面性和综合性。既要关注学生的运动成绩，也要重视他们在体育精神和团队合作方面的表现。

（5）发展性原则：评价应注重学生的发展和进步，以发展的眼光看待学生的成绩。评价过程应关注学生的成长轨迹，帮助他们设定合理的目标，不断追求进步。

（三）高校体育教学评价的内容

高校体育教学评价的内容应包括以下几个方面。

（1）体能测试：通过一系列标准化的体能测试，评估学生的身体素质，如耐力、力量、速度、灵敏度等。常见的测试项目包括100米跑、引体向上、坐位体前屈等。

（2）技能评估：评估学生在各类体育项目中的技术水平和实战能力。例如，篮球的投篮技术、足球的运球技巧、游泳中的自由泳和蛙泳能力等。技能评估应结合实际教学内容，采用实地测试和比赛表现相结合的方法。

（3）理论知识考核：通过笔试或口试的形式，考查学生对体育理论知识的掌握情况，如运动生理学、体育心理学、体育规则和战术等。理论知识的考核可以帮助学生系统了解体育运动的基础理论和实践应用。

（4）态度与参与度：评估学生对体育课的态度和参与情况，包括出勤率、课堂表现、团队合作精神等。通过观察和记录，了解学生在体育课中表现与能力水平。

（5）心理素质评价：通过问卷调查或心理测试，评估学生的心理素质，如自信心、意志力、抗压能力等。这些心理因素对学生的体育表现有重要影响，需要在评价中给予充分关注。

通过全面系统的高校体育教学评价，可以帮助教师了解教学效果，发现教学中的问题和不足，进而改进教学方法，提高教学质量。同时，学生也可以通过教学评价认识到自己的优缺点，明确努力方向，不断提升自身的体育素养和综合能力。

二、高校体育教学评价的指导思想及构想

（一）高校体育教学评价的指导思想

《全国普通高等学校体育教学指导纲要》明确指出，体育课程评价涵盖了学生学习、教师教学以及课程建设三个重要方面，而其中的重点在于对学生学习的评价。这一评价的核心目标是全面考查学生在体育学习中的效果和过程，进而促进学生的全面发展和进步。

学生学习评价并不仅仅局限于运动技能和体能的考核，而是一个多维度的综合性过程。具体而言，这种评价体系应当包括以下几个方面的内容：第一是体能与运动技能的考查，例如学生在特定项目上的技能掌握程度以及体能素质的提升；第二是对学生体育相关认知水平的评价，主要包括对运动知识、规则、健康理念等方面的理解和掌握情况；第三是学生学习态度与行为的评估，例如课堂参与的积极性、学习的专注度以及是否主动完成体育练习等；第四是交往与合作精神的表现，即学生在团队活动中的协作能力、对集体荣誉的重视程度，以及与同伴互动时的态度和方式；第五是情意表现与体育精神的体现，包括学生是否展现出坚韧不拔、乐观向上、公平竞争的精神品质。

在评价方式上，《全国普通高等学校体育教学指导纲要》提倡采用多元化和全方位的评价方法，鼓励学生自评、同伴互评和教师评定相结合的方式。这种多主体参与的评价模式能够更全面、客观地反映学生在学习过程中的表现。例如，学生自评可以帮助其认识到自身的优点和不足，从而促使其在体育学习中主动改进；同伴互评则能通过彼此的互动与反馈，培养学生的合作意识和评价能力；教师评定则起到专业指导和整体把控的作用，为学生提供更具权威性和建设性的建议。这种评价方法不仅能提高学生的参与感和学习主动性，还能有效改善传统评价模式中单一化、片面化的弊端。

此外，《全国普通高等学校体育教学指导纲要》特别强调在体育教学评价中，应淡化甄别与选拔的功能，强化激励与发展的作用。这一理念要求在评价过程中，不仅关注学生当前的成绩和表现，更应将其进步幅度和努力程度纳入评价范围。例如，一个体能基础较差的学生，即便成绩并不突出，但只要在学习过程中表现出显著的努力和持续的进步，也应当获得积极的评价。这种评价导向旨在营造公平、包容、积极的学习环境，避免单纯的分数化和功利化倾向，从而有效激励学生的学习兴趣与热情。

总体而言，《全国普通高等学校体育教学指导纲要》对体育课程评价提出了科学

且系统的要求。通过多维度、多主体的评价体系，以及激励性、发展性为核心的评价理念，不仅能够全面考察学生在体育学习中的各方面表现，还能充分发挥体育教学的育人功能，帮助学生在体能、技能、认知、合作精神及心理品质等方面实现全方位的提升。这种评价方式不仅符合现代教育的评价趋势，更为高校体育教学改革提供了清晰的方向和实践依据。

（二）高校体育教学评价改革的构想

体育健康能力培养模式的指导思想是"健康第一"。以提高学生的基本运动技能为手段，从学生的个体实际和学生普遍体质状况出发，与环境、心理、养护、体疗、非生物性疾病的预防与康复以及生活方式等传授相关的其他原理结合起来，以自我健康检查、诊断、评价为核心，对学生运用多种运动手段进行培养，在人生不同时期，保持、调节健康状态的一种体育教学模式。它让体育与健康教育有机结合，特别重视学生体育健康能力的培养。

因此，与体育健康能力培养模式相匹配，提出以体育健康能力为评价核心，采用形成性评价与总结性评价相结合的方法，建立具有全面性、动态性和结构性的高校体育教学评价体系。

1. 以体育健康能力为评价核心

评价是以某些准则和价值标准为前提的价值判断过程。因为价值观不同，评价的着眼点不同，就会引起评价表现、评价范畴的变化。因此，高校体育教学评价改革的关键问题是构建崭新的体育教学评价观，即符合素质教育的评价观。素质教育的本质是能力教育。美国学者布卢姆强调，教育的基本功能是促使人发展，发展可以让学生在一个复杂社会中有效地生活。体育健康能力的培养是借助体育教学实现学生的可持续发展，达到终身体育的要求。因此，以体育健康能力为评价核心，体现了素质教育的评价观和"健康第一"的指导思想。

2. 注重形式性评价与总结性评价相结合

高校体育教学评价应使用总结性评价与形式性评价两种评价方式，让两者产生良好的互补作用与综合作用。评价活动要穿插整个教学过程。不仅要有不同指标的结果评价，而且还要有不同内容的过程评价，并及时进行必要的反馈，从而使评价活动对教学的各个环节产生积极的作用，其评价模式见图6-3。

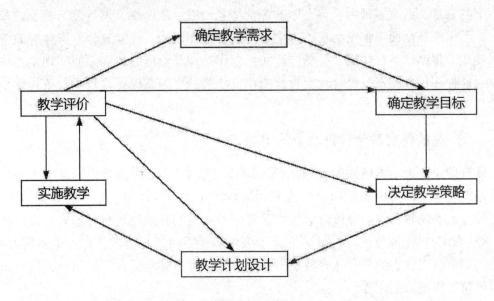

图 6-3　教学评价模式及其反馈作用

3. 教学评价的全面性、动态性和结构科学性

全面性是指在强调显性指标的时候，将隐性指标即体育意识、体育兴趣、体育精神等情感和社会性发展这类非体力因素视为评价内容的主要组成部分，重视体育教学的人文思想、体育文化的评价。

动态性是指一边使用"静态评价——对结果的评价"，一边对"动态评价——对过程的评价"进行重视，即对评价对象发展状态的评价。重点是纵向比较，考察其历史情况，注意其发展潜力和发展趋势，有助于对评价对象进行正确的指导并激发其进取精神。

结构科学性是指围绕体育健康能力培养这一核心目标设计合理的教学评价指标体系。在确定各级、各项指标时应避免两种倾向：①太过抽象概括化，用简单空泛的指标进行生动具体的教学实践；②人为地把问题复杂化，用琐碎、孤立、繁杂的指标集合冲淡核心目标这一本源。

三、高校体育教学评价改革的发展方向和措施

（一）新时代体育教学评价的发展方向

在新课程改革背景下，多元的体育学习评价体系得到了广泛的传播，即评价内容的多元化，评价方法的多样化，评价主体、评价标准的多元化，此外，还包含了对评价本身的评价，即元评价。

1. 评价内容的多元化

新的体育学习评价体系改变了往常评价内容单一的问题，不仅重视学生体能、知识与技能的评价，而且还关注和学生发展密切相关的学习态度与参与、情意表现、合作精神等领域的发展，评价内容体现出多元化。

2. 评价方法的多样化

新课程改革中重视多样的评价方法，将以往太过重视定量评价、绝对性评价、终结性评价，向多种评价方法相结合的方向发展，提倡定量评价和定性评价相结合、终结性评价和形成性评价相结合、绝对性评价与相对性评价相结合。

3. 评价主体的多元化

新的体育学习评价对往常体育教师单方面评价学生的状况做出改变，提倡评价主体的多元化，让学生同学生有关的人，比如同学、班主任、家长都参与评价过程，评价的主体必须是多方的与双向的。多元的评价主体会提供多角度、多层面的评价信息，有利于学生的进步，还弥补了体育教师外部评价的不足。

4. 评价标准的多元化

绝对性评价标准事先确定客观的评价参考，学生同客观标准对比发现差距，推动学生努力达到标准要求。但是绝对性评价标准制定相对困难，不太重视学生的个体差异。绝对性评价标准通常是国家制定且实施，如《国家体育锻炼标准》。

相对性评价的评价基准有两种，即横向评价基准和纵向评价基准。横向评价基准是在被评对象的群体或集合中建立起来的，比如班级学习成绩的平均值等；纵向评价基准则是指被评价对象过去的成绩水平，即学习成绩的初始值，比如入学成绩等。依照评价基准，相对性评价标准也能分成团体内差异评价标准与个体内差异评价标准。团体内差异评价标准是指进行体育学习评价时，在学生团体内部寻找一个横向评价的基准，接着进行内部横向评价，排列名次，来寻找团体里的对应的位置，这种评价标准对激发学生互相竞争意识具有帮助，但不能衡量学生实际发展水平，对学生改进体育学习的实际意义小；个体内差异评价标准选择纵向评价为基准，把学生的某一状况作为评价标准，评价时主要比较学生学习过程中的各个阶段的变化或各个侧面，学生的个体差异情况得到全面的关注，可以激发学生自身潜力。个体内差异评价十分适合发展学生的个性特长，可因为是在学生个体内自己的比较，将学生的学习目标与方向的范围窄化了。

各种评价标准都不是完美的，优缺点都有。因此，单一地使用某种评价标准去评价学生的学习情况是不科学的，评价结果也许存在偏差更可能是错误的。评价标准的多元化是体育学习评价有效推动学生健康发展的必然取向。体育学习评价标准的多元化不仅可大大提高评价结果的信度和效度，还能充分发挥评价的激励功能。

5. 重视体育学习评价的元评价

体育新课程提倡学生参与体育学习评价，并将设计评价的内容与标准的权力下放给体育教师，在激发学生与教师参与评价的热情的前提下，也存在一些疑问：学生的评价是否有效；是否有弄虚作假的现象。若一个评价其程序、方案、方法不规范、不合理，不但对促进教育质量的提高无效，而且会起反作用。因此，新的体育学习评价体系应要建立监控与反馈机制，对学生进行二次评价，以此保证质量和实施效果。系统整体性是元评价活动的灵魂，因此，体育学习元评价是对体育学习评价体系、过程、结论及其反馈进行全面、系统、深入的考察，并遵照一定的原则、标准及程序，对其信度和效度进行客观、科学、全面的整体性评价，得出评价结论，来警示其工作质量，衡量其整体价值，改进评价活动的过程。因此，元评价是完善评价体系不能缺少的重要一环。

（二）高校体育教学评价的改革措施

体育教学评价标准直接对体育教师的上课内容产生影响。体育教学评价的改革，必须改变只用体育成绩来衡量体育教学，而要对从当前的基础上提高的幅度重视起来。因此，完善学生体育教材的评价制度，实现评价的内外导向功能，体现完整性、全面性、简约性、过程性与结构性，对于体育教学评价有着重要的作用。

1. 改变原有的单一锻炼标准来评价学生

多数的体育教师会面对一部分学生，他们在参与体育课与体育活动中表现得并不怎么积极，而在用体育锻炼标准当作参照的体育测试中，他们凭借先天身体素质也能取得较好的成绩。这种不努力就取得好成绩的现象，会打击那些先天体质较弱而积极参与的学生。因此，改变往常以单一的锻炼为评价标准的情况是十分必要的。体育课的成绩应该是多方面的，只以锻炼标准为唯一的评价标准是片面的。在这里我们能依照课程改革评价精神，充分利用新颁布的学生体质健康标准。不仅可作为测量学生体质强弱的一个标准，而且也能当作学生进步度的一个参照。比如：在入学时，组织学生进行一次体质摸底测试，将测试的结果记在设立的学生个人档案袋中，以后每学年测试一次，比较分析测试的结果，来反映学生体质提高的情况，这也作为学生进步度的一个评价内容。

2. 改变以教师为唯一评价执行者的评价体制，对学生进行多方位的评价

教师作为主导者，必须掌握学生的身体素质基础、运动能力状况，依照学生的学习、锻炼表现进行多种针对性的评价活动，进而充分调动学生的积极性，快速实现教学目标。随着水平目标的设立，教师每个阶段的教学任务均会有新变化出现，在教学的内容选择，方式、方法的应用方面均会变得多样化。在体育与健康课中，我们可以根据运动参与、运动技能、身体健康、心理健康、社会适应五个学习领域来确立多个评价内容。

3. 以学习小组为被评价单位

促进学生小集体的协作能力。能够以学习小组为被评价单位的项目有许多。比如：

队形队列练习、广播操、小组赛（篮球、排球、足球等）、各种距离的接力等。对学习小组的评价，主要是促进小组内成员的合作、协作关系，提高学生的社会适应能力。因为小组内成员的成绩是相同的，当中每个人的表现容易影响整个小组的成绩，少数不认真、不积极的学生，因此，不知不觉地会受到小组内其他成员的监督，最终形成一个正确、积极向上的班级学习氛围。

4. 采用过程评价与结果评价相结合的方法来促进学生学习的积极性

通常的评价只注重对学生学习结果的评价，而会忽略了对学生学习过程的评价，因此失去了评价的有效反馈功能，对激励学生学习，提高教学效果意义较小。过程性评价是借助各种评价方法与工具，通常对体育教学的各个方面进行评定，并把结果及时反馈给学生，以便学生尽早发现问题。现在我们不仅对评价内容进行调整，在平时的评价中还要直接对学生的练习过程进行评价。如：接力、广播操教学中，练习一段时间后对小组进行测试，在测试之前告诉学生小组的最终成绩由两个部分组成。

①小组成员在整个练习过程的认真积极情况，由教师观察评定。

②测试时的完成情况。

这种评价方法出现如下结果：其一，使得绝大部分的学生都能认真、积极地对待整个的练习过程；其二，能有效防止部分学生依靠先天身体素质而被动练习。同时，又很好地鼓励了那些由于先天身体素质不好却认真练习的学生。

第七章　全面育人视域下的体育教学建设与发展

在全面育人的教育视域下，体育教学被赋予了新的使命和内涵，不再局限于提升学生的体能与运动技能，而是成为培养学生综合素质、塑造健全人格的重要载体。体育教学的建设与发展应紧密围绕"德智体美劳"全面发展的教育目标，以体育为纽带，将思想政治教育、健康教育与体育文化有机融合，通过丰富多样的教学内容和创新性的教学模式，助力学生形成健康的生活方式和积极向上的价值观。在新时代背景下，高校体育教学改革更需与教育现代化相接轨，注重理论与实践的结合，发挥信息化与科技手段的优势，从而推动体育教育体系的整体优化，为学生的全面发展与终身成长奠定坚实基础。

第一节　课程思政视角下的高校体育教学建设与发展

一、高校体育教学中推行课程思政教育的分析

（一）体育课程对于课程思政教育有促进作用

体育教学与体育竞赛活动中蕴含着人们不容易察觉到的间接的资源，即其中所包含的积极向上的文化追求，在高校思政教育中发挥的作用是大家有目共睹的。体育所创造的一切物质文明与精神文明对于培养学生正确的世界观、人生观以及价值观都有积极的推动作用。坚持以德育为先、以人为本，通过合适的教育来改变和发展学生是高校所有教师首先要完成的工作内容。充分发挥体育教师在教学中的主导地位是建设高校体育课程思政建设的有效途径，体育教师应不断深入地研究体育课程与教学过程中的思政元素，使体育课程的育人作用不断加强。

（二）体育课程与课程思政教育的目标相同

体育课程中所包含的思政教育资源十分丰富，在日常生活中，体育教学与体育竞赛以各种各样的形式出现在教学过程中，学生们对此并不陌生，所以极容易接受。因此，体育课程和其他课程相比较，拥有与思政教育育人的相同优势。体育课程教学目标包含五个方面，即运动技能、运动参与、身体健康、心理健康以及社会适应。其中，运动技能、运动参与、身体健康是在学生身体可以接受的范围之内对其展开训练，以及让学生掌握一定的运动知识与技能；而心理健康与社会适应这两个目标则是对学生

心理素质的培养，在体育教学过程中，不能只注重身体方面的训练和体育知识与技能的掌握，从"育人为本"的思想理念来说，心理健康与社会适应更具有人文情怀，这二者对于学生的发展有更积极的作用，人们常说"少年强，则国强"，只有学生变得越来越优秀了，社会才会不断地进步，从而国家才会越来越强。

二、体育教学中融入思政教育的必要性

（一）响应国家号召

高校体育课的目标是让大学生身心得到健康发展，在身体活动的同时加强思想品德、文化科学、生活与体育技能方面的教育，并将这些目标在教学过程中有机融合在一起。高校体育课是高校落实立德树人、实施素质教育、培养人的全面发展的重要方法。人们对此的解读是：育人的功能在高校各门课程中都能体现出来，育人的责任在每一位任课教师的肩膀上。关于思政作用，高校的每一门课程都要将其发挥至极致，育人与思想政治理论课朝着共同的目标前进，相互作用。在这个理念的基础之上，只有对"课程思政"建设不断地加强，才能促进体育课程与思想政治教育的统一，因此体育课教学应在提升思想政治工作的质量与水平中发挥积极的作用。长期以来，在体育教学过程中，教师对于体育教学目标中的运动技能、运动参与、身体健康这三个目标比较重视，而忽略了对学生思想的教育以及考虑学生心理方面的发展是否健康。"课程思政"是一项教育改革，是全面推进素质教育的重要探索，贯彻落实全国高校思政工作会议和全国教育大会精神就是对当前"课程思政"的建设。

（二）适应时代需要

贯彻党的教育方针、培养全面发展的社会主义建设者与接班人需要办好体育课。在各类课程中融入"课程思政"的目的就是要改变在过去的高等教育中大多数课程只注重知识与技能传授而忽视学生的人文精神培养的弊端。高校体育课程与思想政治教育有机融合，是现实发展的需要，同时也是我国高等教育人才培养的必然趋势。

体育课不仅是学校课程体系的重要组成部分，还是学校体育工作的一项重要的环节。传统的体育教学只在意学生的身体素质与运动技能是否被提高，体育教师常常忽略学生对理论知识的掌握程度，文化与意识更谈不上，他们认为思想政治教育与体育课程无关，是相关的教师以及辅导教师的责任，常常忽略体育课程中所蕴含的思想政治元素，也没有肩负起高校立德树人的责任。

三、融合体育教学与课程思政的策略

（一）站在思政角度科学设计体育课程

最近几年，"思想政治教育"的工作格局在高校落实立德树人的根本任务、推进

大学生思想政治教育的工作过程中逐步形成。"思想政治教育"工作格局的主要内容是高校在育人目标的基础上，在系统的理论指导下完成大学生思想政治的教育，实现"全员、全过程、全方位"的工作格局。为了完成学校的"三全"目标，教师对教学过程中的每一个细节之处都要进行科学合理的设计。

第一，要克服体育教学过程中只注重掌握知识与技能的弊端，要因材施教，根据学生自身的特点，制定相应的教学目标、内容以及方法。加强"课程思政"的理念，将体育课程育人的目标落到实处。

第二，挖掘体育课程中所包含的思想政治教育元素，以加强思想政治教育为目的，充分利用体育课程的活动资源，除了基本的课堂教学之外，一些学校组织的户外活动，如早操、体育竞赛等都要根据其不同的素材融入相应的思想政治教育。

第三，要将体育课程教学过程中的思想教育建设中隐形的教育作用充分发挥出来，潜移默化地影响学生们的心灵，培养他们的道德品质，在教育教学的全过程之中践行社会主义核心价值观，使体育课成为高校立德树人的重要课程。

（二）提升体育教师的思政素养

"师者，人之模范也"，教师在教学过程中扮演着重要的角色。高校体育教师的肩膀上不仅扛着体育教学这项基本任务，还担负着给学生传播思想文化的重任，教师不仅是指导者，也是引路人。推进思政教育的建设，教师是主导者，所以必须不断提高教师的政治素养。教师要有荣誉感与使命感，因为他们是在为党和国家培养新时代的建设者与传承者。

教师的劳动具有示范性，其一言一行在无形中对学生都有着潜移默化的影响。因此在教学过程中，如果教师不能做到以身作则、严于律己，那么他们所说的就未必会让学生们信服，长此以往，教师想要开展思想政治教育工作就很难被学生认同。实现思想政治教育不是停留在口头上的，而是要广大师生付诸实践。所以将思政教育融入体育教学中的一个前提就是首先要让教师加强思想政治相关知识的学习与积累，给学生树立一个优秀的学习榜样。而学生作为思想政治教育的主体，做任何事情之前都要考虑周全，用素质教育的标准严格要求自己的行为，使自己成为国家和社会的有用之人。

学校有必要将与课程思政建设相关的人员组织到一起进行指导与培训，使相关人员的思想理论与政治素质得到强化。除此之外，还要强化体育教师关于课程育人的意识，以此来实现体育课程与思政教育的融合。"课程思政"的理念在提出之前，体育教师对此的认识还不是十分到位。体育教师可以从思政教育的角度分析自己的课程在提升学生身心健康发展方面有价值的部分，以此总结经验。

（三）统筹学校各个部门共同发展

高校课程思政的建设工作既系统又全面、既庞大又烦琐。尽管体育课程在育人方面的优势与思政教育相同，但是二者要实现真正意义上的融合，学校还应该注意在"课程思政"改革过程中总结升华经验，推动高校"课程思政"各部门之间协调工作，形成长效的"课程思政"建设机制。

从体育课程思想建设方面来讲，首先，需要大力宣传"课程思政"的成效，以此来吸引教师积极参与到建设中来，将思政教育全面覆盖到体育教学和管理活动中，让更多教师参与其中，逐渐形成庞大的思政建设队伍，让体育工作上升到新的台阶。其次，体育课程思政建设的各个部分需要统筹发展，协调好每个部门之间的关系，充分发挥部门的自身优势，不断将育人要素挖掘出来，营造一个共同发展的育人环境。最后，高校实现立德树人是体育课程思政建设的根本目标，应建立体育课程思政建设常态化的运行机制、管理机制与评价机制，不断推动体育与思政教育的深度融合，实现"三全"育人目标。

（四）加强高校体育文化建设

提升体育教学中思想政治教育功能的有效途径之一是加强高校体育文化的建设，高校想要实现此目标可以通过开办全校范围内的全民体育活动，让教师和学生全部参与进来，还可以采用举办运动会的形式加强体育文化的建设。除此之外，高校形式多样的社团组织也可以在强化学生的体育运动思想方面起到一定的推动作用。体育活动种类不同，学生参与到其中的渠道就不同，借此机会学生就可以感知到不一样的思政教育。

（五）使用多样化方法提高学生参与体育活动的积极性

将学生被动的意识转变为主动。学生只有从自身角度出发，真正意识到体育活动在教学以及生活中的重要性时才能真正接受体育活动。在这种情况下，高校教师想要将学生参与体育锻炼的积极性调动起来，就要采取多种方法去吸引学生。首先，高校开设的运动项目不能过于单一，形式要多样化，以满足不同学生的心理需求，为不同情况的学生提供多种的选择；其次，高校可以通过比赛的形式，设立相应的奖惩措施将学生吸引进来。

（六）从各种体育教学活动中汲取思政教育灵感

不同的体育教学项目中蕴含思想政治教育的因子是不一样的。比如，长跑等田径体育项目更能培养学生的忍耐、坚韧等意志品质，而排球、足球等运动更能培养学生的团结合作与集体主义精神，使学生学会包容别人。再如，针对比较传统的体育项目，教师可以补充一些中国优秀传统项目的相关知识，让学生了解中国的体育文化是多么优秀，以此让学生觉得作为一个中国人是无比的自豪与骄傲。所以，体育教师只有挖掘出不同项目中的不同思想政治教育的内容才能游刃有余地解决在教学过程中出现的问题。

（七）在教学中使用正确、有针对性的教学方法

对学生进行思想政治教育时要因时因地制宜，要采取相应的有效方法。比如，在篮球比赛中特别重视参赛者的竞争与合作意识，这种情况下，教师在体育过程中教授投篮技术后，让学生进行适当的练习以此让学生熟练掌握投篮的技巧，然后把学生划分小组，以比赛的形式让学生针对投篮技巧进行练习，这样在比赛过程中，学生们既可以完善投篮技术，又可以培养竞争与合作的意识。或者教师在传授之后，篮球的基本技术学生已经掌握，这种情况下教师就可以分别让学生扮演裁判员、教练等角色进行比赛，这样的换位不仅让学生了解了比赛的规则，还在无形中培养了学生的责任意识，使学生明白处理任何问题都不能只站在自己的角度去思考，还要兼顾他人的感受。

再如，要求掌握某个动作要领时，个别学生由于学习能力较弱，所以没办法很好地掌握，此时，教师就可以将掌握得好的同学与掌握得不好的同学分为一组，让其进行辅导。在辅导了一段时间之后，再进行比赛，每个学生的最终成绩即为小组的成绩，这样学生的积极性被调动起来了，之后就会更好地学习并辅导成绩较弱的同学。此外，体育课程与其他课程最大的区别在于它的实践性较其他课程强，相对而言，理论知识方面就会比较薄弱，这样的话教师可以在设置比赛的时候适当将一些思想政治教育的理论知识传授给学生，比如，在篮球比赛中如果犯规被罚球，那么教师就可以教导学生如何能不由于犯规产生内疚感，并且怎样才能把这种感觉转换为积极对待比赛的心态，让学生学会面对挫折，并且培养积极进取、顽强拼搏的精神，类似于这种理论与实践相结合可以让教学效果更佳。

（八）完善课程思政评价体系

体育教师由于长期受陈旧体育教学理念影响，大部分在教学过程中只重视身体素质与技能技巧的教育与培养，学生德育的培养往往被忽略。其中有两点主要的原因：一是体育课程对于学生的身体素质与各个运动项目技巧的评价指标都十分明确，但是关于学生思想素质的评价体系却不十分明确，教师对于学生思想品德的情况以及德育目标没有进行评价，那么学生自然也就不会关注到这一点，学生关注不到这一点也就不会有意识地自省；二是体育教师思想政治教学效果的评价体系极其匮乏，没有相关制度的约束，教师对于教育学生思想政治的积极性就不会被调动出来，在教学过程中这种意识就容易被忽略。

由此可以看出，体育课程教学改革是必须要实施的，应建立健全完整的思想政治教育评价体系，使教师重视体育教学过程中的德育教学，重视学生思想品德教育。比如，在体育教学过程中设置比赛，通过比赛的过程观察学生的体育精神和道德修养。再比如，在体育教学目标中加入思想政治教学目标——在一定的时间内，对其结果进行验收与考核。

（九）在日常教学活动中落实思政教育

体育教师要把思想政治教育落实到日常教学活动中，在常规的教学过程中关注学生的每一个举动。为了让体育教学活动得以顺利开展，教师要向学生说明组织纪律以及要注意文明礼貌。此外，教师还要严格执行考勤和考核制度，通过细节的培养树立学生对于纪律的观念和规制的意识。对于体育委员的任命也可以采取轮流制，这样对培养学生的责任意识有促进作用。不仅如此，体育教师还要时刻观察学生的情绪以及思想波动，如果出现错误的行为举动要及时纠正与制止。体育教师要始终坚持对学生进行政治思想教育，并将政治思想教育目标落实到每一个教学环节中。

第二节　五育并举视角下的高校体育教学建设与发展

一、五育并举理念对高校体育教学的要求

高校体育教学作为学生全面发展的重要环节，在五育并举理念的指导下，既要满足身体素质发展的要求，又要注重德育、智育、美育和劳动教育的有机结合，全面提升学生的综合素养。以下分别从德育、智育、体育、美育和劳动教育五个维度探讨对高校体育教学的具体要求。

（一）德育要求：培养学生的体育道德与精神品质

德育作为高校体育教学的重要组成部分，不仅仅是增强学生身体素质的过程，更是塑造学生精神品质和道德修养的关键途径。通过体育教学，可以让学生在运动实践中体会到个人成长与社会责任的统一，从而实现立德树人的教育目标。

1. 注重团队合作精神的培养

团队合作是体育活动中不可或缺的一部分。体育教学中的集体项目，如篮球、足球、排球等，天然具备培养学生团队合作精神的优势。在这些运动中，学生需要与队友共同制定策略、分工合作、互相支持，最终实现团队目标。

例如，在篮球比赛中，学生不仅需要关注个人技术的发挥，更需要学会倾听队友的意见、协调行动、共同面对比赛中的挑战。这一过程能够帮助学生深刻理解合作的重要性，并在与他人的互动中培养尊重、信任和责任意识。通过体育教学，学生逐渐明白"团队成功大于个人表现"的道理，从而树立起牢固的集体主义精神，这种品质将在他们未来的学习、工作和生活中发挥重要作用。

2. 强调公平竞争与规则意识

公平竞争和规则意识是体育教学中的核心价值，也是德育的重要目标之一。在体育竞赛中，学生通过比赛实践能够深刻体会到规则的重要性。无论是个人项目还是团

队项目，遵守规则、尊重裁判、尊重对手，都是比赛中不可忽视的原则。

体育教学可以通过实际的比赛情境，培养学生的规则意识。例如，在田径比赛中，学生需要严格按照规定的跑道完成比赛，这种规则的内化过程能够强化他们对秩序的认知。同样，在集体比赛中，教师可以通过适当的教学引导，帮助学生理解公平竞争的重要性，从而培养其正直守信的品质。

此外，教师还可以结合具体案例进行道德教育，例如通过介绍体育史中知名运动员的故事，讲解他们在面对胜负时展现出的坚韧、包容和尊重他人的精神，激励学生向榜样看齐。通过这一过程，学生不仅学会尊重规则，还能学会欣赏和接受他人的努力与成功，培养健康的竞技态度与宽容的胸怀。

3. 塑造坚忍拼搏与自我超越的精神

体育教学是培养学生坚韧拼搏和自我超越精神的理想平台。无论是日常训练还是比赛过程，学生都会经历失败、疲劳和困难，但正是在克服这些挑战的过程中，他们能够不断锤炼自己的意志力，形成不轻言放弃、迎难而上的精神品质。

例如，在长跑训练中，学生可能因为身体的极限感受到疲惫甚至想要放弃，但通过教师的鼓励和团队的支持，他们能够坚持完成目标，并在完成后感受到自我突破的成就感。这种经验能够帮助学生认识到，通过努力和坚持可以超越自身极限，从而建立起对挫折的正确认识与积极应对能力。

4. 培养社会责任感与体育道德

体育教学不仅仅是培养个人能力的过程，还应当注重学生社会责任感的培养。例如，教师可以通过组织体育公益活动，让学生参与志愿服务，如帮助社区开展健身指导活动、组织校园运动会等。这些活动不仅能够提高学生的实践能力，还能够增强他们的社会责任感和服务意识。

此外，通过体育教学，还可以帮助学生形成正确的体育道德。例如，在教学中融入"奥林匹克精神"的教育，强调"更快、更高、更强、更团结"的理念，引导学生尊重对手、尊重裁判、尊重比赛结果。这种体育道德的培养，不仅有助于学生在比赛中展现出良好的个人素养，也为他们在未来的社会生活中树立起正直、有责任感的品格。

德育在高校体育教学中扮演着不可替代的重要角色，通过团队合作精神、公平竞争与规则意识、坚韧拼搏精神和社会责任感的培养，能够全面塑造学生的体育道德与精神品质。这种品质的养成，不仅为学生的个人成长奠定了道德基础，也为他们更好地融入社会、服务社会做好了准备。

（二）智育要求：提升学生的运动认知与科学素养

体育教学不仅是身体锻炼的过程，更是知识传授和认知提升的重要途径。在五育并举的视角下，体育教学不仅要关注学生体能的提升，还要注重他们智力的开发和科学素养的培养。智育在体育教学中的体现主要涵盖以下两个方面。

1. 学习运动生理与健康知识

高校体育课程是学生了解人体运动奥秘和健康管理知识的重要窗口。通过体育课程的系统教学，学生可以掌握人体运动的基本原理和相关科学知识，从而提升对自身健康的认知和管理能力。

例如，在体育理论课程中，教师可以向学生讲解肌肉、骨骼、关节的功能及其在运动中的作用，帮助学生理解如何通过合理运动保护身体关节，避免运动损伤。同时，还可以结合实际教学内容介绍运动对心肺功能、免疫系统等的积极作用，使学生认识到体育锻炼在促进身心健康中的重要意义。

此外，体育教学还可以教授学生日常生活中关于健康管理的实用知识，如科学饮食的搭配、体能恢复的最佳方法以及睡眠对运动表现的影响等。这些知识能够帮助学生养成健康的生活习惯，树立科学的健康观念，实现自我健康的长效管理。通过将运动知识与健康教育相结合，学生能够更加全面地认识体育的重要性，并运用所学知识改善生活质量，推动终身体育观念的形成。

2. 探究运动技能与科学训练方法

运动技能的提升和科学训练方法的掌握是体育教学的核心目标之一。在高校体育教学中，教师应结合现代运动科学技术，为学生提供多样化、科学化的运动技能教学与训练指导，帮助他们建立科学的训练意识和方法论。

首先，教师可以通过分析具体运动项目（如篮球、羽毛球、田径）的技术细节，为学生提供个性化的技能指导。例如，在教授篮球运球技术时，教师可以利用视频回放分析学生的动作细节，结合数据对比帮助他们调整手部力量与身体姿势。这种基于科学技术的教学方式，能够提高学生的动作精准度和运动效率，同时增强他们对运动技能的理解力。

其次，体育教学应注重教授学生科学训练的原则与方法。例如，通过讲解训练计划的制定步骤、负荷量的合理分配，以及运动后的恢复与营养补充，使学生掌握科学的训练流程，避免因盲目训练导致的运动损伤。教师还可以引入现代科学技术，如何穿戴运动设备，帮助学生实时监测心率、步数和消耗的热量，指导他们调整运动强度，优化训练效果。

此外，高校体育教学还应注重培养学生自主探究运动问题的能力。例如，教师可以通过项目研究或小组讨论的方式，指导学生探讨如何优化某项运动技能、提升比赛策略，或解决训练中的实际问题。通过这种方式，学生不仅能够掌握科学训练方法，还能够在运动实践中学会独立思考和解决问题，提升他们的综合素质。

智育在高校体育教学中的融入，不仅提升了学生对运动的认知水平，还促使他们掌握了科学训练和健康管理的基本能力。在未来的学习和生活中，这种对运动和健康的科学理解将帮助学生实现持续的自我提升，同时也为终身体育理念的实践奠定了坚实的基础。通过科学的体育教学，学生能够更加理性地看待体育锻炼，充分感受到体育对于提升身体素质、增强智力水平和实现全面发展的深远意义。

（三）美育要求：塑造学生的审美能力与体育文化认知

体育不仅是一种体力活动，更是一种美的体验及文化熏陶的过程。在五育并举的视角下，高校体育教学不仅要注重学生身体素质的提升，还应通过教学实践培养学生的审美能力和对体育文化的认知，帮助他们从更高层次感受体育的独特价值。

1. 通过运动实践感受运动中的美与和谐

运动是一种动态的艺术，体育教学能够通过各种实践活动，帮助学生发现和欣赏运动中所蕴含的美学价值。例如，在体操课程中，学生可以通过学习基本动作和成套动作，感受到身体动作的流畅性与节奏美；在武术课程中，拳法和步伐的连贯性展现出刚柔并济的力量美；在舞蹈类健身课程中，通过音乐与动作的结合，学生能够体验到身体与旋律相融的节奏美和表现力。这些运动不仅提升了学生的身体协调性和控制力，还帮助他们从运动实践中体会到美的形式与内涵。

此外，运动中的和谐美也体现在团队合作项目中。例如，在足球或篮球比赛中，队员之间的默契配合和战术执行的流畅性，不仅展现了竞技的魅力，还让学生感受到团队协作中的整体美。通过这些体验，学生能够更深刻地理解和欣赏体育活动中秩序与和谐的美学特质，提升自身的审美能力。

2. 融入传统体育项目培养文化认同与审美情趣

体育教学作为高校文化教育的重要组成部分，也承担着传承和发扬中华优秀传统文化的重要使命。通过将传统体育项目融入课程教学，学生不仅能掌握技能，还能在学习中感受到中华民族文化的深厚底蕴，增强文化认同感和审美情趣。

例如，太极拳作为中华传统体育的代表，具有"以柔克刚""内外兼修"的特点，其动作注重圆润流畅与气韵相通，在教学中能帮助学生感受到动静结合的艺术美。同时，龙舟运动则通过团队合作和划桨节奏的整齐划一，展现出中华传统文化中集体协作的精神与壮观的仪式美。通过这些项目的学习，学生不仅能够掌握传统体育技能，还能够在亲身实践中体验传统文化的艺术表现形式，从而培养对本民族文化的热爱与认同。

此外，高校体育教学还可以通过组织相关活动或主题赛事，例如武术展示赛、民族体育节等，让学生深入参与中华传统体育文化的传承与发展。在此过程中，学生不仅能感受传统体育项目的魅力，还能在互动中提升审美情趣，增强文化自信和民族自豪感。

美育要求在高校体育教学中的实现，是通过运动实践和文化教育双管齐下来塑造学生的审美能力和文化素养的。一方面，体育实践中的动作之美、节奏之美和团队和谐美能够帮助学生体会运动本身的艺术价值；另一方面，传统体育文化的融入则使学生在掌握技能的同时，深入了解中华民族的文化精髓，进一步激发文化自信。在这种身体与心灵、技艺与文化的共同熏陶下，学生能够更全面地感受到体育的魅力，形成健康的审美情趣和深厚的文化认同，为全面发展奠定坚实基础。

（四）劳动教育要求：强化实践能力与责任意识

体育与劳动教育有着内在的共通性，其核心都在于通过实践活动培养学生的实际能力与责任意识。在五育并举的视角下，高校体育教学不仅要关注身体素质的提升，还应将劳动教育融入体育教学，以全面锻炼学生的意志品质、实践能力和社会责任感。

1. 结合劳动教育培养学生的毅力与担当意识

高校体育教学可以通过日常训练和课程设计，将毅力和担当意识的培养融入学生的运动实践中。例如，在长跑训练中，学生往往需要克服身体的疲劳和心理的倦怠，这种坚持不懈的过程能够有效塑造学生的坚韧意志和耐力品质。

此外，一些对体能要求较高的运动项目，如登山、耐力游泳或球类比赛等，都能够在锻炼学生身体素质的同时，促使他们在完成任务中学会承担责任。尤其是团队合作项目中，学生需要为团队目标而付出努力，从而体会到自身在集体中的责任感。这些经历帮助学生逐步形成"主动担当、坚持不懈"的劳动精神，为其未来的学习、工作和社会生活奠定坚实的精神基础。

2. 通过体育实践活动强化劳动精神

高校体育教学还可以通过设计具有劳动教育内涵的实践活动，进一步强化学生的劳动精神与社会责任意识。例如：高校可以组织学生参与社区体育志愿服务，如担任社区居民的健身指导员，帮助不同年龄层的居民科学地参与体育运动。这种活动既能让学生在实践中提高自身的体育专业技能，也能培养他们服务社会的责任感和奉献精神。通过体育实践模拟劳动场景，让学生从运动项目中感悟劳动精神。例如，可在体育教学中开展"体育农场"类活动，学生通过模拟古代农耕劳动中的动作（如挑担、抬重物等）参与趣味比赛，不仅锻炼体力，还能体会劳动的意义和艰辛，从而更深刻地理解劳动精神。

3. 将劳动教育精神贯穿于体育教学评价

高校体育教学还可以在评价体系中融入劳动教育的内容，将劳动精神的体现作为学生学习成绩的一部分。例如，通过考查学生在体育实践课程中的表现，如团队合作能力、任务完成度、劳动参与积极性等，将劳动精神的培养落实到评价环节中。这样的设计能够引导学生在体育学习中更加注重劳动精神的展现，让他们感受到劳动的价值与荣誉感。

劳动教育要求在高校体育教学中的体现，不仅仅是简单地增加体力劳动，而是通过科学的课程设计与实践活动，将学生的毅力、责任意识和服务社会的精神融入到体育教学中。体育教学为劳动教育提供了独特的载体，让学生在运动与实践中感受到劳动的价值和意义，从而培养他们积极进取的意志品质和对社会的责任感。在五育并举的背景下，这种体育与劳动教育的深度融合，能够有效促进学生的全面发展，为其未来成为有担当、有能力的社会公民打下坚实基础。

五育并举理念对高校体育教学提出了更高的要求，不仅需要实现学生身体素质的增强，更需要在德、智、美、劳等方面融入教学目标，促进学生全面发展。通过德育引导学生树立正确的价值观，智育帮助学生掌握科学知识与技能，体育增强体质与健康，美育提升审美能力与文化认同，劳动教育锤炼意志品质并强化责任意识，从而让高校体育课程成为真正实现育人目标的重要平台。

二、五育并举视角下高校体育教学的建设路径

在五育并举的教育理念下，高校体育教学不仅要注重学生身体素质的提升，还需在课程设计、评价机制、师资建设等方面实现德、智、体、美、劳的全面融合，推动体育教学改革与发展。

（一）优化课程设计

高校体育课程设计是实现五育并举目标的核心环节。优化课程设计应注重多元化与全面性，通过课程内容的创新与体系化建设，推动体育课程实现系统化与综合化，全面培养学生的综合素质。

1. 推行多元化课程模块

高校体育课程的设计要以学生的多样化需求为出发点，建立包含多种类型的课程模块，满足不同兴趣和能力层次学生的学习需求。针对有较强运动能力或运动兴趣的学生，开设如篮球、足球、羽毛球等竞技性项目课程，通过专项训练提升运动技能与竞技水平，同时锻炼学生的团队意识和规则意识。为注重健身和健康管理的学生设计课程，例如瑜伽、健身操、跑步等，让学生在科学锻炼中提升体能，培养健康的生活习惯。设计趣味性和娱乐性较强的课程，如极限飞盘、趣味田径等，增强学生的运动兴趣，帮助他们在轻松的氛围中参与体育活动。融入具有文化底蕴的课程模块，例如太极拳、武术、龙舟等传统体育项目，通过这些课程帮助学生了解中华传统体育文化，增强文化认同感和民族自豪感。

通过多元化课程模块的设置，体育课程能够覆盖竞技性与休闲性、个体发展与团队合作等多种需求，使每位学生都能找到适合自己的学习内容，提升课程参与度与学生满意度。

2. 将德、智、体、美、劳融入课程内容

五育并举理念的核心是德、智、体、美、劳的全面发展，因此高校体育课程设计需要将这些育人目标有机融入课程内容中，真正实现多维度育人功能。在课程内容中加强团队合作、规则意识和公平竞争的教育。例如，在集体项目中，通过引导学生相

互配合、共同完成目标，培养团队合作精神；在竞技项目中，通过强调遵守规则和尊重对手，树立学生的体育道德和诚信意识。课程中增加运动认知和科学素养的教学环节。例如，通过讲解人体运动生理学、运动损伤预防与健康管理等内容，让学生了解科学运动的基本原理，增强健康管理能力；教授科学训练方法，让学生掌握运动技能背后的科学逻辑。通过体育活动中的动作美、节奏美、和谐美培养学生的审美能力。例如，在武术、体操、健美操等课程中，帮助学生感受动作的流畅性与艺术性，提升其审美素养；通过传统体育文化课程，让学生在运动中体会文化之美。结合劳动教育理念，在课程中设计实践性强的内容，例如利用户外运动课程培养学生的实践能力与责任意识；通过长跑、户外拓展等活动，锻炼学生克服困难的毅力，帮助其形成坚韧的劳动精神。

这种全方位融入的课程设计，不仅实现了体育教学的核心目标——增强体质和掌握技能，还拓宽了体育课程的育人功能，使其成为高校五育融合教育的重要载体。

3. 优化课程实施方式

在优化课程设计的同时，高校还需改进课程实施的方式，以保障五育并举理念在教学实践中的有效落地。根据不同课程模块的特点，采取灵活多样的教学形式。对于竞技性课程，可采用分组竞赛或团队合作的方式；对于健身性课程，则可以融入更自由的参与形式，如晨跑俱乐部、线上健身打卡等，增加学生的主动性和参与感。将课程学习延伸到课外活动和校外实践中。例如，在体育课程的基础上，引导学生参加校内的体育社团活动或校外的社会体育实践，将课程学习转化为长期的运动习惯和生活方式。根据学生的不同身体素质和运动能力，为其提供个性化的指导和建议，帮助每位学生都能在课程中实现自身的全面发展。

通过优化课程设计，高校体育教学可以在形式和内容上实现系统化与多元化，充分落实五育并举的教育目标。这不仅有助于学生全面素质的提升，还能为体育课程注入新的活力，使其成为高校育人体系中的重要组成部分，为新时代高等教育的发展提供有力支持。

（二）完善评价机制

科学合理的评价机制是推动高校体育教学改革的重要保障。在五育并举的视角下，高校体育评价不仅要关注学生的身体素质和运动技能，还需要注重学生德智体美劳的全面发展，从而构建更加多元、全面的综合评价体系。这种评价模式能够更好地反映学生在体育课程中的综合表现与成长，激发其积极参与的热情。

1. 从注重结果转向过程性评价

传统的体育成绩评价模式往往以体能测试结果为核心，例如测试学生的跑步速度、跳远距离、投掷能力等，过于片面，忽略了教学过程中学生的努力、态度和进步。在五育并举理念下，评价机制需要转向过程性评价，关注学生的学习过程和成长轨迹。

通过强调过程性评价，教师可以全面了解学生的学习状态和努力程度，同时给予学生更多鼓励，使其建立自信心并获得持续的学习动力。

2. 构建多维度的综合评价体系

评价内容的多元化是完善体育教学评价的重要途径。在五育并举的视角下，体育评价不仅需要覆盖学生的体能与技能，还需要考察学生的思想品德、合作能力、审美意识以及劳动精神。因此，构建多维度的综合评价体系显得尤为重要。考查学生运动技能的掌握程度以及身体素质的提高，例如跑步、球类技能、力量、灵活性等指标，但不再以绝对成绩为唯一标准，而是结合个人进步幅度进行评价。通过记录学生在团队项目中的合作意识、协作能力和责任担当情况，评估其在集体活动中的表现。同时，关注学生在运动中展现出的拼搏精神、规则意识和公平竞争的态度，强化体育德育的作用。在实践性体育活动（如校外志愿服务、劳动实践）中，评价学生的参与度、解决实际问题的能力，以及在活动中展现出的创造力和劳动精神。例如，考察学生是否能够通过创新的方式完成运动任务，或是否主动承担责任，为团队贡献力量。在体育美育和文化课程中，考查学生对体育运动美感的理解能力，以及对传统体育文化的认知与认同。例如，通过武术课程或传统体育项目的学习，评价学生对中华优秀文化的接受与传承程度。

3. 注重激励功能与发展导向

评价机制不仅是对学生学习成果的反馈工具，更应起到激励学生进步与发展的作用。在完善评价机制时，需要淡化单纯甄别与选拔的功能，强化激励与发展导向。在评价中更多关注学生的优点和进步，用积极的语言评价学生的努力和表现，帮助学生建立对体育学习的信心。通过评价为学生提供改进建议，引导其认识自身不足，并明确下一阶段的努力方向。例如，在评价中指出学生在团队合作中的优点，同时提出提升协作效率的具体方法。针对不同学生的特点和基础，设定不同的评价目标和标准，尊重学生的个体差异，使每位学生都能感受到评价的公平性和针对性。这种以激励和发展为导向的评价方式，能够有效引导学生在体育学习中不断挑战自我，实现持续进步。

完善的评价机制是高校体育教学改革的重要一环。在五育并举视角下，评价应突破传统的体能测试模式，转向过程性、多元化和综合性的评价体系，不仅关注学生的体能与技能，还注重德智体美劳的全面发展。通过科学合理的评价体系，帮助学生全面认识体育的多重价值，激发其学习动力，为高校体育教学提供强有力的支撑，同时促进学生的全面成长与发展。

（三）加强教师队伍建设

优秀的教师队伍是高校体育教学改革的核心力量。在五育并举的背景下，高校应大力提升体育教师的综合素养与教学能力，为教学改革提供有力支持。高校应定期组织体育教师进行思政教育、课程融合设计等方面的培训，使其能够在体育教学中自然融入德育、美育、劳动教育等内容。例如，教师可以通过培训学习如何结合体育课程传授社会主义核心价值观或传统文化。高校应为体育教师提供与五育融合相关的教学资源，例如教材、案例库、虚拟教学工具等，帮助教师更好地实施跨学科协同教学与信息化教学改革。同时，通过教师间的经验分享和教学研讨，进一步提高教师的教学水平和创新能力。通过加强教师队伍建设，高校可以为五育并举的体育教学改革提供坚实的人才保障。

五育并举视角下的高校体育教学建设路径，涵盖了课程设计、评价机制、教师队伍建设等多个层面。在这种改革和建设中，高校不仅需要从教学内容上融入德、智、体、美、劳的全面要求，还需要通过创新手段和实践活动，全面推动学生的综合素质发展。只有这样，高校体育教学才能真正实现育人功能，培养出身心健康、品德优良、具有社会责任感的新时代大学生。

三、五育并举视角下高校体育教学发展的未来展望

在五育并举理念的指引下，高校体育教学的发展未来充满机遇与挑战。面向未来，高校体育教育需在体系建设、文化传承、科技创新与学生全面发展方面持续探索，为培养全面发展的新时代大学生提供更加科学、现代化、特色化的体育教学模式。

（一）建立更加科学化、现代化的体育教育体系

未来的高校体育教学需要在科学化和现代化方面不断突破。一方面，体育课程体系将更加科学。高校体育教学应深入结合运动科学、教育学和心理学等多学科理论，科学设计课程内容与教学计划。例如，根据学生的身体状况和发展需求，个性化定制体能训练、运动技能学习和健康管理方案，最大限度地提升教学效果。另一方面，现代化的教学手段将广泛应用。随着人工智能、大数据和虚拟现实技术的发展，未来的体育教学将更加智能化与精准化。例如，利用穿戴设备实时监测学生的运动状态，通过数据分析调整教学策略；或借助虚拟现实（VR）技术模拟复杂的运动场景，让学生在沉浸式体验中掌握技能。这种科学与现代化的深度结合，将为高校体育教学注入全新的活力，推动教学效率与质量的提升。

（二）融合传统文化与现代科技，打造特色体育教学品牌

未来，高校体育教学将更加注重在传统文化与现代科技的结合中形成自身特色，塑造独具魅力的体育教学品牌。中华传统体育文化蕴含着丰富的精神价值和教育意义。高校体育教学可以通过融入太极拳、武术、射艺等传统体育项目，帮助学生了解和认同中华文化，从而增强文化自信。例如，结合地域特色开展地方传统体育活动，打造具有鲜明文化符号的体育课程品牌。高校体育教学未来将更加注重通过科技手段创新教学模式。例如，研发基于人工智能的个性化训练系统、推广线上线下混合式教

学、设计虚拟实境（VR）和增强现实（AR）体育课程等，这些新兴手段不仅可以吸引学生的兴趣，还能大大提升教学效果。通过科技与传统体育的融合，高校体育教育可以在新时代树立新的标杆，形成可推广的教育模式。

（三）持续推动学生的全面发展，培养终身体育意识

在五育并举理念的引导下，高校体育教育的目标不仅是帮助学生增强体质、掌握技能，更是推动其德智体美劳的全面发展，并在此基础上培养学生的终身体育意识。未来的高校体育教学将更加注重以学生为中心，通过体育活动促进学生在体质、品德、审美、协作能力等多方面的协调发展。例如，体育课程中将更加突出团队协作与个性发展的平衡，既关注学生的个体成长，又培养其社会责任感和集体意识，为其综合素质的全面提升奠定基础。高校体育教学的核心目标是帮助学生形成长期的体育兴趣与习惯，提升其健康管理能力和运动生活化水平。通过科学化的教学和趣味性活动设计，帮助学生认识到体育不仅是学业的一部分，更是终身健康与幸福的重要支柱。未来的体育教学可以与职业规划、健康管理教育结合，帮助学生掌握适应不同时期需求的体育技能，真正实现"终身受益"的体育教育目标。

五育并举视角下的高校体育教学发展，指向更科学、更现代、更具文化内涵和科技特征的教育体系。这不仅是对体育教学理念的更新，更是对高校体育功能的全面提升。在未来，高校体育教学将在科学化与现代化的探索中完善体系，在文化传承与科技融合中打造特色，同时以学生为中心，不断推动其全面发展与终身体育意识的养成。通过这些努力，高校体育教学将为新时代全面育人目标的实现，提供更加有力的支撑与保障。

第三节　人文视角下的高校体育教学建设与发展

一、人文精神与高校体育教学的关系

社会文明和文化的发展推动了体育的产生和进步，作为一种社会实践活动，体育能够让人彼此之间相互联系，协调人与社会、自然之间的关系，使人获得更好的发展。在这个过程中，人文精神在其中起到了重要作用，因此体育同人文精神有着密切的关系。

随着社会的持续进步，人们的认识不断提高，加深了人们对体育运动的追求，更引起了人们对体育运动中人文精神的关注。人们在进行体育运动时，对如何练习某一动作、某一部位等，或怎样获得奖牌不再关注，而是在接受体育教育时对如何提升个人能力、获得可持续发展等更为关心。奥林匹克运动也在原有的"更快、更高、更强"的口号基础上提出了"更干净、更人性、更团结"的口号。显然，当今的体育已

经同人文精神紧密结合在一起，体育教学也将更加凸显出人文气息。

高校是教书育人的场所，因此开展体育教学是同人文精神密切相关的。因为开展体育教学就是求真求实，人文精神也要求尽善尽美，因此二者在对真、善、美的追求上达成了和谐统一，二者在教书育人方面也形成了一致的目标。而且无论是体育还是人文，对思维能力有着十分重要的要求，其中体育强调形象思维，人文则要求逻辑思维，因此在培育人才方面，体育和人文是相辅相成的，任何一个都不能缺少。高校中学科的发展趋势是融合，自然科学会同人文科学有机融合在一起，体育教学中也会融入人文精神，这不仅是一种发展趋势，也是体育教学不断进步的需求。教学要以学生为主体，使学生能够主动参与到教学中，获得全面的发展，这需要人文精神起推动作用。因此，体育教学和人文精神是密不可分的，人文精神是体育教学发展的灵魂，体育教学是人文精神培养的途径。高校要培养全面高素质人才，体育教学是必不可少的途径。

有人认为体育必须是人文的，因为体育精神就是人的精神，也是人类价值观的一种，人文在体育精神发展中具有不可磨灭的作用，只有提高人文，促进人们对体育价值的追求，才是参加体育活动最重要的意义，否则举办再多的比赛、获取再多的奖牌，失去了体育价值观和人文精神，也就失去了最主要的意义。因此要将体育同人文精神紧密联系在一起，这在高校体育教学中是不可忽视的部分。

二、体育教学中的人文精神内涵

体育教学也是一门以人为研究对象的科学，不仅要对人的生命活动进行研究，还要对人的健康、发展等加以关注，因此有着人文科学的特征。体育在当前的社会发展水平基础上体现了以人为核心的人文精神，注重人的身心健康发展，重视人的需求和尊严。希望人们能够在体育运动的实践中保持健康和快乐，并不断充实自身，向前发展。以人文精神来看待体育教学，要转变思考的角度，需要以"人"的视角来看待体育教学，这也是体育教学最根本的出发点。

（一）体育教学具有超越性

人自身的本质并不是一生下来就固定的，而是在不断的成长过程中逐渐形成的，而且要不断超越。生命就是这样一个不断成长和超越的过程，因为有了超越性，生命才有了发展的空间。所以，超越也是人所特有的精神。当生命完成超越后，就会获得进化，成为高于生命的形式，如精神生命、价值生命。人对生命意义的探寻，就是对新的文化进行创造的过程，这个过程让生命变得更加丰富多彩。在文化哲学中，文化的本质就是人的生命和活动，而人的生命也是文化世界的主体。体育教学也是一个对生命不断超越的过程，将生物学意义的生命提升到人类生命的高度，同时又在原有文化的基础上创造出新的文化。体育教学的本质就是人生命的不断超越的活动，生命是这个活动的中心主体，只有让生命不断朝前发展而获得完善，才能真正达到体育教学的目的。学生在体育教学中要找到自己存在的意义，使自己不断向前发展，成为更高意义的存在。

（二）体育教学引发对生命整体性的思考

人是一个复杂的整体，自身不可分割。每个人都有对各方面的需求，如认知、情感、意志等，人的生命的过程就是这些方面的综合，是生理、心理、情感、社会等融合在一起的运动过程。当生命进行运动时，会受到每一部分的影响，同时每一部分都不能脱离生命整体而单独存在，它们之间是彼此联系共同发展的；体育教学中的人文精神强调人的主体性，认为教学过程中需要把握人性、尊重人格、重视人权，更应该体现人的价值。每个学生都是体育教学中的重要部分，作为人的属性是体育教学中最应该重视的。体育教学要关注学生的主体地位，使学生能够全身心投入到体育教学中，并从中获得快乐，同时要对学生加以引导，使学生自身的个性在体育教学中得到发挥，让学生获得生理和心理上的快速成长。

（三）体育教学阐述了生命的生成性

萨特说"存在先于本质"，人的本质并不是先天规定的，而是后天自我不断形成和建构的，生命永远向未来开放，具有无限的可能性。人没有确定的和预设的本质，而是在不断主动参与外部世界和反思自我世界的过程中获得其本质。人的本质是在实践的基础上不断生成，具有开放性和未特定化的特征，无法用某一种属性去把握人的丰富的规定性，人的问题重要的是其存在的意义和价值。之所以如此，是因为生命的有限性和不确定性。

在生物学中，一个人就是一个组织系统，其内部是不断成长和发展的结构系统，同时又与外部环境相协调，使整个组织系统在平衡—不平衡—平衡的动态发展中成长，最后形成其本质。每个生命的成长都受到各种因素的影响，但其自身是渴望获得发展的。体育教学在个体生命的发展中也起到了积极作用，可以帮助个体生命对知识进行重构，明确自身存在的意义和价值，并在运动中提升自己的能力，培养独立的意志和情感。因此体育教学在培养人发展的过程中促进了生命的成长，是生命发展的助推器。

（四）体育教学与生命活动的关系

每个生命的生活方式和行为习惯都是逐渐养成的，教育的意义是使人获得种种能力，以适应社会的发展。体育教学要发挥其作用和意义，就应该与个体生命的行为习惯融合在一起，这样才能指导生命的成长，使生命在运动中获得发展。因为各种运动技能、体育素材都是从生活世界中形成的，同时生活世界还能够让学生获得身体和精神上的成长，通过不断掌握相关技能，树立生活信念，最后以适应复杂的社会。因此，体育教学不能脱离生活世界，生活世界为体育教学提供了丰富的教学资源，没有生活世界，学生就不会形成生活信念，更不能产生对生活、人生、世界等的认知理念。

（五）体育教学的体验性

体育教学最基本的特性就是体验，体验是对经验的超越，同时注入了生命力。体育教学中不仅需要经验、技术，也需要运动体验，使人参与到运动中，这样才能让人感受体育的丰富内涵，并从中体验生命的发展变化。体育教学要让学生在运动过程中体验和感受运动所带来的乐趣，掌握运动技能，不断去挑战和超越自我，体会成功的喜悦和失败的伤痛，进而更加享受生命的乐趣，引起学生对生命的关注。

三、体育教学中人文观念的确立

（一）进行自我锻炼的能力

进行自我锻炼的能力，通常指的是基于自我特点，例如，身体条件、兴趣爱好、体质情况、工作时间、专业需要等，对于适当的体育运动项目进行选择，使得身体锻炼目的得以实现的一种能力。自我锻炼能力培养的前提条件是，体育理论认识能力、基本活动能力、体育锻炼基本技能与身体素质的培养。在培养自我锻炼能力的过程中，应该根据实际情况，把学生遵循体育锻炼基本原则作为重点，这里所提及的体育锻炼的基本原则，主要有：全面性原则、自觉性原则、适量性原则、经常性原则、渐进性原则与针对性原则，等等。在体育教学实践活动开展的过程中，对于学生自我锻炼能力的培养，应该放在重要的位置。

（二）欣赏与评论体育活动的能力

体育作为人类文化的主要构成部分之一，具有极强的观赏性。体育运动所彰显的力、健、美，能够给人赏心悦目的感觉与极大的精神享受，能够震撼人们的心灵，激发人们的爱国热情，振奋民族精神。欣赏、评论体育比赛的能力通常是在理解体育基础知识、体育基本技术与战术，以及体育规则的前提下建立的。

（三）掌握体育技术的能力

掌握体育技术的能力也是体育人文素质能力的一种，是指能够促进身体锻炼专门技术的掌握与使用能力。如果想要开展某一个项目的体育锻炼活动，就需要掌握必要的基本技能。例如，如果想要开展排球运动项目，就需要掌握传球技术、发球技术、扣球技术、垫球技术等技能。因此，想要提高体育人文素质能力，就必须掌握必要的体育锻炼基本能力。可以开展的体育锻炼项目有很多，必要的技能有哪些呢？在制定体育课程教学大纲，选择体育运动项目的时候，要根据学生的生理特点与心理特点，强调一定的实效性与针对性，选择能够促进学生全面发展的体育运动项目。基本技能需要通过体育实践课才能够掌握。在体育教学活动开展的过程中，应该强调"基本"

问题，对于技术细节不要过于深究。

（四）参与公共体育活动的能力

参与公共体育活动的能力，主要指的是对于群众体育活动进行组织、宣传、辅导、裁判的能力。对高校学生来讲，不管是哪一种专业，都是接受过高校系统化的体育教育的，因此，当他们走出校门、迈向社会的时候，在群众体育活动中，都应该作为组织者与倡导者，应成为积极的体育活动分子。尤其是他们中间的佼佼者，在未来肯定会进入到各个领域的领导岗位中，而他们所具备的体育思想观念与体育人文素质能力在一定程度上会影响到周围，这对于群众性体育活动的普及，全民族素质的提高具有非常重要的意义。

（五）体能素质与运动的能力

体能素质与运动的能力，主要指的是在肌肉活动中人体各项器官系统所具有的基本能力，也是人进行基本活动不能缺少的能力。这种能力作为体育人文素质能力中的基本能力，通常是以人的生理发展与心理发展为前提的。提升身体素质与基本活动能力能够促进学生有效完成学业。

（六）自学能力

自学能力就是以掌握的知识和技能为基础，在不断探索和学习中获得更多的知识和技能，让自身获得更高发展的能力。体育教学能够为学生提供不同的锻炼项目，让学生按照相应的方法锻炼。尽管伴随社会的发展与科技的进步，不断出现新兴的体育运动项目与锻炼方法，然而，由于体育教学涉及范围比较宽泛，想要实现面面俱到是不可能的。随着学生学习环境和工作环境的变化、年龄的增长、体质状况和健康状况的改变，会变得不能适应原来喜欢的体育运动项目和锻炼方式，此时，就需要掌握新的体育技能或锻炼方法，这些技能和方法都是学生通过自己学习而掌握的，对其自身的成长具有积极的作用。体育教学中，需要培养学生这种对运动技术的迁移能力，让他们掌握人体在运动中的变化情况，明白体育运动中的相关术语，具备看懂技术说明与技术图解的能力。

（七）自我约束与评判能力

自我约束与评判能力，通常指的是在参与体育锻炼活动的过程中，参加锻炼的人一般会在客观材料与主观感觉的支撑下，对自己的健康状况与体质状况进行主动的观察与测定，同时，记录、整理、分析、评价所观察到的、所测定的结果，从而对身体锻炼的内容、运动量与方法等进行合理调整的一种能力。在体育教学实践活动开展的过程中，对学生的要求是：掌握自我监督的方法和内容；掌握对自身的形态、机能指标、健康状况、身体素质水平与运动能力水平开展检测、评价的方法；尤其是参考、对照《国家学生体质健康标准》中的各项指标，能够分析、评价个体。在这样的情况下学生能够及时关心、了解自己的体质变化情况，激发其科学锻炼身体的积极性，同时还要按照评价与分析的最终结果，不断调整体育锻炼的方法、内容与运动量大小，扬长避短，使身心健康水平得到提升。

（八）抵抗能力

在进行体育锻炼的过程中，若人的生理活动有序性被破坏，就会引起其他生理反应，严重的还可能造成运动损伤。教师在体育教学中需要教授学生引起常见生理反应和运动损伤的因素，以及避免产生生理反应和运动损伤的预防手段和方法，使学生了解保护和自我保护的方法，提高自身的应变能力，避免因欠缺必要的知识，在意外情况发生时，出现束手无策的情况。

（九）充分了解体育理论的能力

充分了解体育理论的能力，一般指的是对体育基本知识进行掌握的能力，通常包含两个方面的内容，即体育基础理论知识与体育技术理论知识。《全国普通高校体育课程教学指导纲要》中明确地规定了体育理论教学的时数，其目的在于使各个院校高度重视体育理论教学、重视学生体育理论认识能力的提高。如果想要获得明确的指导方向，就必须要提高认识能力，进而使盲目性得到减少，使自觉性得到提高，养成"终身体育"的良好习惯。想要提高学生的体育理论知识认识能力，一方面可以通过体育理论课教学；另一方面可以通过体育实践教学活动。

（十）适应环境的能力

适应环境的能力，主要指的是在适应外界环境变化的过程中，人体所展示出的机体生理调节能力与心理调节能力。人所具备的健康情况与工作效率，一方面，是由全身各个器官、各个系统的功能与互相调节能力来决定的；另一方面，是由对于自然环境与社会环境，整个身体所表现出的适应能力来决定的。在自然环境与社会环境不断发展与变化下，只有适应环境，人们才能够生存与发展。尝试锻炼的结果就是获得适应环境的能力，而在适应环境能力问题上，人们所表现出的差异性与体育锻炼的程度存在十分紧密的联系。

综上所述，需要注意的是，上述体育人文素质的十种能力互相影响、互相联系、互相渗透，并不是独立存在的。按照这十种能力的性质、影响与作用，其中，进行自我锻炼的能力、掌握体育技术的能力、体能素质与运动的能力、充分了解体育理论的能力和适应环境的能力，一般被统称为体育人文素质的基础能力，其中最关键的就是自我锻炼的能力，如果培养好自我锻炼的能力，那么提高人文素质肯定是事半功倍的，而自学能力、自我约束与评判能力及抵抗能力属于关联性的能力，同时，这些能力的强弱，主要取决于自我锻炼能力的形成。而对于参与公共活动的能力、欣赏与评论体育活动的能力，经常被认定为附加能力的一种。

四、人文视域下的高校体育课程设置

（一）人文体育目标设置

1. 发展学生个性，健全学生人格

随着时代的发展，人们对体育的认知也越来越深入，从原来以物理为基础的体育活动，到以教育为发展目标的体育活动，并逐渐上升到文化艺术的层面，体育在不断的发展过程中起到了推动人类生存和发展的重要作用。因此，对于体育教学，需要融入科学性和人文精神，关注每个学生的成长，使学生的能力获得根本性的发挥，并在运动中不断成长，成为一个综合素质较高的人。

在心理学中，一个人在性格、能力、兴趣、爱好、气质、行动等多方面有着稳定的心理特征，这就是一个人的个性。学生还处于生长发育期，随着年龄的增长，会逐渐对社会、生活有更多的了解，从而使个性趋于稳定。大学生毕业后要找工作并进入职场，这些都会使他们在情绪、行动等方面产生变动，因而对其个性的发展有影响。不同的阶段，个性的塑造都会让学生获得成长，变得成熟。

2. 深入挖掘奥林匹克精神中蕴含的力量

高校体育中，人文精神教育起到了统摄作用，影响着高校体育的发展。高校体育在一定程度上传承文化，但需要找准自己的位置，为传播世界文化而贡献力量。人类的行动附带有体育的精神和价值，如奥林匹克运动中"更快、更高、更强"的口号，激励着所有的人为实现梦想努力而奋勇前进。因此体育运动中所蕴含的精神正逐渐转变为一种共同的精神财富，为世界所共有。进入21世纪，中国体育也应该将奥林匹克运动的精神融入其中，在科学精神和人文精神方面，对中国的青少年进行锻造和培养，使他们身体健壮、精神饱满、充满自信，为推动国家建设、社会文明发展而不懈努力。

3. 育人同时注重文化建设

高校体育对人类文明进步起到了非常重要的作用，实现求真、向善、趋美是当前人类文化建设的目标。高校体育作为培养身体能力和精神素质的运动，需要紧跟时代步伐，同新时代的人文精神、社会制度、自然环境紧密相连，融入教育改革的浪潮，制定以人文教育为核心的教育目标。

（二）人文体育内容设置

1. 内容要配合体育教学目标

体育课程内容是实现体育课程目标的手段而不是目的。体育课程目标的多元性以及体育运动项目和身体练习的可替代性，增加了体育课程内容选择与组织的多样性。

因此，在选择体育课程内容时就应该依据一定的标准。体育课程目标是选择组织课程内容的主要依据，这是因为体育课程目标作为编制体育课程各个阶段内容的先导和方向，作为对学生的理想期望，是专家、学者、教师等经过周密的思考以及认真研究了社会、学科、学生等不同方面的特点与需求的结晶。体育教学内容的选择必须依照目标，即有什么样的体育课程目标，便有什么样的体育教学内容。

2. 内容选择要符合学生的水平与发展规律

在体育教学内容选择时应该考虑学生的需要。体育教学的目的是促进学生的身心健康发展，因此在选择体育教学内容时，要充分考虑学生的体育需要和兴趣，这对于有效学习是非常重要的。学习是一个主动的过程，这个过程需要学生自身积极努力。一般来说，当学生遇到感兴趣的事情就会主动参与，从而有效地学习。正如教育学家杜威所说，当学习是被迫的而不是从学生真正的兴趣出发时，这种学习相对来讲是无效的。许多调查结果表明，现在大多数学生喜欢课外体育活动却不喜欢上体育课，其中一个重要的原因就是对教学内容不感兴趣。

学生的身心发展规律与特点决定了其对教学内容的接受程度，体育教学内容必须是学生经过努力可能接受的。因此在选择体育教学内容时，需要根据学生的特点确定教学内容的深度、广度和难度。那种儿童中心论的观点是不可取的，但也决不能忽略教学对象的实际。

3. 内容的设置应当符合社会需要

学生个体的发展总是与社会的发展交织在一起。体育教学是为学生的未来健康打基础的，因此，在选择体育教学内容时，必须考虑现实社会与未来社会的需求。体育内容的选择不可忽视未来公民适应社会发展所必需的体育素质。因此，体育教学内容要满足学生在身体、心理和社会适应能力等方面发展的需要。另外，体育教学内容只有与社会生活、学生生活紧密联系，才能真正成为趣之所在、志之所在，才能实现它的功能，所以课程内容的选择必须回归现实生活。

4. 设置内容需要结合体育教学素材的特性

体育教学素材的最大特性就是其内在的逻辑关系不强，这使教师在安排教学内容时无法完全按难易程度和学生的准备条件来排列素材的顺序。一般在划分体育教学内容时，都是结合体育项目来进行的；划分的教学内容彼此之间也是并列的，如足球、篮球等。虽然这些教学内容存在着一定的联系性，但却无法明确其相互关系，更不能安排其先后顺序，因此不能从学科内容中寻找顺序。

体育教学素材的第二个特性是"一项多能"和"多项一能"。

"一项多能"是指单个体育项目能够达成多样体育目的，如健美操，既可以锻炼身体，还可以作为娱乐活动，更能够作为表演项目等。当在做健美操时实现了多个功能，就达到了"一项多能"。

"多项一能"是指不同的体育项目所达到的目的是相同的，这也使不同体育内容之间存在着替代性。如进行娱乐时，可以打篮球、踢足球、玩排球等；练习投掷技能时，可以投掷实心球、铅球、手榴弹等。不同的体育项目都能达到同一个锻炼目的，这时就可以采取多样的锻炼方式。因此在体育教学中，每个体育教学内容都有着可替代性，所以规定性不强。

（三）人文体育教学方法设置

1. 用微笑教学传递人文思想

微笑象征着自信和快乐，这是一种最为和谐的语言，在心理学中，微笑能够传递爱，更能感染他人。因此在体育教学中，教师应该面带微笑，并且是发自内心的，这样才能让学生感受到温馨的教学氛围，在教学中培养自信。因此，要使体育教学实现育人的功能，教师的微笑教学是非常重要的环节。教师只有自己内心充满了爱和阳光，才能将这份爱和光洒向学生，帮助他们成长。

通过微笑，学生能够感受到教师对自己的善意，在体育活动中也会更加自信和努力，并获得快乐。快乐能够塑造一种积极的状态，这正是教师所期待的，有利于更好地实现教学目标。快乐就是一种道德，不仅是对自己的，也是对他人的。我们应该尊重自己，也要善待他人。微笑和快乐是密切相连的，是从内心散发出来的真实感受，教师应该在教学中保持微笑，利用自己高尚的文学底蕴和思想修养为学生提供指导和帮助，使他们感受温暖，获得快乐，这才能更好地达到体育教学的效果。

2. 用幽默激发学生学习兴趣

幽默代表着才华，拥有幽默感的教师，往往在思想修养、文化素质等方面有着较高的水平。在教学中，如果教师能够用风趣幽默的语言讲课，必然会将课堂氛围带动起来，使学生对体育课产生良好的兴趣，能更加认真地投入到学习中。幽默可以让学生获得快乐，发出欢声笑语，更好地理解教师所讲授的知识和技能。一个幽默的教师，其教学水平也会非常高，会激发学生努力学习的情绪。如体育课上进行短跑练习，学生采取脚跟着地、全脚着地的方式，对于这种错误的动作，幽默的教师可以将其比喻为压路机开过来的沉重感或百岁老人练冲刺跑等，学生立刻会对自己做错的动作有反应，并纠正。幽默的言语，能够使学生愿意聆听教师的讲解，并在欢笑中改正错误，理解和掌握正确的动作和技巧。这样的教学方法明显优于传统教学方法，能够起到良好的效果。在众多人文体育教育方法中，幽默教法是比较突出的，应加大对这种教法的研究力度，更多地应用于体育教学中，使学生感受到体育教学所带来的欢乐，从而达到"累，并快乐着"的教学目标。

3. 危机教学提升学生的心理素质

随着社会经济的快速发展，人们生活水平也在稳步提升。市场竞争也越发激烈，各种岗位竞争会给人们带来巨大的心理压力。为了避免学生在未来步入社会时突然面对这样的压力时不适应，在学校教学中就应该为学生灌输这种危机意识，使他们能够承受更多的心理压力，提升心理素质，并积极学习，提升自身的能力，更好地应对未来市场中的竞争。教师应为学生灌输危机感，只有掌握扎实的专业知识和技能，同时拥有健壮的身体和稳定的心态，才能在市场竞争中更胜一筹。

对于知识和技能，学生可以通过专业学习来获取，而身体和心态需要在体育教学中来锻炼和发展。体育本身就是教师对学生的身体进行教育的过程，使学生经过锻炼获得健康的体魄。在这个过程中，学生会面对众多的困难，只有不断挑战自我、突破自我，才能让自己变得更加强大，获得胜利的喜悦；有时学生也会因失败带来心理上的阴影和负担，只有克服这些困难，才能让心理变得更加强大。

教师要利用不同的时机，抓住突发的事件，在教学中加入相应的说教，从而培养学生的危机意识。学生会根据教师所讲而努力学习，加强锻炼，积极投入到体育运动中。通过危机教学，能够让学生原本被动学习的状态转为主动学习的状态，使体育教学的效果更好。

4. 通过聊天教学方式拉近距离

聊天教学法是指教师在课余时间同学生进行沟通，不限定交谈的内容和形式，这算是课堂教学的延伸。在课余同学生聊天，能够使学生更好地接纳教师，消除彼此间的界限；而且所谈的内容不限于学习，可以是家庭生活，也可以是时事新闻等，这些都可以使学生放下内心的防备，从而展现出自己真实的一面。通过这样的聊天方式，教师就能够接收大量来自学生的信息，并根据这些信息制定符合学生成长的教学方案。

通过这样的交往，也能让教师和学生之间有更深入的了解，消除存在的代沟，更好地进行思想上的沟通。而且聊天式教学还能够让教师把传统说教融入聊天中，使教师和学生都能对彼此的困难之处有所感受，学生也明白教师对自己的良苦用心，从而端正学习态度，全身心投入到体育学习中，不断提高锻炼水平。

5. 不同水平的学生分层进行教学

每个学生的知识掌握程度不同，认知水平不同，因此在教学时应采取阶梯式人性化教学，即分层教学，将学生根据其当前的能力和未来发展潜力划分成不同的小组，小组内的成员水平接近，然后以不同的教学方式提升学生能力。分层教学在划分小组时，应按照学生的学业成绩和测验分数划分成不同的层次，然后制定适合相应层次的教学方法，从而更好地推动学生的学习，促进学生发展。

参考文献

［1］王雷涛，冯超．高校体育教学与运动训练［M］．长春：吉林大学出版社，2024：162.

［2］林勇，李慧．高校体育教学新理念与方法研究［M］．长春：吉林出版集团股份有限公司，2024：11.

［3］王翠娟，王丽娜．高校体育教学理论与健美操训练研究［M］．长春：吉林出版集团股份有限公司，2024：25.

［4］马健勋．高校体育教学与科学训练［M］．北京：北京工业大学出版社，2023：33.

［5］陈辉．高校体育教学探索与模式构建研究［M］．北京：北京工业大学出版社，2023：42.

［6］任翔，张通．高校体育教学模式创新研究与实践［M］．沈阳：辽宁人民出版社，2023：59.

［7］张萍．现代高校体育教学与运动训练研究［M］．哈尔滨：哈尔滨出版社，2023：109.

［8］栾朝霞．高校体育教学改革与健康教育研究［M］．北京：北京工业大学出版社，2023：18.

［9］聂丹，李运．体育强国视域下高校体育教学创新研究［M］．长春：吉林大学出版社，2023：92.

［10］田伟．高校体育科学化教学的创新与实践［M］．长春：吉林大学出版社，2023：72.

［11］陈威．高校体育教学与运动训练［M］．长春：吉林出版集团股份有限公司，2023：65.

［12］李智鹏，孙涛．高校体育教学改革与教学设计研究［M］．长春：吉林出版集团股份有限公司，2023：58.

［13］孙琦林．高校体育教学与科学化锻炼研究［M］．长春：吉林人民出版社，2023：110-115.

［14］于洪涛，曹晓明．高校体育教学与球类运动训练实践［M］．长春：吉林出版集团股份有限公司，2023：23-26.

［15］董晓欧，王志刚．高校体育教学改革科学探索［M］．长春：吉林出版集团股份有限公司，2023：38.

［16］宁文晶，沙菲．高校体育教学方法改革与创新研究［M］．长春：吉林出版集团股份有限公司，2023：49.

［17］吴鹏，马可．高校体育教学多种模式研究［M］．延吉：延边大学出版社，2023：75.

［18］李杰．高校体育教学资源优化与管理［M］．青岛：中国海洋大学出版社，2023：33.

［19］许德凯，陆克珠．高校体育教学及课程体系改革研究［M］．北京：中国戏剧出版社，2023：28.

［20］李振良．现代高校体育教学改革与创新［M］．长春：吉林人民出版社，2023：77.

［21］陈雷．高校体育教学理论与训练实践研究［M］．哈尔滨：黑龙江科学技术出版社，2023：96.

［22］张杰，李洪波．高校体育教学理论与实践研究［M］．长春：吉林出版集团股份有限公司，2023：101.

［23］王睿岩，汪丽华．高校体育教学方法与训练模式研究［M］．长春：吉林摄影出版社，2023：124.

［24］朱丽丽，李波．体育强国背景下高校体育教学发展研究［M］．长春：吉林出版集团股份有限公司，2023：118.

［25］郗鹏．高校体育教学创新与科学化训练研究［M］．北京：旭昊德文化发展有限公司，2023：25.

［26］冯元喜．现代教育技术下高校体育教学的改革与发展研究［M］．长春：吉林出版集团股份有限公司，2023：132.

［27］刘成维．高校体育教学创新与运动训练发展研究［M］．延吉：延边大学出版社，2023：123.

［28］陈云鹏．高校体育教学改革与信息化发展研究［M］．北京：化学工业出版社，2023：18.

［29］陈果．新时代高校体育教学改革对策与实践探索研究［M］．沈阳：东北大学出版社，2023：37.

［30］张海，陈彦泽．高校体育教学改革与信息化管理研究［M］．长春：吉林出版集团股份有限公司，2023：92.

［31］赵昂．现代视域下高校体育教学创新理念及教学实践研究［M］．北京：人民体育出版社，2023：142.

［32］刘永科，齐海杰．高校体育教学改革创新与发展研究［M］．长春：吉林出版集团股份有限公司，2022：55.

［33］朱元明．高校体育教学模式与创新发展研究［M］．长春：吉林出版集团股份有限公司，2022：58.

［34］韩秀英．高校体育教学发展研究创新 ［M］．长春：吉林出版集团股份有限公司，2022：11.

［35］张亚平，杨龙．高校体育教学理念及模式创新研究 ［M］．北京：中国商业出版社，2022：9.

［36］刘卫国，郝传龙．高校体育教学方法实践探索研究 ［M］．长春：吉林出版集团股份有限公司，2022：29.

［37］鹿道叶．高校体育教学设计与实践研究 ［M］．西安：西安交通大学出版社，2022：58.

［38］樊文娴，马识淳．高校体育教学与大学生体育运动管理 ［M］．长春：吉林出版社，2022：64.